4가지 성격 DISC 와 만나다

목 차

프롤로그 11

CHAPTER 1
DISC의 기본 17
DISC의 역사 18
DISC의 분류 21
외향형, 내향형, 일중심, 사람중심

CHAPTER 2
DISC 각 유형별 특징 35
주도형 D형 36
사교형 I형 43
안정형 S형 49
신중형 C형 54

CHAPTER 3
DISC로 본 상황 분석 61
일할 때의 상황 62
일을 할 때 제대로 결과를 보여주는 D형, 재미있는 직장 분위기를 만드는 I형, 단순 반복하는 일에 맞는 S형, 문제점을 잘 발견하고 분석하는 C형

역사 속에서의 상황 78

신화를 만드는 D형, 예능으로 잘 나가는 I형, 역사의 기록에 남지 않는 S형, 역사를 해석하는 C형

가정에서의 상황 91

집안에서 왕인 D형, 계속 사업을 벌이는 I형, 결정을 하지 못하는 S형, 매우 쉽게 결정하는 C형

선생님이 보여주는 상황 97

확실하게 보여주는 D형 선생님, 재미있는 이야기를 해 주는 I형 선생님, S형의 방식을 도입하는 선생님, 지식과 정보를 잘 전달하는 C형 선생님

학생이 보여주는 상황 108

주도권 싸움을 하는 D형, 학습 분위기를 깨는 I형, 조용하고 착한 그리고 긴장하는 S형, 필기를 잘 하고 질문을 잘 하는 C형

어린이집에서의 상황 114

자유 선택 놀이에서의 리더 D형, 공부 방으로 꾸며진 곳을 감옥으로 느끼는 I형 갑자기 등원 거부를 말하는 S형, '그냥'이라는 것이 통하지 않는 C형

CHAPTER 4

DISC로 본 대화 방식 125

대화의 특징 126

D형 : 자신의 직관을 활용하는 대화, I형 : 심각함을 피하는 긍정적인 대화, S형 : 주장이 없는 착한 모습으로 일관하는 대화, C형 : 이유를 끊임없이 물어보는 건조한 대화

원하는 대화 133

D형 : What 무엇, I형 : Who 누구, S형 : How 방법, C형 : Why 이유

대화의 기술 138

Yes, but 대화, You-Message가 아닌 I-Message 대화, What이 아닌 How 질문, 직접 사과하기

강점을 칭찬 147

D형 도전하는 모습에 대한 칭찬, I형 변화를 즐기는 것에 대한 칭찬, S형 도와주는 헌신에 대한 칭찬, C형 정확한 판단에 대한 칭찬

CHAPTER 5

DISC로 본 협업 157

자신의 약점을 인정하자 159

화를 다스리자 161

체계적인 조건을 만들자 162

업무를 명확하게 정한 다음 통합을 하자 164

부정적인 표현을 다른 시각으로 받아들이자 166

일의 결과를 압박하지 말자 167

다른 유형의 효과적인 모습을 보여 주자 168

동기 부여를 제대로 하자 170

CHAPTER 6

DISC로 본 직장 갈등 173

모호한 상황 제거하기 174

D형 통제력을 준 것도 아니고 안 준 것도 아닌 상황 만들지 않기
I형 마음껏 재능을 발휘하라고 해 놓고 사사건건 간섭하지 않기
S형 변화를 크게 필요로 하는 일을 요구할 때 밀어붙이지 않기
C형 꼼꼼하게 하라고 해 놓고 간략한 것 요구하지 않기

선배 대처하기 182

선배가 D형일 때, 선배가 I형일 때, 선배가 S형일 때, 선배가 C형일 때

후배 대처하기 203

후배가 D형일 때, 후배가 I형일 때, 후배가 S형일 때, 후배가 C형일 때

CHAPTER 7

DISC로 본 직업 225

나에게 맞는 직업이 있을까? 226

DISC 유형과 직업의 특징 228

사회복지사, IT 기업 연구원, 주식 투자 연구원, 리더의 모임, 유기농 달걀 농장주, 중학교 선생님

CHAPTER 8

DISC가 말하는 힐링 243

각 유형이 좋아하는 보상 244

D형 책임과 권한을 주기, I형 자유로움을 허용해 주기, S형 안정적인 분위기를 형성해 주기, C형 자신만의 공간을 제공해 주기

스트레스 해소하기 250

D형 운동 같은 육체적인 활동을 하기, I형 친구 만남 같은 사교 활동을 하기, S형 개인적인 휴식 시간을 갖기, C형 간섭 받지 않는 개인 시간을 갖기

CHAPTER 9

DISC 각 유형의 혼합 257

한 개만 높은 유형 258

두 개가 비슷하게 높은 유형 260

한 개만 낮은 유형 261

네 개가 비슷한 유형 262

CHAPTER 10

DISC 배울 때 자주 나오는 질문 269

반대 유형이 주는 불편함 270

단어 실수 273

아이들 진단 275

반대로 행동해 보기 277

DISC와 에니어그램 비교 281
공통점, 차이점

CHAPTER 11

DISC 통계로 깊게 들어가기 287
혼자와 구성원 내에서의 해석 288

10명의 비교 해석 291

전체 성격의 에너지 사용, 가장 강한 성격의 사용, 성격의 뚜렷함, 일중심, 사람중심, 사람중심을 반영한 일중심, 일중심을 반영한 사람중심, 외향형, 내향형, 내향형을 반영한 외향형, 외향형을 반영한 내향형, 변화 가능성, 우유부단함, 충동성, 신중함, 도전적, 독립적 활동 선호, 가장 약한 성격, 느긋함, 유사한 인물과 반대인 인물

1,000명의 비교 해석 326

전체 성격의 에너지 사용, 가장 강한 성격의 사용, 성격의 뚜렷함, 일중심, 사람중심, 외향형, 내향형, 변화 가능성, 우유부단함, 충동성, 신중함, 도전적, 독립적 활동 선호, 가장 약한 성격, 느긋함

에필로그 341

프롤로그

DISC를 경험해 본 사람들은 많다. 교육 현장에서 DISC의 효과는 매우 크기 때문에 많은 곳에서 DISC 교육을 진행하고 있다. 강의 의뢰가 와서 대화를 해 보면 **"저희 DISC 교육은 했어요. 다른 것은 없을까요?"** 라고 말을 한다. 난 속으로 아쉬움을 느낄 수밖에 없다. 이전에 진행했던 DISC를 지금은 제대로 활용하고 있을까 하는 의문이 든다. 2시간 정도 진행했으니 DISC를 배웠다기 보다는 경험한 것이 올바른 표현일 것이다. 이런 식의 교육이 과연 그 조직에 어떤 효과가 있을까? 아무리 생각해도 경험했다는 추억만 남을 뿐 그 이상의 효과가 예상되지 않는다.

"저희도 DISC 알아요."라고 말하는 사람에게 **"당신이 아는 DISC는 제가 아는 DISC와 달라요."** 라고 말하고 싶을 때가 한두 번이 아니다.

교육 참여자들은 DISC 검사를 할 때 자신이 네 가지 유형 중에서 어떤 유형의 점수가 가장 높은지를 확인하는 것에 집중한다. **"저 D형 나왔어요.", "저는 I형이에요."** 와 같은 말을 하는데 그런 식의 결과 확인은 아쉬움을 크게 남긴다. 네 가지 유형의 점수를 통해서 다양한 성격 분석을 해야 하고 그것은 다른 사람들과의 비교를 통해서 가능하다. 왜냐하면 성격은 상대적인 비교를 통해서 설명되기 때문이다. 그렇게 되면 **"저 S형 나왔어요."** 라고 말하는 것이 아니라 "저는 우유부단함 상위 5%가 나왔어요."라고 말할 수 있게 된다. 심지어 S형이 가장 높게 나오지 않은 사람도 이렇게 말할 수 있다. 그래서 상대적인 점수 분석은 매우 중요하다.

DISC가 네 가지 유형으로만 분류를 하기 때문에 쉽다고 생각하고 적당히 공부해서 교육을 하는 사람들이 많다. 또한 공부하는 사람마다 자신의 방식으로 DISC의 네 가지 성격을 인식하다 보니 잘못 가르치는 경우가 많다. 그래서 DISC 강사를 꿈꾸는 사람들 외에 DISC 강의를 오랫동안 해왔지만 제대로 정리를 하고 싶고 심화된 내용까지 알고 싶은 분에게도 이 책을 추천하고 싶다. 이전의 DISC 책과는 다른 깊이를 느낄 수 있을 것이다.

DISC는 삶에 있어 매우 유용한 도구이다. 무엇보다 자신이 어떤 사람인지, 무엇에 강점이 있고 약점이 있는지를 알 수 있다. 강점을 확인함으로써 무슨 일에 뛰어들면 좋은 결과를 가져올지 알 수 있고, 약점을 확인함으로써 보완할 것이 무엇인지를 알 수 있다. 만약 여러분이 발전이 없는, 계속 반복되는 삶을 살고 있다면 DISC는 그것으로부터 탈출을 할 수 있도록 도울 것이다. 지나서 보면 다람쥐가 쳇바퀴를 돌듯 자신이 그와 유사한 삶을 살고 있었음을 알게 될 것이다.

네 가지 성격의 특성을 알면 갈등도 많이 해소된다. 불필요한 강요를 하지 않게 되고, 대상과 상황에 맞는 적절한 대처를 할 수 있게 된다. 물론 여전히 불편한 것들과 싫어하는 것들이 남아 있을 수 있다. 하지만 이 책은 그것에 대해서 성숙한 방식으로 해석을 할 수 있도록 도울 것이다.

CHAPTER 1

DISC의 기본

DISC의 역사
DISC의 분류
외향형, 내향형, 일중심, 사람중심

DISC의 역사

'DISC'의 역사는 '에니어그램^{아홉 가지 성격 유형을 설명}'의 역사를 중요하다고 설명하는 것만큼 그 중요성을 강조하지 않는다. 간단하게 'William Moulton Marston'^{a physiological psychologist with a Ph.D. from Harvard}에 의해서 처음으로 제안되었다는 정도로 간단히 설명하고 바로 네 가지 유형으로 넘어간다. 그에 비해서 에니어그램은 '구르지예프'의 이야기로 시작해서 많은 사람들이 언급되고, 각 사람들의 핵심 내용을 비교 설명하게 되며, 그 사람들이 활동하던 시대와 현대의 차이점을 설명하게 된다. 하지만 DISC는 이에 비교되는 역사적인 내용이 적은 편

William Moulton Marston

이다. 그래서 '역사'에 대해서 설명할 때 왠지 빈약한 느낌을 받게 되는데, 이 역사의 차이가 두 프로그램의 특징을 다르게 만드는 점이기도 하다. 사람의 유형을 분석하는데 각 프로그램의 역사의 유무가 그 프로그램의 품질에 영향을 미치는 것은 아니다. DISC는 네 가지 유형^{D, I, S, C형}의 설명 내용과 그 네 가지의 혼합에 대한 설명 내용이 주를 이룬다. 이 점은 시대가 지남에 따라 변화되지 않았다. 하지만 에니어그램은 시대가 지남에 따

라 많은 내용들이 조정되고 추가되었다. 역사를 언급한 것은 이 내용을 설명하고자 하기 위함이다. 여러 사람들이 출현해 자신만의 것을 주장하게 되면 그것은 변화를 가져올 수밖에 없는데, DISC는 그런 점에서 큰 변화가 없었다는 것을 말하고 싶었다. 오직 네 가지 유형 중에서 사람들이 어떤 유형을 어느 정도 사용하는지를 파악하고 그것을 해석할 뿐이다. 또한 상황에 따라 네 가지 유형이 어떤 특징을 보여주는지에 대해서 좀 더 세밀하게 살펴본다. 하지만 에니어그램은 아홉 가지 유형[1~9번]의 설명에서 끝나지 않는다. 그 성격에 대한 주관적이면서도 철학적인 이야기가 있다. 그래서 에니어그램에서는 관련 인물들이 어떤 내용을 말했는지를 설명한다. "**구르지예프의 이야기는 듣지 못했어? 그거 중요한데. 그 부분을 알지 못하면 에니어그램을 단순히 성격을 파악하는 것으로 사용할 수밖에 없어.**"와 같은 말을 하게 되는데, 에니어그램의 역사적인 부분을 알아야 이해할 수 있는 내용이다. 이런 점에서 볼 때 DISC는 복잡할 것이 없다. 배우기도 쉽고 활용하기도 쉽다. 그렇다고 내용이 허술하거나 가볍다는 것이 전혀 아니다. 오히려 에니어그램이 너무 무겁고 심오하다고 보는 것이 더 맞을 것 같다. 그런 점에서 에니어그램은 어떤(?) 논란이 있기도 하다. 하지만 DISC는 명쾌하다. 군더더기가 별로 없다. 교육하는 사람이 추가적으로 무언가를 덧붙이지 않는 이상 DISC는 사람의 행동을 매우 분명하게 분류하고 분석한다. 그래서 조직에서 활용하기에 매우 효과적인 프로그램이라고 할 수 있다.

복잡하지 않다고 언급한 DISC의 역사를 살펴보자. 처음 시작은 앞 장에서 말한 것처럼 William Moulton Marston에 의해서 시작되었다. 그리고 그 이후에 여러 사람들에 의해서 DISC는 계속 이어지고 있다. 현재는 미국에서도 여러 기관에서 DISC를 교육하고 있고, 한국에서도 마찬가지다. 각 기관에서 배운 DISC 강사들이 현재 전국에서 활동하고 있다. 그리고 스스로 공부를 해서 DISC 강의를 하다가 부족함을 느끼고 제대로 교육을 받고자 DISC 전문기관을 찾는 경우도 있다. 어디에서 배우든지 DISC라는 것은 동일하다. 커리큘럼과 설명 내용이 약간씩 다를 수는 있지만 D형, I형, S형, C형이라는 것 자체가 바뀌지는 않는다. DISC의 네 가지 유형을 얼마나 잘 설명하고 교육하는지는 기관에 따라 다를 수 있고 각자 학습력의 차이도 있을 수 있으며 활동의 기회도 모두 다르다. 그런 점에서 어떤 DISC 강사를 만나 교육을 받느냐도 매우 중요하다. 첫 단추가 잘못 끼워진 DISC 교육도 있다. "**저는 DISC를 배웠는데 정리가 안 되었어요. 저에게는 DISC가 잘 맞지 않나봐요.**" 사실 DISC로부터 이런 반응이 나오는 것은 모순된다고 할 수 있다. 앞에서도 언급한 것처럼 DISC는 사람의 행동 유형에 대해서 매우 분명한 분류를 한다. DISC만큼 정리가 잘 되는 교육 프로그램도 없을 것이다.

DISC의 분류

D형, I형, S형, C형은 어떻게 해서 정하게 되었을까? 왜 네 가지로 분류를 했을까? 성격을 꼭 네 가지로 나눠야만 했을까? 책 <Emotions of Normal People[1928, William Moulton Marston]>에서 이 점을 언급하고 있다. 사람은 네 가지 기본적인 감정을 갖고 있고 그에 따라 네 가지 행동이 나타난다고 설명을 하는데 그것이 D, I, S, C형이 되는 것이다. 그 분류는 아래 표와 같다. 분류의 조건을 외향형-내향형, 일중심-사람중심으로 정했기 때문에 네 가지 유형으로 나뉘게 된 것이다.

에니어그램은 9가지, MBTI는 16가지로 성격을 분류한다. 가짓수가 많은 것을 더 좋게 생각하는 사람이 있는데, 갯수가 적을

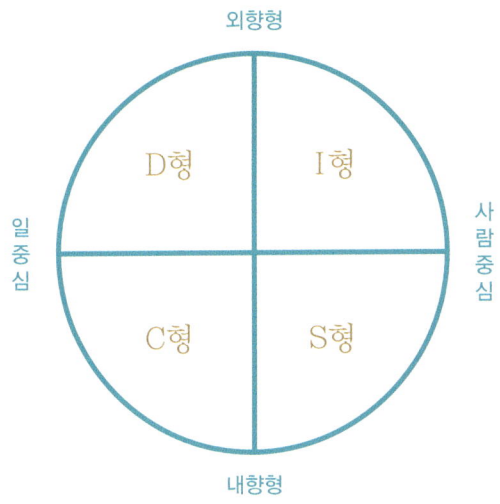

수록 사용하기는 훨씬 편하다.

DISC 네 가지 유형의 차이점은 매우 뚜렷하다. 그래서 각 사람을 분류할 때 그 사람이 주로 어떤 유형을 사용하는지 파악하기 쉽다. 그런 점에서 DISC의 네 가지 분류는 활용하는데 강점이 있다는 것을 알게 될 것이다. 그래서 많은 기업의 신입사원 교육에 필수로 들어가기도 한다. 너무 짧은 2시간 정도의 교육으로 끝나는 것이 매우 아쉽다. DISC를 배운다기 보다는 '경험해 보는 수준'에서 마치는 경우가 많다. 그래서인지 **"저 DISC 해 봤어요."**란 말을 많이 한다. 혹시 참치를 해체해 본 독자가 있을까? 영상으로는 한 번쯤은 보았을 것이다. 보기만 한 사람과 직접 손끝의 느낌을 받으면서 해체를 한 사람은 고객에게 해 줄 수 있는 말이 다르다. 부위별로 어떤 느낌을 받았는지 설명해 줄 수 있다. DISC도 그와 유사하게 경험만 한 사람들은 **"저 해 봤어요. 그때 무슨 형이 나왔더라...."** 외에 할 말이 별로 없을 것이다. 하지만 제대로 배운 사람들은 DISC를 활용한 경험에 대해서 할 말이 많을 것이다. 먼저 DISC의 유형을 결정하는 네 가지 기준을 살펴보자.

외향형

D형과 I형은 외향형이다. 자신의 성격을 밖으로 표현하는 유형들이다. 내향형에 비해서 말하는 횟수도 많고 행동으로 움직이는 속도도 빠르며 그 행동의 양도 많다. D와 I 둘 중에 하나만

높아도 외향형의 성향을 갖고 있다고 할 수 있는데 두 유형이 다 높다면 확실한 외향형이라고 할 수 있다. 여기에서 '확실한 외향형'이라는 표현의 의미는 거의 모든 상황에서 외향적인 모습을 보여준다는 것이다.

내향형

S형과 C형은 내향형이다. 자신의 성격을 밖으로 표현하지 않는다. 그래서 말로 표현하는 것도 외향형에 비해 확실히 적다. 여러분이 아는 조용한 사람들은 거의 대부분 내향형일 가능성이 크다. 표현을 하지 않으니 쉽게 행동으로 옮기지 않는다고 볼 수 있다. 둘 중 하나의 유형만 높아도 내향형적인 모습을 보여주지만 S와 C 둘 다 높다면 이 역시 '확실한 내향형'이다.

우리 사회에서 내향형은 외향형에 비해 부정적으로 평가되고 있는 것은 사실이다. 그들에 대해서 사회 생활을 잘 하지 못하는 사람, 행복하지 않은 삶을 사는 사람 등으로 저평가하기도 한다. 오지랖이 넓은 사람들은 내향형에게 어딘가 능력이 부족하다고 한 소리를 하기도 한다. 과연 그런 것일까? 외향형이 내향형에 비해 더 우수한 특징일까? 그렇지 않다. 이 점은 상황에 따라 매우 다르게 평가되는데 그동안 외향형이 더 활동하기 좋은 상황이었다고 볼 수 있다. 코로나19의 영향에서 '사회적 거리두기'는 필수가 되었으며 집에서 머무는 시간이 늘었는데 이것은 내향형에게는 그리 어려운 조건이 아니다. 외향형이 그동안 침묵과 은둔으로부터 벗어나야 한다고 주장했지만 그 주장을 멈출 때가 된 것이다. 코로나 팬데믹 기간 중 외향적인 사람과 내성적인 사람의 행복감 변화를 분석한 서울대 행복연구센터의 연구에서도 외향적인 사람의 행복감이 더 크게 하락한 깃으로 나타났다.* 이제는 더 이상 외향형의 모습을 롤모델로 여기지 않아도 된다. 전 세계 사람들이 모두 내향적인 사람들의 모습을 따라야 하는 시대가 되었다. 이것을 거부하는 사람들이 시위를 하고 불만을 표현하지만 '사회적 난동'으로 밖에 보이지 않는다. 외향형과 내향형 둘 중 어느 것이 더 낫다는 생각은 버리자. 자신들이 좋아하는 '형'이 있을 뿐이다. 그리고 사회적 상황에 따라 그 평가 또한 바뀌게 된다는 점을 기억하자. 서점에 가면 '외향형'스러운 책들이 많은데 대부분 '외향형을 따라하세요.'를 전한다. 반대로 내향형의 모습을 알리는 책은 쉽게 발견하기 어렵다. 책 <내향인입니다 진민영, 책읽는고양이>를 추천하고 싶다. 혼자가 행복한 내향형의 마음을 잘 읽을 수 있다.

*최인철 '내성적인 사람이 운다', 서울대 심리학과 교수, naver.me/5barant

일중심

D형과 C형이 일중심이다. 일중심에 대한 해석은 명확한 정의를 하기 전에는 사람마다 다를 수 있다. 자신의 생각대로 설명을 하게 되면 오해를 하게 될 가능성이 크다. 강사마다 자신이 생각한 '일중심'의 이미지로 설명을 한다면 엉뚱한 전달이 될 수 있다. 그래서 개념 설명은 매우 주의해야 하는 부분이다. 그렇

다면 DISC에서 말하는 일중심은 정확히 무엇일까? 일처리를 할 때 제대로 처리를 하는 사람이라고 할 수 있다. 일의 마감을 언제까지 해야 하고, 돈 지불을 언제까지 해야 할 때 그것을 확실하게 처리하는 정도가 큰 사람들이다. 성인이라면 당연히 일을 해야 하고 그 일에 대하여 책임을 져야 한다. 일중심들은 그런 점에서 책임감이 강한 사람들이다. 일중심이 낮다면 일처리를 할 때 마무리가 약할 수 있고 그로 인하여 신뢰가 무너질 수 있다. 그런 점에서 일중심이 높은 사람들이 일을 잘 한다는 평가를 받을 가능성이 높다. 일중심인 D형과 C형이 일에 대하여 강한 책임감을 갖고 있다는 것은 같지만, 일을 하는 방식은 서로 매우 다르다.

사람중심

I형과 S형이 사람중심이다. 사람중심이라고 해서 '착함', '따뜻함'으로만 연결해서 생각해서는 안 된다. '사람이 먼저'라는 슬로건을 사용하는 경우가 있다. '사람이 먼저'라고 한 말만 생각한다면 사람중심으로 판단할 수 있다. 하지만 그것은 단어의 느낌만 그럴 뿐, 그 슬로건을 실행하는 모습은 확실한 일중심의 모습이다. 그래서 '사람'이라는 단어가 들어간다고 무조건 사람중심으로 생각하는 오류에 빠져서는 안 된다. DISC에서 말하는 '사람중심'이 강한 인물이 정치를 한다면 어떻게 될까? '일중심'은 약하고 '사람중심'만 강한 사람이라면 정치의 일을 수행하는

데 내적인 어려움이 많을 수밖에 없다. 정치라는 일은 일중심이 왠만큼 강하지 않고서는 국민에게 영향을 주는 결과를 만들어 낼 수 없다. 그렇다고 사람이 먼저라고 외치는 사람들이 무조건 일중심이라는 것도 아니다. 사람을 먼저 생각하는 것은 분녕 사람중심이 작용한 것은 맞다. 그것을 실행하도록 하는 것은 일중심이 가능케 한다. 만약 사람중심만 강했다면 그 누구에게도 큰 갈등을 야기시키지는 않겠지만 아무것도 실행하지는 못할 것이다.

- 일중심만 쓰면 : 사람이 먼저가 아니다. 일이 먼저 되는 것이 중요하다
- 일중심, 사람중심을 함께 쓰면 : 사람이 먼저인 정책을 잘 이끌어 나간다
- 사람중심만 쓰면 : 사람이 먼저인 정책을 추진하지 못한다

그렇다면 DISC에서 말하는 '사람중심'이라는 것은 과연 무엇인가? 사람과의 관계에 대한 생각으로 마음이 쉽게 약해지는 특징이 있다. 그래서 사람중심이 셀수록 '단호함'이 약하게 된다.

초코파이 광고에서 '정'情 사람, 인정, 본성, 정성, 사정, 형편 등이 사람 중심에 어울리는 말이다. 타인의 형편과 사정을 생각하면 공감을 하게 되고, 마음이 약해진다. 그래서 단호하게 잘라서 요구를 할 수 없다. 이런 점이 사람중심이라고 볼 수 있다.

혹자는 초코파이의 광고처럼 우리는 '정이 많은 민족'이라고 말을 한다. 그래서 한국 사람은 사람중심이 많다고 말을 하기도 하는데 과연 그럴까? 그럴 수도 있고 아닐 수도 있다. 누구나 사람중심, 일중심 두 가지 면을 다 가지고 있기 때문에 한 가지만 강조하면 마치 그런 것처럼 보인다. 그리고 그것을 확대 해석해서 '민족성'까지 언급하는데, 충분히 빠질 수 있는 오류다. 이런 해석은 그럴듯해 보이는 거짓 해석이 된다.

사람중심이 강한 사람은 일을 해야 하는 상황에서 어떤 모습을 보여줄까? 일처리가 제대로 되지 않을 가능성이 크다. 착한 사람과 일을 잘 하는 사람 중에서 당신은 누구를 고용할 것인가? 이런 질문에 답하기 어려울 것이다. 그런데 사람은 일중심과 사람중심 각각 100%로 되어 있지 않다. 두 가지 중심이 섞여 있고 상황에 따라 사람들은 다르게 활용을 한다. 그래서 어느 중심이 더 좋은지에 대한 답변은 상황에 따라, 개인의 취향에 따라 달라질 수 있다. 이런 변수를 생각하지 않으면 특정 중심에 대해서 편견을 갖게 되고 그 중심의 사람에 대해서 싫다고 말을 하기도 한다. 특정 상황에서 일중심과 사람중심은 어떻게 평가가 될 수 있는지 하나의 사례를 설명하고자 한다. 어느 남편과 아내의 대화를 보자.

우리집은 총 21세대가 사는 다세대 주택이다. 세대수에 비해 주차 공간이 약간 부족하다. 다행히 차를 소유하지 않은 집이 있어서 모두 주차를 할 수 있게 되었다.

오늘 우리집에 친척이 놀러왔다. 차를 가지고 와서 주차 공간에 차를 세웠다. 정해진 주차 공간에 차를 세우면 분명 한 집은 주차를 할 수 없기에 난 그 점이 너무나 불편했다. 그래서 이런 내용을 친척에게 이야기했다. 그랬더니 아내는 다음과 같이 서운함을 표현했다. "거기에 차를 세울 수도 있는 거지. 그것을 그렇게 이야기하고 그래? 다른 사람들도 지인들이 놀러 오면 다 세운다고." 난 이렇게 말하는 아내에게 매우 황당함을 느꼈다. 친척에게 편리함을 제공한다는 명분으로 다른 입주자의 주차를 불편하게 할 수도 있다고 생각하는 것이 이해되지 않았다. 이런 적이 한두 번이 아니다. 누가 잘못 생각하는 걸까? 정말 내가 너무 야박하게 구는 것일까?

이 경우에 남편은 일중심, 아내는 사람중심이라고 볼 수 있다. 남편은 정해진 주차 공간에는 사용하기로 계약이 된 사람이 사용하는 것이 맞다고 생각을 한다. 공간이 넉넉하다면 상관없지만 그렇지 않기 때문에 친척의 주차에 불편한 마음을 갖게 된 것이다. 결국 남편은 친척에게 차를 빼서 다른 곳에 세워달라고 부탁을 했다. 반면에 아내는 남편과 같은 생각을 별로 하지 않는다. 지금 집에 온 친척의 편리가 더 중요하다고 생각한다. 그래서 주차 공간 하나를 차지하는 것에 대해서 어떤 문제가 되지 않는다고 생각한다. 친척 입장에서는 일중심인 남편의 발언에 황당함을 느낄 수도 있지만 입주민들과 주차 문제가 벌어질 수 있다는 상황을 충분히 이해할 수 있을 것이다. 사람중심인 아내는 주변 사람들에게 어떤 불편한 말도 하지 않을 것이다. 그래서 정이 많다는 평가를 받게 되고 상대적으로 남편은 너무 냉정하다는 평가를 받게 된다.

단순히 일중심은 일만 열심히 한다는 것이 아니고, 사람중심은 사람만 챙긴다는 것이 아님을 기억하자. DISC를 교육하는 사람 중에서도 이 부분을 오해하는 경우가 많다. 내가 생각하는 일중심과 사람중심이 아닌, DISC에서 말하는 일중심과 사람중심을 제대로 인지해야 한다. 그렇지 않으면 엉뚱한 판단을 할 가능성이 크다. 그리고 위의 사례와 완전히 반대되는 상황에서는 일중심과 사람중심의 평가는 정반대가 될 수 있다. 그래서 외향형과 내향형, 일중심과 사람중심 네 가지 중에서 뭐가 더 좋고 나쁜 것은 없다. 그 중에서 무엇을 더 사용하고 덜 사용하는지가 다를 뿐이다. 또한 상황에 따라서 어떤 것이 더 적절하게 작용할 수도 있고 그 반대일 수도 있다. 어느 것이 더 좋은지를 따지는 것은 무의미하고 유치한 논쟁이 된다.

이 네 가지의 조합으로 인해서 D형, I형, S형, C형이 결정된다.

- 외향형 + 일중심 = D형 : 주도형
- 외향형 + 사람중심 = I형 : 사교형
- 내향형 + 사람중심 = S형 : 안정형
- 내향형 + 일중심 = C형 : 신중형

위와 같은 조합이 되며, 각 유형은 D, I, S, C라는 알파벳으로 이름을 명명했다. 그 이유는 각 유형에 해당하는 영어단어들 때문이다.

D dominant, driving, demanding, determined, decisive, doer
I influencing, inspirational, inducing, impressive, interesting, interactive
S steady, stable, shy, sentimental, submissive, supportive
C conscientious, careful, concerned, calculating, competent, contemplative

이런 명명방식은 영어권에서 많이 사용한다. 초성, 중성, 종성이 합쳐지는 한글은 알파벳 단어처럼 공통적인 단어가 들어가도록 쉽게 만들 수 없다. 그래서 영어권의 사람들은 D형은 Dominant라고 생각하겠지만, 우리는 'D형'을 '주도형'이라고 기억을 해야 한다. 위의 각 단어들 중에서 대표적인 단어가 있다고 할 수는 없다. 그런데 아래와 같이 한 단어를 꼽아서 가장 대표적인 단어라고 주장하기도 한다.

- D dominant
- I influencing
- S steady
- C conscientious

"각 유형마다 많은 단어들이 있는데 그 중에 왜 위의 단어를 많이 사용하나요?"와 같은 특정 단어 사용에 대해서 질문을 하는 경우가 있다. 단순한 호기심에서 물어보는 질문인데 대부분 대답을 잘 해 주지 못한다. 한 두 사람이 동일하게 쓰다 보면 다른 사람들도 그것이 대표적인 단어인 줄 알고 그렇게 사용을 한다. 단지 이러한 이유로 대표 단어가 정해졌다. 사실 William Moulton Marston는 다른 단어로 표현을 했었다.

- D dominant
- I inducing
- S submissive
- C compliance

검사지를 통해서 검사를 했는데 D형이 가장 높게 나왔다면 '주도형', 그리고 '외향형'과 '일중심'을 바로 떠올릴 수 있어야 한다. I형, S형, C형도 동일한 방식으로 떠올려야 한다. 그 다음 따져야 할 것은 그 유형의 점수가 어떻게 되는지이다. 그것에 관한 내용은 앞으로 자세하게 설명을 할 것이다. 지금까지는 유형에 대한 용어를 설명했고, 앞으로는 각 유형이 어떤 특징들을 보여주는지 정리를 할 것이다. 그래서 독자는 어떤 사람의 모습을 보고 '저 모습은 D형의 모습이다'와 같은 판단을 쉽게 할 수 있게 될 것이다.

특히 TV 방송의 각 등장 인물들은 컨셉을 확실히 정하고 그 모습을 계속 연기하기 때문에 DISC를 적용해 어떤 유형의 캐릭터인지 파악하는 연습을 하는데 도움이 될 것이다. 더 나아가 어떤 일을 할 때에는 DISC의 성격 중 어떤 성격이 필요하고, 그 대상자로 누가 적합한지도 적절하게 선택할 수 있게 될 것이다.

다음 페이지로 넘어가기 전에 **"D형은 어떤 성격인가?"**라는 질문을 스스로에게 해 보자. I형, S형, C형에 대해서도 동일하게 질문을 해 보자. 각 유형의 이름과 조합이 떠올라야 한다.

다음 장에서는 각 유형의 특징을 집중적으로 살펴볼 것이다. 나는 어떤 유형일까 생각을 하면서 읽어보자.

CHAPTER 2

DISC 각 유형별 특징

주도형 D형
사교형 I형
안정형 S형
신중형 C형

주도형 D형
외향형 + 일중심

특성
강한 주장, 양보를 하지 않음, 큰 자신감, 강한 자의식, 도전적임, 포기를 하지 않음, 목표지향적, 경쟁심이 강함

단점
성격이 급함, 이야기를 끝까지 들어주지 못함, 공격적임, 거칠게 보임, 무뚝뚝함, 독재적 성향이 강함

두려움
통제력을 빼앗기는 것

조언
참모를 버리지 말 것

D형은 전체 유형 중에서 가장 '강한 사람들'이라는 느낌을 준다. 그 이유는 자의식이 강하고 고집도 세기 때문이다. 자신감도 넘치고 주장도 매우 센 편이다. 자신이 하기로 마음을 먹은 것이 있다면 포기하는 경우는 거의 없다. 불가능함이 없는 것처럼 보일 정도로 마음 먹은 일은 반드시 하는 스타일이다. 그런 이유로 D형은 목표를 세우고 그 목표를 달성하기 위해서 열심히 노력하는 유형이다. 노력을 하고 달성을 하기 때문에 누가 보더라도 대단한 결과를 만들어 내는 사람들이다. 역사적으로 어떤 결과물을 만들어낸 사람들은 D형의 성격이 강하다는 것을 예상해 볼 수 있다. 중간에 벌어지는 여러가지 사정에 의해

서 포기하는 일은 거의 없다. 오히려 그런 방해하는 요소가 발생하면 그것을 더 강하게 거부하고 저항한다. D형은 자신의 목적을 달성하기 위해서 집을 떠나 오랜 기간 외부에서 활동하는 경우가 많은데, 그 이유는 집안의 사사로운 영향으로부터 벗어나고자 하는 것이라고 볼 수 있다. 그래서 이들의 경험담을 들어보면 "난 그 상황에서도 그것을 이겨냈어. **쉽지 않았지만 그때 멈추었다면 지금의 이런 모습을 만들어낼 수는 없었겠지**."와 같은 말을 하는 경우가 많다. 그런 점에서 하고자 하는 일을 달성하기 위한 감정 조절이 매우 뛰어난 유형이라고 할 수 있다. 이들은 목표를 달성하기 위해서 사람들이 받을 수 있는 감정적 상처는 어쩔 수 없는 것으로 생각한다. 그래서 작은 것에 힘들어하는 사람을 '일을 잘 못하는 사람'으로 평가를 하기도 한다. 일을 잘 못하는 사람들에게 D형은 독재자이고 공격자로 느껴질 수밖에 없다. 하지만 D형의 독재와 강압으로 만들어낸 성과를 무시할 수도 없다. 독재자를 두둔하는 의미는 전혀 아니다. 일을 할 때의 독재적인 모습만을 생각해 주기 바란다. 성과를 빨리 만들어 내기 위해서는 느린 것이 가장 방해가 된다고 생각하기 때문에 느리고 답답하게 일하는 사람을 가장 힘들어 할 뿐만 아니라 싫어하기도 한다. 이런 특징으로 인해 D형은 어디를 가든지 리더의 역할을 맡고 있을 가능성이 크다. 자신이 고집해서 리더를 차지하는 것이 아니라 주변에서 D형이 리더하기를 자연스럽게 원한다. D형은 자의 반 타의 반 리더를 하기 때문에 자연스럽게 '권한'을 갖게 된다. 주도적으로 일을 하는 D형에게 주어진 권한은 그에게 매우 좋은 조건을 제공한다. 그런데 그 권한을 과용하게 된다면 문제가 커진다. 독단적인 리더, 즉 독재자가 되는 것도 이런 식으로 벌어지게 되는 것이다. 이때 D형의 권한을 누군가가 빼앗으려고 한다면 D형은 큰 위기감을 느끼게 된다. 상대가 권한을 빼앗으려고 하는 것이 아닌데도 D형이 그런 감정을 조금이라도 느낀다면 심하게 반발을 한다. 그리고 상대를 공격하기 시작한다. 만약 그 상대도 D형이라면 D형끼리의 살벌한 전쟁이 벌어지게 된다. 역사적으로 국가 간의 심각한 전쟁도 대부분 이 D형의 독재자가 있었기 때문에 일어났다고 볼 수 있다. 분쟁과 갈등은 항상 있을 수 있지만 그것이 다 전쟁으로까지 이어지는 것은 아니다. 만약 그 현장에 전쟁 결정의 권한을 갖고 있는 D형이 있다면 전쟁으로까지 이어지는 것은 그리 어려운 일이 아니다. 상대가 죽어야 자신이 권한을 갖게 된다는 생각으로 도발을 하게 되는 것이다. 그런 맥락에서 D형의 가장 큰 실수는 훌륭한 참모도 제거하게 될 수 있다는 점이다. 참모와 같은 사람이 조언을 하고 잘못된 것도 지적을 해 줘야 할 때가 있다. 하지만 D형은 그것을 쉽게 마음으로 받아들이지 못한다. "감히 네가 나한테 그런 말을 해? 나에게 모욕감을 주다니!"와 같은 생각을 한다. 그래서 결국 이런 사람을 좌천시키거나 지방으로 보내 버린다. 쓴소리를 하는 사람을 제거하다 보면 D형의 주변에는 결국 아부쟁이들만 득실거리게 된다. 그 결과는 '부패'와 '멸망'이다. 반면 D형이 주변의 이야기를 잘 듣는 사람이 된다면 매우 '무서운 인물'이 될 수 있다. 여기에서 무섭다고 한 표현은 대단한 능력을 갖게 된다는 무서움이다. 주변에 조언자를 제거하지 않는, 참모를 많이 갖고 있는 D형은 승승장구乘勝長驅할 것이다. D의 점수가 높다고 다 참모를 제거하는 D형이라고 생각해서는 안 된다. 왜냐하면 다른 유형의 점수도 영향을 미치기 때문이다. 또는 이런 내용을 알고 그 단점을 극복한 D형일 수도 있다.

삼국지에 나오는 계륵鷄肋* 이야기를 보자.
유비와 조조가 한중 지역을 놓고 전쟁을 벌일 때 일이다. 두 세력의 싸움은 수개월 동안 이어졌다. 식량이 바닥나고 사기도 떨어지자 조조군에서 도망치는 군사가 늘어났다. 나아갈 수도 물러설 수도 없는 처지였다. 어느 날, 조조는 저녁 식사로 들인 닭국을 먹으면서도 마음속으로 진퇴進退를 놓고 고민에 휩싸였다. 그때, 장수 하후돈이 들어와 물었다.

"오늘 밤 암호는 무엇으로 할까요?"
조조는 깊은 생각에 잠겨 있다 무심코 내뱉었다.
"계륵鷄肋이라고 하시오, 계륵!"
하후돈은 장수들과 군사들에게 '계륵'이라고 명령을 전달했다. 모두가 무슨 뜻인지 몰라 어리둥절할 때 행군주부 양수가 웃으며 말했다.
"계륵이라면 닭갈비가 아니오? 닭갈비는 버리기 아까우나 먹을 것이 없소. 승상께서는 이 한중을 유비에게 내주기는 아깝지만 이득이 없으니 곧 철수할 생각으로 암호를 계륵이라 정하셨소. 떠날 때 허둥대지 말고 모두 미리 짐부터 꾸리시오."
이 말을 들은 군사들이 짐을 꾸리느라 진陣이 소란스러웠다. 보고 받은 조조는 소스라칠 듯이 놀랐다. 양수가 자기 속마음을 환히 읽고 있었기 때문이다. 조조는 "양수를 살려 두면 위험하다"라고 생각했다. 결국 양수는 군을 어지럽혔다는 죄로 목숨을 잃었는데 얼마 뒤, 조조는 군대에 철수 명령을 내리고 돌아갔다.

여기에서 양수는 머리가 좋은 사람이다. 양수의 똑똑한 판단이 조조가 명령을 내리기도 전에 군사들이 짐을 꾸리도록 만든 것이다. 조조는 왜 양수를 죽였을까? 조조의 말에도 있었듯이 양수를 '위험한 인물'로 판단했기 때문이다. 이렇듯 D형은 자신의 속마음을 읽는 사람에 대해서 두려움을 갖는다. 자신의 통제력에 어떤 위험으로 다가올지 모른다는 생각을 하기 때문이다. 지금 시대에는 D형이 양수와 같은 사람을 죽이는 일은 없겠지만 다른 방식으로 비슷한 조치가 일어날 것이다. 딱 어울리는 단어가 '좌천'左遷이다.

양수에 대한 이야기는 두 개 더 있다. 그 내용도 보자.

조조가 신하들에게 정원을 만들라고 했다. 정원이 만들어지자 조조는 대문에 활活만 쓰고 돌아갔다. 신하들이 누구도 그 뜻을 알지 못하고 있을 때 양수는 "문門에 활活을 썼으니 넓다는 뜻의 활闊이 아니겠소? 정원 크기를 줄이라는 말씀이오."라고 했다.

또 한 번은 누군가 조조에게 낙酪이라는 술을 선물했다. 조조는 한 모금 마시고 병에 일합一合이라는 글자를 써 신하들에게 돌렸다. 신하들이 멍하니 있을 때 이번에도 양수는 일합一合을 풀면 일인일구一人一口이니 한 사람당 한 모금씩 마시라는 조조의 뜻을 알아챘다. 이렇듯 양수는 재주가 뛰어났으나 그 탓에 일찍 죽고 말았다.

양수는 매우 신중한 사람이다. DISC의 유형 중 C형이라고 할 수 있다. D형이 C형을 두려워하는 경우가 이런 경우다. 그 똑똑함을 좋아할 때도 있지만 양수처럼 위험한 인물로 여기는 경우가 있다. 그래서 한참 쓰다가 버리는 토사구팽兎死狗烹이 잘 벌어지는 관계라고도 할 수 있다. 영화 '남산의 부장들'2019, 우민호 감독이 떠오른다. 중앙정보부장 김규평이 먼저 대통령에게 총을 쏘지 않았다면 그 역시 죽게 되는 것은 예상되는 결과이기도 하다.

조조의 의중을 양수는 예상하지만 나머지 신하들은 알아채기가

쉽지 않다. 조조는 전혀 친절하게 설명을 하지 않았다. D형은 이처럼 어렵게 설명을 하고 자신의 뜻대로 하지 않았다고 매우 크게 화를 내기도 한다. 그런 점에서 D형과의 커뮤니케이션은 쉽지 않다. 지금 시대에서도 조조처럼 말을 하는 D형 리더들이 있다. 자신이 어렵게 말하는 습관을 고치려고 하는 것보다 알아듣지 못하는 사람을 훈계하는 자세를 갖는다. D형 리더의 밑에 항상 그를 보좌하는 오른팔, 왼팔과 같은 사람들이 있는 이유는 그들이 D형의 어려운 말을 탁월하게 알아채고 그 뜻을 이루기 때문이다. 주변에서는 그들을 충성가 또는 아부쟁이라고 말한다. I형, S형, C형에게는 오른팔과 왼팔이 없다. 이들이 그런 상황을 만들지 않기 때문이다.

사교형 I형
외향형 + 사람중심

특성
재미있음, 웃음이 많음, 사교적임, 긍정적임, 낙천적임, 명연설가, 비현실적임, 몽상가적 기질, 허풍이 있음, 열정적임

단점
충동적임, 불안정을 즐김, 일을 많이 벌임

두려움
사람들로부터 거부당하는 것

조언
신중하게 생각하고 결정할 것

I형은 전체 유형 중에서 가장 즐거운 모습을 보여준다. 이들은 사람들을 많이 만나고 그들과 재미있는 대화를 잘 하는 사람들이다. 사람들과 대화를 할 때 에너지를 얻고 그것을 위해서 사람들을 많이 만나는 일정을 잡는 사람들이다. 어떤 사람들은 하루에 한 명을 만나서 대화를 해도 피로함을 느끼는데 I형은 여러 사람들을 만나서 대화를 해도 전혀 피로함을 느끼지 않는다. 이런 이유로 이들의 일정은 항상 바쁘다. 주변 사람들은 I형에 대해서 '재미있는 사람', '에너지가 넘치는 사람', '말발이 센 사람'이라는 평가를 한다. 어느 모임에서나 처음 보는 사람들과도 금방 친해지는 사람이다. I형의 사교성은 누구도 따라갈 수 없다. 그런 점에서 I형은 편안함을 주는 사람들이다. 오늘 처음

보았는데도 거리감 없는 친절함을 보여주기 때문에 어색한 분위기를 빨리 깨야 하는 곳에서는 꼭 필요한 인재라고 할 수 있다.

I형은 사람들 앞에서 말을 하는 것을 좋아한다. 이들이 하는 말을 들어 보면 주장을 하는 말보다는 재미있는 이야기가 주를 이룬다. 그래서 이들은 진지한 주제의 대화보다는 사람들이 좋아할 수 있는 소재를 소개하는 대화를 주로 한다. 대표적인 대화 소재는 '음식'이다. "**그 식당 가봤어요? 제가 지금까지 먹었던 국수 중에서 최고의 맛이었어요.**"라는 말은 누구에게나 솔깃하게 들리는 이야기이다. 그런 점에서 I형은 맛집에 대한 정보도 많이 알고 있다. 그런데 이들의 이야기를 자세히 들어보면 그 대화 속에 '과장'이 첨가되어 있음을 확인할 수 있다. "**맛있어요.**" 가 아니라 "**태어나서 이렇게 맛있는 집은 처음이에요. 아마 한 번 먹으면 여기 매일 점심 때마다 오실거에요.**"처럼 말을 한다. 그래서 I형의 과장은 주변 사람들의 관심을 더 끌게 만든다. 또한 I형의 과장은 그 대화를 더 재미있게 만들기 때문에 사람들은 I형과 대화를 할 때 즐거워한다. 사실만 전달하는 대화가 아니라 그 사실에 과장적인 내용을 추가하다 보니 사람들의 기대감도 높이게 되고 실제로 그 맛을 느끼게 만들기도 하는 것이다. 그리고 결국 사람들이 그 식당을 가보도록 만드는 것을 보면 설득력도 있다는 것을 확인할 수 있다. 하지만 이들의 설득력은 논리적인 면으로 설득시키는 것이 전혀 아니다. 오히려 정반대라고 할 수 있다. 사실에 대한 근거를 더 파악해서 알려주는 것이 아니라

그것에 대해 과장해서 허풍으로 전달하는 방식이다. 그래서 I형에게 '논리'를 요구하게 되면 매우 힘들어한다.

I형은 매우 열정적인 사람들이다. 무엇을 하기로 마음을 먹었을 때 매우 열정적으로 그것을 시도한다. 이점은 마치 D형과 비슷해 보인다. 하지만 둘의 차이는 확실하다. I형의 열정은 항상 유지되지 않는다. 오늘은 열정이 솟아올랐지만 내일은 바닥까지 내려갈 수도 있다. 그래서 그 '열정'이 어떻게 되느냐에 따라 일을 하는 것과 하지 않는 것이 결정된다. 그래서 I형의 열정이라는 것은 충동과도 같다고 할 수 있다. 하지만 D형은 전혀 그렇지 않다. D형은 열정과 충동으로 선택하는 것이 아니다 보니 한번 마음 먹은 것은 달성이 될 때까지 추진한다. 이런 점에서 볼 때 I형은 계획을 쉽게 바꾸는 사람이다. 이 점이 '불안정을 즐기는 사람'처럼 보이게 한다. 너무나 쉽게 계획을 바꾸고 심지어 직업도 많이 바꾸기도 한다. 이런 점을 '위험한 결정'으로 판단하는 사람들이 있는데, I형은 그렇게 생각하지 않는다. 불안정한 것을 어렵게 생각하지 않을 뿐이다. 그런 점에서 변화를 하는 것에 최적화되어 있는 유형이라고 할 수 있다.

I형의 열정에 대해서 좀 더 설명을 하자면 한 가지에만 열정을 쏟는 사람들이 아니라는 것을 말하고 싶다. 다양한 것에 열정을 갖고 그와 관련된 일들을 벌이기도 한다. 그러다 보니 한 번에 여러가지 일을 진행하고 있을 때가 많다. 이 경우 뭐 하나 마무리 짓지 못하고 산만하게 일을 벌이고 있는 것처럼 보이기도 한다. 바쁘게 여러가지 일을 하고 있지만 마무리를 지은 것이 없

다·보니, 주변에서는 그렇게 일을 벌이는 모습에 많은 걱정을 하기도 한다. 그래서 I형은 '선택과 집중'이 반드시 필요한 사람들이다. 이 글을 읽는 독자 중에서 자신이 I형이 높은 사람이라면 그동안 왜 바빴었는지 이제는 이해가 될 것이다.

I형은 사람들로부터 재미있는 사람이라는 인정을 받기 위해서 열정적인 대화를 하는데, 그 사람들로부터 거부를 당하게 될까 봐 큰 걱정을 한다. 그래서 혼자가 되는 것에 대해서 불안해 하는 모습을 보인다. 다 같이 강의를 듣고 있는 상황에서도 이 강의가 끝난 후에 누구와 같이 밥을 먹을까에 대한 고민을 하는 것처럼 말이다. 만약 아무도 같이 먹자는 말을 하지 않게 될까 봐 미리 "이따 점심 같이 먹어요."란 말을 해 놓는다. '거부당함'이 일어나지 않도록 사전에 확실히 해 두는 말이다. 그래서 I형은 '끼리끼리' 다니는 모습을 많이 보여준다. 그 무리와 같이 식사를 할 때에도 여전히 재미있는 대화를 끊임없이 이어 나간다. 그래서 I형은 '혼밥'을 하는 것을 두려워하기도 한다. 그래서 그들은 오후에 누구와 밥을 같이 먹을지 아침부터 계속 고민하고 주변 사람들에게 연락을 하기 시작한다.

I형은 열정적이면서 충동적이라고 앞에서 언급을 했다. 이런 I형의 특징을 가장 잘 이용하는 분야는 마케팅이다. I형은 어느 정도만 설명해 주면 충동적으로 구매를 하는 사람들이다. I형의 충동이 가장 극적으로 작용하는 곳은 '홈쇼핑'이다. 제품의 정보만 보여주는 것이 아니라 쇼호스트가 나서서 아주 맛깔나게 설명을 한다. 그 쇼호스트의 말에서 억양과 표정 등을 빼고

내용만 스크립트로 받아서 읽어 본다면 그리 설득력이 있는 내용이 아니라는 것을 발견할 수 있다. 너무나 뻔한 내용인 경우가 많다. 콩을 숟가락으로 떠먹으면서 "**완전 콩 그대로입니다.**"라고 하는데, 당연한 이야기이다. 콩 요리인데 콩이 그대로인 것은 매우 당연한 말을 한 것이다. 그러면서 "**뜨거운데 맛있어요. 온몸이 풀리는 느낌이에요.**"라고 말을 한다. 청국장의 콩 한 숟가락을 떠먹으면서 온몸이 풀린다는 것은 100% 허풍_{실제보다 지나치게 과장하여 믿음성이 없는 말이나 행동, 허위는 거짓말이지만 허풍은 거짓말이 아닌 과장의 의미가 더 강함}이다. 하지만 이런 쇼호스트의 허풍으로도 I형은 구매를 결정한다. 'I형 쇼호스트의 허풍 광고'와 'I형 고객의 충동 구매'가 만난 것이다.

google에서 '홈쇼핑 프로모션'이라고 치고 이미지 검색을 해 보면 당신에게 지금 당장 없는 충동도 끌어내서 구매하게 만드는 광고들을 볼 수 있다. 이때 I형은 업체들에게 주요 먹잇감 고객이 된다. 하지만 그 먹잇감은 자신이 먹이가 된 줄을 모르고 기뻐한다. 자신이 먹이가 된 것이 아닌 득템을 한 능력자로 생각한다. 심지어 그것을 자신의 블로그에 올려 홍보까지 해 준다. 그런 점에서 I형은 절대 놓칠 수 없는 중요한 고객이 된다.

이런 이유로 I형은 신중하게 생각하고 결정을 해야 할 필요가 있다. I형에게 조언한다면 무조건 당일 결정을 하지 말라고 말하고 싶다. 그 순간 떠오른 '충동'을 피하는 방법이다. 하루라는 시간이 지나 다시 생각해 보면 자신의 생각이 달라진 것을 확인할 수 있다. 어떤 유혹이 있을지라도 "**집에 가서 좀 더 생각**

해 볼게요."라는 말을 할 수 있어야 한다. 이렇게 말을 하면 판매 직원은 분명 "**오늘까지만 이런 혜택으로 진행합니다.**"와 같은 말로 유혹을 더 강하게 할 것이다. 물론 그 말이 사실일 수 있지만 충동을 이기는 것이 오늘의 혜택을 놓치는 것보다 더 이득인 때가 많다.

안정형 S형
내향형 + 사람중심

특성
거절을 하지 않음, 속을 알 수가 없음, 협력을 잘 함, 경청을 잘 함, 참을성이 많음, 소극적임, 착함, 강요하지 않음

단점
행동이 느림, 답답함, 익숙한 방식으로 결정함, 우유부단함, 열정이 부족함

두려움
변화를 하는 것

조언
원하는 것을 표현할 것

S형은 전체 유형 중에서 가장 착한 면을 보여준다. '착하다'라는 표현은 여러가지 의미를 포함하고 있고, 보는 관점에 따라 다르다. 자신의 욕심을 채우지 않는 '착함'과 자신의 주장을 표현하지 못하는 '착함'을 기억하자. S형은 상대방을 가장 많이 배려하는 유형이다. 그래서 탐욕스러운 모습은 거의 볼 수 없는 사람들이다. 또한 자신의 생각과 주장을 남에게 잘 표현하지 않기 때문에 갈등이 일어날 일이 현저하게 줄어든다. 그래서 어떤 사람들은 S형에게 **"이미지 관리하는 것 아니에요?"**라고 말을 하기도 한다. S형의 모습을 별로 사용하지 않는 사람 입장에서는 저런 착한 행동이 이상하게 보이는 것이다.

S형이 자신의 느낌은 표현을 하지만 생각한 것을 주장하지는

않는다. 그래서 토론을 하는 자리에서는 어떤 발언도 하지 않고 "(쭈뼛대며) 전 그냥 나온 결과를 따를게요."라고 말을 한다. 이것도 질문을 했을 때 이런 답변을 하는 것이지 거의 말이 없을 가능성이 크다. 참을성이 많다는 것도 자신의 주장을 강하게 하지 않기 때문에 그렇게 보이는 것이지, 강한 인내심으로 참는 그런 특성이 아니다. 어느 조직에서든 불합리한 상황이 펼쳐질 때 부딪혀 튕겨 나오는 사람도 있고 참을 때까지 참고 지내는 사람이 있는데 S형은 후자라고 할 수 있다. 상황에 따라 S형의 착함은 어리석음으로 보일 수도 있다. 불합리함을 계속 참고 견딜 이유가 전혀 없는데 우유부단해서 계속 그곳에 남아 있다 보니 주변에서는 "(답답해 하는 의도로) 착해!"와 "나올 용기가 없는 사람이야!"의 두 가지 평가를 주로 한다.

S형은 변화를 두려워한다. 변화를 하는 것이 자신에게 도움이 될 상황이라도 그 변화 자체를 두려워하는 사람이기 때문에 변화를 할지 말지를 결정해야 할 때 쉽게 결정하지 못한다. 그래서 변화를 잘 하는 D형과 I형 입장에서는 S형이 답답할 때가 많다. 변화를 하지 않는 범위는 일상의 모든 활동이 포함된다. 새로운 것을 시도하지 않고 기존의 방식을 그대로 유지하기를 원한다. 그래서 S형의 삶은 매우 단조로운 모습을 보여준다. 새로운 것을 시도하지 않다 보니 열정이 있는 모습을 발견하기도 어렵다. 변화를 하는 것이 더 좋은 결과를 가져올 가능성이 있을 때에도 이들은 변화를 선택하지 않는다. 새로운 식당에 가보는 것, 새로운 장소에 가보는 것, 새로운 도로를 달려보는 것을

제안할 때 "좋아!"라는 말을 할 가능성이 낮다. "아냐, 괜찮아."란 말을 많이 한다. 그래서 들뜬 기분으로 이들에게 말했지만 '반응 없음'의 모습 때문에 기운이 빠질 수 있다. 별 호응이 없는 사람들이다. 따지고 보면 이들의 반응은 "No"인데, 그렇게 보이지 않을 뿐이다.

내향형인 S형과 C형 둘 다 변화를 싫어한다. 하지만 C형은 변화를 할 때가 있고 S형은 그 어떤 변화도 싫어한다. C형의 변화에 대해서는 C형을 설명할 때 언급하겠다. S형이 변화를 좋아하지 않는 성향은 그들의 거주지 선택에도 영향을 미친다. 어렸을 때 살았던 곳에서 이사를 하지 않고 계속 같은 동네에 사는 S형들이 많다. S형 여성의 경우 친정 가까이 사는 것을 매우 선호한다. 왜냐하면 그것만큼 그들에게 안정감을 주는 삶은 없기 때문이다. 이때 남편이 다른 지역으로 이사를 제안하면 거부 반응을 보일 가능성이 크다. 불안정한 삶을 제안하는 것으로 밖에 들리지 않기 때문이다. 남편은 **"도대체 왜 이사하는 것을 싫어하는 거야?"**라고 아내에게 질문을 해도 별다른 답변을 하지 않는다. 왜냐하면 S형은 자신의 생각을 잘 표현하지 않기 때문이다. 남편은 답변이 없는 아내에게 더 질문을 하게 된다. 왜냐하면 이사라는 것은 함께 가야 하는 것이기에 서로의 생각을 나누고 어느 정도 타협을 통해서 결정을 해야 하기 때문이다. 하지만 S형인 아내는 불안정한 삶을 원하지 않기 때문에 **"알았어. 이사 가자."**와 같은 말을 하지 않는다. S형이기 때문에 '이사 원하지 않음'과 '주장하지 않음' 두 가지를 표현한 것이다. S형이 높은 사람들은 자신이 이런 성향의 사람임을 받아들이자. 그리고 무언가를 결정할 때에는 마음을 강하게 먹고 변화를 시도해 보고, 자신의 의견을 분명하게 표현도 해 보자. 정말 싫을 때에는 "**이번 이 결정은 제가 받아들일 수 없어요. 하기 싫습니다.**"라고 분명하게 말하자. 아무런 말을 하지 않고 계속 침묵으로 반응하는 것은 더 큰 문제를 야기시킬 수 있음을 생각해야 한다.

S형이라고 말을 다 못하는 것은 아니다. 다른 유형의 점수가 높아 영향을 줄 수도 있다. 또는 S형이기는 하지만 스스로 노력해서 할 말을 어느 정도는 하는 S형도 있다. 표현을 하지 못하는 답답함을 S형 자신도 힘들어하고, 그래서 극복하는 경우도 있다. 충분히 가능하다. 그러니 S형도 이제는 시도해 보자. 표현을 잘 하는 S형이 될 수 있다.

S형의 변화를 거부하는 특성을 이해하기 쉽게 설명할 수 있는 역사적인 사건이 있다. '근대화'에 대해서 말하고자 한다. 먼저 한국의 근대화를 보자. 근대화를 백과사전[*]에서 찾아보면 '정치·경제·사회·문화·가치관 등의 모든 면에서 전반적으로 구조적 변화가 진행되어 후진적인 상태에서 보다 향상된 생활 조건을 조성해 가는 과정'이라고 말한다. 과거 그 시점에서 근대화를 선택했던 것은 좋은 선택이었고 반대를 하는 것은 잘못된 선택이었다고 후대에 평가를 하기도 한다. 근대화를 해야 할 시점에서 선택권을 갖은 당사자가 S형이라면 무엇을 선택할까? 안정형이라고 해서 무조건 '근대화 반대'를 선택한다고 생각한다면 S형을 오해한 것이다. 일단 S형이 이런 큰 결정을 하는 당

*terms.naver.com/entry.nhn?docId=1069507&cid=40942&categoryId=31611

사자가 될 가능성은 매우 낮다. 그래서 그런 결정을 할 일이 없을 것이다. 그런데 만약 S형이 그런 결정권자라고 한다면 직접 선택을 하기 보다는 주변의 의견에 의존을 할 가능성이 크다. 본인이 결정을 하지 않는다는 것이다. 주변 조력자들이 찬성을 원한다면 찬성을 받아들이고 반대를 원한다면 반대를 받아들일 것이다. 즉 주변의 의견을 따라가는 입장이지 무조건 '반대'를 외치는 것은 아니라는 것이다. 찬성이든 반대든 둘 다 강한 결정력과 고집이 필요하다. 하지만 S형은 그런 결정을 매우 힘들어한다. 그래서 쇄국정책을 실시한 흥선대원군을 S형이라고 말하는 것은 DISC의 S형을 오해한 것이라고 볼 수 있다. 혹자는 S형을 너무 저평가하는 것이 아니냐고 의문을 갖을 수 있다. 하지만 우리 모두는 S형의 성격을 갖고 있고 그 성격을 어느 정도 사용하는지는 사람마다 다르다. 지금 그 S형이라는 성격을 설명하는 것 뿐이다.

흥선대원군

우리의 삶에 매번 결정을 해야만 하는 상황만 있는 것은 아니다. 하지만 결정을 해야 하는 상황에서는 내 안에 있는 S형의 성격이 나를 우유부단하게 만든다. S형 외에 나머지 유형들도 이런 식으로 특정 상황에서 불편함을 주는 성격으로 작용을 한다. S형이 좋지 않은 성격임을 말하는 것이 아닌데 종종 그렇게 받아들이는 사람들이 있다. 오해하지 않았으면 한다.

신중형 C형
내향형 + 일중심

특성
일처리가 꼼꼼함, 원칙적임, 신중함, 분석을 잘 함, 데이터 중심으로 판단함, 조심성이 많음, 정확도가 높음, 질문이 예리함

단점
비판적임, 예민함, 부정적임, 좁은 대인관계, 까다로움, 상대를 당황스럽게 만드는 질문을 함, 지적을 많이 함, 즉흥적으로 결정 못함

두려움
갑작스러운 변화

조언
별 것 아니면 너무 따지지 말 것

C형은 전체 유형 중에서 가장 꼼꼼한 면을 보여준다. 사람들은 꼼꼼하다고 하면 너무 까다롭지 않을까 부정적으로 생각하기도 한다. 그 까다로움이 과거에는 부정적으로 여겨졌지만 지금은 그보다는 긍정적으로 평가하는 면이 점점 커지고 있다. 그것은 아무래도 사회의 변화 때문인 것 같다. '먹거리' 이야기를 하고자 한다. 시중에 팔고 있는 달걀은 대부분 옥수수 사료를 먹은 닭이 낳았을 가능성이 크다. 옥수수 사료는 대부분 GMO (Genetically Modified Organism, 유전자 변형 농산물) 옥수수를 사용한다. 옥수수 사료를 먹인 소나 닭의 문제점은 이미 몇몇 방송에서도 다룬 적이 있다. 대부분의 사람들은 옥수수를 먹였으

니 아무런 문제가 없을 거라고 생각한다. 방송 <옥수수의 습격>을 본다거나 왼쪽의 책을 읽어 본다면 당신은 앞으로 먹거리 선택에 신중하지 않을 수 없을 것이다. 꼼꼼하게 따지는 것이 왜 중요한지 알게 되는데, C형들은 이미 이런 꼼꼼함을 사용해 오고 있었다. 그런 점에서 C형은 C가 낮은 사람들과 대화하는데 불편함을 많이 겪는다. 옥수수 사료의 위험성을 알고 있고 그것을 이야기하는데 생각보다 주변에서는 관심이 없는 경우가 많다. 그런 상황에서 C형은 혼자 옥수수에 대해서 유별나게 민감한 것 같아 보인다. 그러다 저런 방송이 한번 방영된 후에 사람들이 관심을 갖게 되면 C형은 그 후에야 자신이 옳았다는 시원함과 그동안 인정받지 못한 억울함을 느끼게 된다. 이런 옥수수 사료와 같은 먹거리 문제는 이미 너무나 많다. 꼼꼼하게 따지지 않으면 피해를 크게 볼 수밖에 없는 사회가 되어 버렸다. C형의 예민함을 과거에는 '좁은 대인관계'라는 부정적인 요소와 연결했었다. 하지만 지금은 속지 않기 위한 필수적인 능력으로 소개를 한다. 더 이상 C형을 대인관계가 좁은 사람들이라고 할 수 없다. C형을 불러서 그 꼼꼼함의 강연을 듣는 시대가 되지 않았는가.

C형의 꼼꼼함과 예민함은 '높은 정확도'를 가져온다. 코로나19

의 확진자와 사망자에 대한 가짜뉴스가 판을 치고 그것으로 정치적인 공격이 있을 때에도 C형들은 정확한 데이터를 갖고 해석을 하기 시작한다. 그들의 정확도로 인해서 현재 정부의 대처가 잘하고 있는지 그 반대인지를 정확히 알 수 있다. 사회에 대한

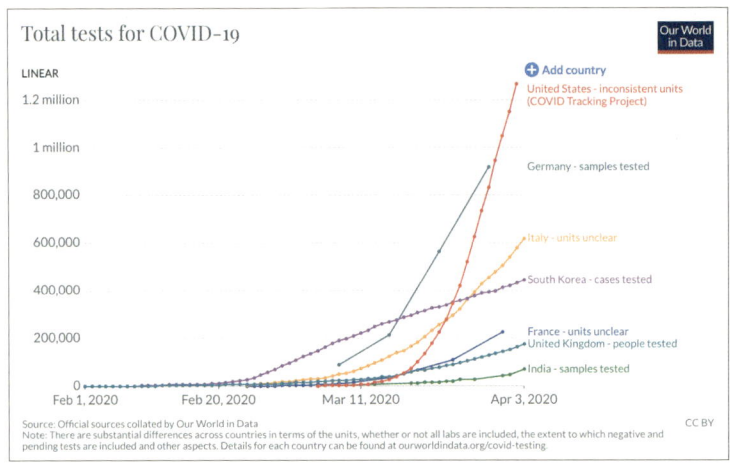

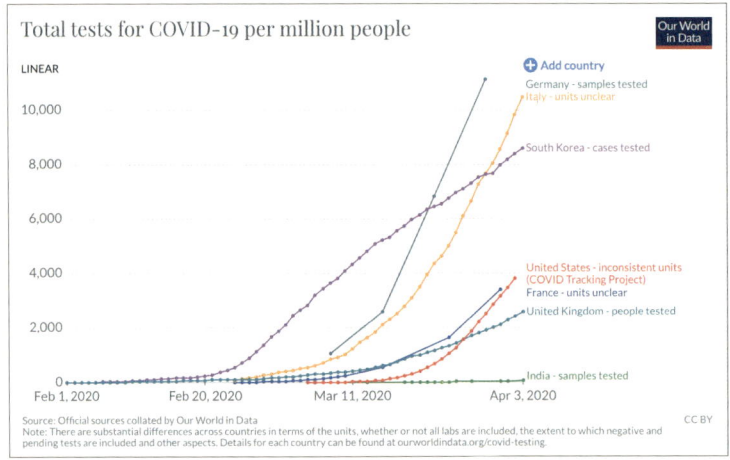

정확한 판단을 할 때에는 C형의 '정확도'과 '꼼꼼함'을 사용해야 한다.

왼쪽 페이지의 두 개의 그래프는 2020년 1월 21일부터 4월 3일까지의 '코로나19 검사수'를 보여주는 그래프이다. 위의 그래프만 보면 미국의 테스트 수가 가장 많다. 하지만 이것은 인구수를 고려하지 않고 총 테스트를 한 수만 따진 것이다. 당연히 인구가 많은 국가가 높을 수밖에 없다. 그래서 인구수 당 비교하는 수치가 필요하다. 아래 그래프는 100만명 당 수치를 보여준다. 그런 점에서 미국은 한국보다 낮은 검사수를 보여준다. 미국에 비해 인구수가 비슷한 독일과 이탈리아의 경우는 한국보다 높은 수치를 보여준다. 이 결과만 보면 한국의 검사 능력이 떨어지는 것이 아닌가 할 수 있다. 하지만 유럽의 코로나 감염은 한국보다 심각한 상황이었다. 그래서 저 그래프를 제대로 해석하기 위해서는 더 다양한 데이터가 필요하다. C형들은 어느 하나의 그래프만 보고 단순하게 평가하지 않는다. 정확도를 높이기 위해서 추가적으로 궁금한 것을 예리하게 질문하고 요구한다. 요구를 하면 할수록 정확도는 점점 높아진다. 분석을 할 때 C형이 높은 사람에게 요청해야 하는 이유를 이해할 수 있을 것이다.

C형은 S형과 유사하게 변화를 좋아하지 않는다고 S형 설명에서 언급을 했었다. 하지만 S형이 거의 모든 변화를 선호하지 않는 것과는 달리 C형은 변화를 할 때가 있다. C형이 '갑작스런 변화'를 두려워한다는 것은 '갑작스럽지 않은 변화'는 할 수 있

다는 것이다. C형이 꼼꼼한 이유는 무언가를 정확히 알고 싶기 때문이다. 꼼꼼하게 따져서 변화를 하는 것이 도움이 된다는 판단을 하게 되면 그 변화를 선택한다. 이전보다 발전이 있을 수 있다는 것이 확실하게 인식이 되었기 때문이다. 그래서 C형의 변화는 '개선'과 '혁신'이라고 말할 수 있다. 충동적으로 변화를 하는 것이 아니라 충분히 따져보고 진행하는 변화인 것이다. 그런 점에서 볼 때 C형의 제안은 발전된 결과를 가져올 가능성이 크다.

C형은 어떤 것을 결정할 때 가능한 모든 것을 다 따져 본다. 문제는 주변의 많은 사람들이 다 C형이 아닐 수 있다는 점이다. 모든 상황에서 항상 '따져 본다는 것'은 주변 사람들과 어떤 갈등이 있을 수 있다고도 말할 수 있다. 때로는 그냥 넘어가는 것도 필요할 수 있고, '퉁 치는 것'이 필요할 수도 있다. 상부상조相扶相助, 서로 의지하고 서로 도움의 효과를 발휘하기 위해서는 C형도 때로는 따지지 말고 그냥 넘어가는 여유를 보여줄 필요가 있다. 너무 계산적으로 모든 것을 정확하게 따지는 것만이 좋은 것은 아니다. 특히 비즈니스에서는 상부상조의 효과가 매우 크다. 그 대표적인 사례로 유대인을 들 수 있다. 그들의 부富 조달력에 대해서 한 번쯤은 들어보았을 것이다. 그들은 어떻게 부를 잘 활용할까? 그들끼리의 상부상조가 그 효과를 발휘한다. 그들의 상부상조는 매우 정확하고 세부적인 조항으로 약속되어 있다. C형의 모습을 잘 보여주는 유대인도 상부상조를 통해서 더 큰 성과를 만들어 내고 있다. 그래서 유대인 안에서는 그

누구도 거지가 되는 것을 막고 교육 불평등을 겪지 않도록 만들어 준다. 유대인들은 자신들끼리의 상부상조 정신이 있었기에 이것들이 가능하다. 만약 그런 정신이 없다면 각자도생各自圖生, 제각기 살길을 도모함의 민족이 되었을 것이고 국제적으로 어떤 영향력도 지금처럼 보여주지는 못했을 것이다. 그런 점에서 C형은 상부상조의 정신을 배울 필요가 있다. C형이라고 상부상조를 할 수 없는 사람들이라고 생각하는 것은 큰 오산이다. 왜냐하면 그 상부상조 안에는 어떤 규칙들이 필요한데 C형은 그것들을 매우 체계적으로 만들어 실행이 가능하도록 한다. C형은 치밀한 상부상조의 메뉴얼을 만들어 서로 윈윈할 수 있도록 만들 것이다. 아래 사진은 오늘날 미국에서 이루어지는 유대인의 상부상조 자선 활동의 모습이다.

CHAPTER 3

DISC로 본 상황 분석

일할 때의 상황
일을 할 때 제대로 결과를 보여주는 D형, 재미있는 직장 분위기를 만드는 I형
단순 반복하는 일에 맞는 S형, 문제점을 잘 발견하고 분석하는 C형

역사 속에서의 상황
신화를 만드는 D형, 예능으로 잘 나가는 I형
역사의 기록에 남지 않는 S형, 역사를 해석하는 C형

가정에서의 상황
집안에서 왕인 D형, 계속 사업을 벌이는 I형
결정을 하지 못하는 S형, 매우 쉽게 결정하는 C형

선생님이 보여주는 상황
확실하게 보여주는 D형 선생님, 재미있는 이야기를 해 주는 I형 선생님
S형의 방식을 도입하는 선생님, 지식과 정보를 잘 전달하는 C형 선생님

학생이 보여주는 상황
주도권 싸움을 하는 D형, 학습 분위기를 깨는 I형
조용하고 착한 그러나 긴장하는 S형, 필기를 잘 하고 질문을 잘 하는 C형

어린이집에서의 상황
자유 선택 놀이에서의 리더 D형, 공부방으로 꾸며진 곳을 감옥으로 느끼는 I형
갑자기 등원 거부를 말하는 S형, '그냥'이라는 것이 통하지 않는 C형

일할 때의 상황

일을 할 때 제대로 결과를 보여주는 D형

D형은 '도전'을 잘한다. 일을 하다 보면 어려운 일에 부딪히게 되는데 그런 상황에서도 도전을 하는 유형은 D형이다. 즉 어려움을 극복해 결과를 만들어 내는 유형이라고 할 수 있다. 이런 D형의 일처리를 평가한다면 **"대단한 사람이야!"**란 말을 하지 않을 수 없다. 요즘 젊은 사람들은 잘 모르기도 하지만 뭐니뭐니해도 '정주영'현대現代 명예회장, 1915~2001년 회장만큼 D형의 모습을 잘 보여준 사람은 없는 것 같다. 현대건설의 신화는 정주영 회장을 통해서 많이 알려져 있다. 한국의 경제 성장에서도 D형인 정주

영 회장의 역할은 매우 컸다. 먼저 그의 활약을 보자.

국내 최초로 조선소와 자동차 공장을 만들어 배와 자동차를 생산하고, 2년 만에 경부고속도로를 완공하기도 했다. 정주영 회장 혼자 해낸 일은 아니다. 하지만 그 일을 하는데 앞장서서 한 인물이라는 사실은 누구도 부인할 수 없을 것이다. 분명 반대하는 의견이 많았을 것이다. 그때마다 정주영 회장이 한 말이 있다. "**해 봤어?**" 어떤 일을 해 보기 전에 미리 예측하고 불가능한지도 따져보는 것은 매우 당연한 일이다. 하지만 정회장은 따져보는 것보다 가능하도록 먼저 행동하자는 주의의 인물이다. 실제로 해내는 모습을 많이 보여 주었다. 그의 사례를 하나 소개하려고 한다. 독자는 일을 할 때 정회장과 같은 생각을 해 본 적이 있는지 생각해 보자.

1950년 당시 정주영 회장은 특유의 뚝심과 추진력으로 미군의 공사를 거의 독점으로 따게 된다. 이 당시 미국의 아이젠하워 대통령이 유엔군 묘지를 방문하게 되는 일이 생긴다. 방문 예정인 날은 12월 겨울, 미군에서는 황량한 묘지에 푸른 잔디를 심을 수 있는지를 많은 건설사들에게 물었고 다들 추운 겨울에 잔디를 심는 것은 불가능하다고 얘기했지만 유일하게 정회장만이 푸른 잔디를 심을 수 있다고 이야기했다. 정회장은 한겨울에도 푸른 새싹이 돋는 보리싹을 실어와 묘지 주변에 심었다. 그 덕분에 황량해 보였던 유엔군 묘지는 푸른색이 될 수 있었고 아이젠하워 대통령도 매우 감탄했다고 한다.

정주영 회장의 D형의 특징을 보여주는 어록을 살펴 보자.

- 길을 모르면 길을 찾고 길이 없으면 길을 닦으면 된다.
- 무슨 일이든 확신 90%와 자신감 10%로 밀고 나가는 거다.
- 운이 없다고 생각하니까 운이 나빠지는 거지.
- 나는 젊었을 때부터 새벽에 일어났어. 더 많이 일하려고.
- 사업은 망해도 괜찮아. 신용을 잃으면 그걸로 끝이야. 내 이름으로 일하면 책임 전가를 못 하지.

- 성패는 일하는 사람의 자세에 달린 거야.
- 더 바쁠수록 더 일할수록 더 힘이 나는 것은 신이 내린 축복인가봐.
- 불가능하다고? 해 보기나 했어?
- 시련이지 실패가 아니야.
- 고정관념이 멍청이를 만드는 거야.
- 아무라도 신념에 노력을 더하면 뭐든지 해낼 수 있는 거야.

D형은 자신이 하기로 마음 먹은 것은 반드시 해야 하는 욕구를 가지고 있다. 그런 점에서 더 일찍 일어나 준비하고 더 열심히 노력을 한다. 결과 지향적이기 때문에 잔디 대신 보리를 심는 모습을 보여주는 것이다. 이런 D형의 기대치는 매우 높을 수밖에 없다. 그래서 D형의 눈에 차게 일을 잘 하는 사람은 상대적으로 적을 수밖에 없다. 특히 행동력이 가장 부족한 S형에 대해서 매우 답답함을 느끼며 일을 제대로 못하는 사람으로 평가한다. D형이 승진이 빠른 것은 그만큼 노력한 것에 대한 결과라고 볼 수 있다.

재미있는 직장 분위기를 만드는 I형

I형이 없는 조직에서 일하는 것은 재미를 느낄 일이 별로 없다는 것과도 같다. I형이 많아야 대화하는 시간, 웃는 시간이 늘어난다. 반복되는 일을 하는 직장일지라도 매번 새로운 변화의 시

도를 노력하기 때문에 지루할 틈이 없게 된다. 이런 I형이 몇 명이 있는지가 또한 분위기에 큰 영향을 미친다. I형이 딱 한 명만 있으면 그의 변화와 허풍을 호응해 주는 사람이 없다는 것이고 I형도 자신의 성향을 보여주기가 어려워진다. 대화는 주거니 받거니 해야 하는데 I형이 한 명이라도 더 있게 된다면 이들의 대화는 재미있는 콩트가 될 수 있다. 만약 추가로 한 명 더 있게 되어 3명이 된다면 어떨까? 단순히 숫자에 비례하는 y=x의 그래프 모양이 아니다. $y=x^2$의 모양이 된다. 그래서 I형의 비율은 그 조직의 재미있음과 유쾌함을 크게 좌우하게 된다. 만약 여러분의 조직 구성원 중에 I형이 없다면 의도적으로 I형을 데리고 오자. 한 명이 아닌 두 명 이상을 데려와야 한다. I형에게는 또 다른 I형이 반드시 필요하다. D형끼리는 충돌이 있을 수 있지만 I형끼리는 찰떡궁합이 된다. 물 만난 물고기가 이들이다.

방송 <라디오스타>에서는 네 명의 진행자^{김국진, 윤종신, 김구라, 김}

희철가 주거니 받거니 게스트에게 질문을 한다. 네 명의 진행자들은 모두 I형을 많이 사용하는 사람들이다. 그래서 어떤 일정한 틀이 정해져 있다기 보다는 자유로운 형식으로 방송을 끌어나간다. 왼쪽 페이지의 사진은 김희철이 김구라에게 호응을 유도하는 모습이다. 이때 옆에 있던 김국진과 윤종신이 빨리 주먹으로 호응해 주라고 부추기는데 I형의 '인정'을 원하는 모습이다. I형의 자연스러움은 보는 이로 하여금 재미를 느끼게 해 준다. 어떤 게스트가 나오더라도 반복으로 찾아오는 지루함은 찾아볼 수가 없다. 그래서 변화를 허용하는 일이 많은 직업은 I형에게 매우 적합하다고 할 수 있다.

반대로 I형은 반복되는 일, 보수적인 일, 변화가 거의 없는 일을 하는 것에는 어려움을 겪는다. 매번 변화가 있고 자유로움을 허용하는 일을 하는 것이 훨씬 잘 맞는다. 이런 I형에게 **"공무원 시험을 봐서 들어가. 그게 가장 안정적인 직업이야."**라고 조언을 하는

일할 때의 상황

것은 절대로 좋은 조언이 될 수 없다. I형이 **유튜브 크리에이터**를 한다고 하면 당신은 이것을 어떻게 생각하는가? **크리에이터**는 자신이 무엇을 할지, 내용을 어떻게 구성할지, 말은 어떻게 풀어갈지를 스스로 결정해야 한다. I형은 자신의 재능을 맘껏 보여줄 수 있을 것이다. 다만 걱정이 되는 것이 하나 있다. **크리에이터**를 하기로 마음 먹은 것이 충동적인지 아닌지를 따져봐야 한다. 어느 날 **유튜버**가 광고 수익으로 큰 돈을 번다는 소식을 들었을 것이다. 그 내용을 듣고 충동이 솟아올라 해야겠다고 결정했을 수도 있다. 이런 경우에 충동이 가라앉으면 마음이 또 바뀐다. "나 앞으로 유튜버 말고 다른 일 하기로 했어."라는 말을 할 수도 있다. 직업을 자주 바꾸는 모습에서 I형의 충동적이면서도 낙천적인 모습을 볼 수 있다. 이런 이유로 I형에게 '디지털 노마드'는 꿈의 직업이 되기도 한다. 동일한 장소에 출근하지 않고 자신이 하고 싶은 것을 어느 장소에서나 할 수 있다는 점에서 '디지털 노마드'에 최적화된 유형이라고 할 수 있다.

단순 반복하는 일에 맞는 S형

일은 '창의적인 일'과 '단순 반복하는 일'로 나눠볼 수 있다. 둘 중에서 어떤 일이 더 좋은 일일까? 선택할 수 없다. 일의 성격이 다를 뿐이다. 창의적인 것을 좋아하는 사람은 반복적인 일을 잘 하지 못한다. 얼마 안 되어 견디지 못하고 그만 두게 된다. 반대로 반복적인 일을 잘 하는 사람들이 있다. 반복적인 일을 잘 한다는 것은 그런 형태의 일을 진행하는데 잘 견딘다고도 볼 수 있다. 식당을 운영하는 일은 어떤가? 메뉴 개발을 하는 일이 있기 때문에 창의적인 직업이라고 생각할지도 모르겠다. 하지만 이루어지는 모습을 보면 전혀 그렇지 않다. 반복적인 일들로 가득 차 있다. 개발한 메뉴를 매일 동일하게 유지해야 한다. 가게 문을 열고 닫을 때까지 동일한 일들이 매일마다 펼쳐진다. 같은 메뉴를 하루에도 여러 번 만들어야 하고, 손님에게 하는 말도 동일할 수밖에 없다. 반복적인 일을 잘 견디는 사람이 할 수 있다. 카페를 운영하는 것은 어떤가? 카페를 직접 운영하기 전에는 종종 마시러 간 것이 전부였기 때문에 카페 업무의 반복 패턴을 예상하지 못했을 것이다. 하루에도 동일한 커피를 수백 번 만들어야 한다. 동일한 맛을 유지하기 위해서는 반복하는 일에 스트레스를 받아서는 안 된다. 이런 이유로 식당이나 카페를 차린 이후에 금새 가게 운영에 실망하는 사람들이 있다. 점점 소홀하게 되고 나중에는 문을 닫게 된다. 이 세상에는 반복적인 일을 해야 할 때가 너무나 많다. 매일 일상이 그렇다. S형은 이런 반복적인 삶을 더 선호한다. 현재의 삶에 자족하는 면도 가장 크다고 할 수 있다.

이런 반복되는 일을 잘 하는 S형에게 새로운 것을 맡긴다면 어떻게 될까? 안정형은 많은 걱정을 하고 망설인다. 그러나 S형이 무조건 못한다는 것은 아니다. 누군가가 잘 이끌어 준다면 S형은 수동적으로 그 일을 잘 해내게 된다. 이런 내용에 관하여 성경의 이야기를 말하고자 한다. 하나님이 특정 사람을 택하고 난 후에 꼭 시키는 일이 있다. 살고 있던 곳을 떠나라는 것이다. 그것에 해당하는 내용을 먼저 읽어 보자.

아브람 여호와께서 아브람에게 이르시되 너는 너의 본토 친척 아비 집을 떠나 내가 네게 지시할 땅으로 가라. 내가 너로 큰 민족을 이루고 네게 복을 주어 네 이름을 창대케 하리니 너는 복의 근원이 될찌라 창12:1~2

모세 이제 내가 너를 바로에게 보내어 너로 내 백성 이스라엘 자손을 애굽에서 인도하여 내게 하리라. 출3:10

제자 제자 중에 또 하나가 가로되 주여 나로 먼저 가서 내 부친을 장사하게 허락하옵소서. 예수께서 가라사대 죽은 자들로 저희 죽은 자를 장사하게 하고 너는 나를 좇으라 하시니라. 마8:21~22

제자 내가 이것을 너희에게 이름은 너희로 실족지 않게 하려 함이니 사람들이 너희를 출회할 뿐 아니라 때가 이르면 무릇 너희를 죽이는 자가 생각하기를 이것이 하나님을 섬기는 예라하리라. 요16:1~2

'떠나 ~ 가라', '인도하여 내게 하리라', '출회할 뿐 아니라 ~' 모두 다 기존의 삶으로부터 매우 큰 변화를 요구하는 명령이다. 신의 역사에 대한 점이기 때문에 S형일지라도 따라야 할 수밖에 없을 것이다. 이런 역할이 주어졌을 때 다른 유형들보다 S형은 더 큰 스트레스를 받는다. 단순 반복적인 일이 전혀 아니다. '믿고 따르라'라는 말은 현실적으로 불가능해 보이는 것을 하라는 명령인데 S형에게 이보다 더 불안정한 것은 없다. S형보다는 D형에게 더 잘 맞아 보인다. 그래서인지 선택한 인물이 못하겠다고 하면 그에게 보필을 할 수 있는 사람을 붙여 주었다. 조력자의 중요성을 알 수 있는 대목이다.

모세 여호와께서 모세를 향하여 노를 발하시고 가라사대 레위 사람 네 형 아론이 있지 아니하뇨 그의 말 잘함을 내가 아노라 그가 너를 만나러 나오나니 그가 너를 볼 때에 마음에 기뻐할 것이라 출4:14

I형 설명에서 말했던 **유튜버** 이야기를 다시 떠올려 보자. **유튜버**를 하려고 하는 사람들이 많이 늘어났다. 그에 따라 **유튜버**가 될 수 있는 방법을 알려주는 강의도 많아졌다. 그 강사가 하는 말 중에 아주 중요한 말이 있다.
"여러분 오늘 집에 가서 꼭 계정을 만들고 영상도 만들어 봐야 합니다. 너무 잘 만들려고 하지 말고 일단 그냥 시도를 하세요. 이렇게 말해도 10명 중에 1명 할까 말까 합니다. 그러니 그냥 시도하면 그 1명에 들어갑니다."

이런 말을 하는 이유는 그만큼 실행을 하지 않는다는 점이다. 네 가지 유형 중에서 S형의 실행력이 가장 약하다. 왜냐하면 이전에 하던 일도 아니고, 실행하게 되면 그 순간부터 다가올 변화에 대한 걱정 때문에 유튜브에 영상 하나도 업로드하지 못한다. 앞으로도 올리지 않을 것이다. 이런 S형에게 **"자, 봐봐. 어떻게 하는지 알려줄게. ~~ 이렇게 하면 되는 거야. 간단하지? 앞으로 1주일에 한 개씩만 해봐."**라고 말해도 1주일 후에 절대로 올리지 않을 것이다. S형이 유튜브 강의를 들으러 왔다는 것만 해도 매우 큰 도전이다. 하지만 '유튜버 도전'이 아니라 '유튜브 강의 참석 도전'에서 멈출 가능성이 크다. S형에게는 도전과 변화를 요구하는 일을 맡겨서는 안 된다. S형이 스트레스를 받는 것은 당연하고 그것을 맡긴 상대도 함께 스트레스를 받게 된다.

문제점을 잘 발견하고 분석하는 C형

일을 하다 보면 문제점은 항상 발생한다. 일이 잘 되게 하기 위해서 노력을 하고 있지만, 진행되고 있는 모습을 잘 살펴보면 일이 잘 되지 않도록 일하고 있는 사람들이 많다. 하지만 그 누구도 그것을 알지 못한다. 모두 다 노력하고 있다고 생각하고 있을 뿐이다. 발전을 위한 팀을 새로 꾸렸지만 그 팀은 발전을 위한 것보다 더 집요하게 각 사람을 평가하기 위한 팀일 가능성이 높다. 그럴 때 C형은 무엇이 문제인지 가장 먼저 인식한다. **"지금 이 팀의 문제가 뭔지 알아요? 정말 이 팀이 도움이 된다고 생각하세**

요? 오히려 일을 방해하고 있는데 그것이 보이지 않아요?"

이런 말은 C형만이 할 수 있다. C형은 신중하게 상황을 살펴본다. 이런 C형의 분석에 대해서 가장 마음에 들지 않는 사람은 D형일 가능성이 크다. 왜냐하면 D형이 뭔가를 추진하고 있는 가운데 그 진행에 대해서 C형의 분석은 마치 꼬투리를 잡는 것으로 들릴 수 있기 때문이다. D형은 C형의 의견을 감정적으로 듣지 말고 객관적으로 받아들일 필요가 있다. 실제로 C형의 의견에는 감정이 들어가 있지 않다. 일을 진행하다 보면 방향이 다른 쪽을 향해서 갈 수 있다. 그럴 때에는 누군가 한 발자국 떨어져서 그 상황을 객관적으로 바라볼 필요가 있는데, 그것을 가능케 하는 사람이 C형이다.

당신은 "청년이여. 비전을 가져라. 그러면 꿈은 반드시 이루어진다."라는 말을 어떻게 생각하는가? 듣기 좋은가? 동기부여가 잘 되는 말인가? 말만 들어보면 왠지 마무리 멘트로 쓰기 좋아 보인다.

하지만 이런 말에 대해서 비판하는 사람도 있다. 다음의 내용은 책 <에고라는 적>라이언 홀리데이 지음, 흐름출판에 나오는 말이다.

사람이 성공하면 남들에게 그 이야기를 좀 더 멋지게 들려주고 싶은 유혹에 빠지게 된다. 이야기의 모난 부분은 깎아내고 신화적인 요소는 더하고 싶어진다. 그리스 신화 속 영웅 헤라

클레스 이야기만 해도 다르지 않다. 그는 딱딱한 마룻바닥에서 잠을 자야했고 부모로부터 버림받았으며 가슴에 품은 야망 때문에 고통스러워했지만, 온갖 장애물을 딛고 위대한 인물로 우뚝 선다. 이런 류의 이야기에서 주인공의 재능은 그의 정체성이 되고 그가 이룬 업적이 그의 존재 가치가 된다. 그가 겪은 실패나 고통은 성공을 위한 요소로 그려질 뿐이다. 하지만 이런 이야기는 정직하지도 않을뿐더러 실제로 도움이 되지도 않는다.

이 책의 저자는 멋지게 들리는 말을 주의해야 한다고 말을 한다. 어떤 사람들은 멋진 말 타령을 자주 한다. "좋은 말씀 부탁드립니다." 그래서 조언을 해 주면 "좋은 말씀 감사합니다."라고 답변을 한다. 항상 '좋은 말 요구'와 '좋은 말 화답'을 하는데 그 말로 인해 실제로 자신이 좋아진다고 생각한다. 그래서 이들은 '열정'이라는 단어가 들어가는 말에 매우 좋은 반응을 보인다. 이들은 이런 단어가 포함된 말이 과학적으로 자신에게 효과가 있음을 증명하고 싶어 '파동'이라는 개념을 연결한다. 파동에서 더 나아가 '양자역학'이라는 개념까지 가지고 와서 그 효과를 강조한다. 하지만 책 <에고라는 적>의 저자는 반대로 열정 때문에 실패하는 경우가 많음을 이야기한다. 위 책의 저자는 열정 타령을 주로 하는 사람들이 왜 실패를 했을까에 대해서도 살펴보았다. 그들의 실패 이유는 온갖 장애물들에 대해서는 따로 대비를 하지 않았기 때문이다. 그것을 극복할 역량을 갖추지 못했다. 열정만 가졌지 다른 것은 가지고 있지 않았기 때문이다. 이

저자는 자신의 책에 더 심한 표현을 통해서 자신의 생각을 주장한다.

미친 놈을 그럴듯하게 표현하는 말이 '열성적인 사람'이라는 것을 기억해야 한다.

C형들의 생각과 매우 일치하는 말이다. 정확한 분석 없이 '좋은 말', '긍정의 힘', '우주가 돕는다' 타령을 하는 사람의 주장은 가볍게 무시해야 한다고 말한다. 왜냐하면 감정을 건드리는 말일 뿐이기 때문이다. 저런 감정적 말에 관한 이론은 C형이 낮은 사람들이 주로 신뢰를 한다. C형에게 저 내용들은 어떤 신뢰할 수 있는 근거도 제시하지 못한다. '**양자역학**'이라는 이론이 그럴듯하게 근거를 도와준다고 주장하겠지만 직접적인 연관이 있다는 것을 증명한 사람은 없다. 반대로 연관이 되지 않는다는 증명은 너무나 쉽게 할 수 있다.

이와 비슷한 이야기를 한 천재적인 과학자가 있다. 누군인지 예상이 되는가? 그는 **양자역학** 전문가이면서, **양자역학**의 설을 주장한 사람들에게 과학적으로 반박을 한 과학자이기도 하다. 먼저 그가 한 말을 보자.

Insanity : Doing the same thing over and over again and expecting different results.

'매번 똑같은 행동을 하면서 다른 결과를 기대하는 것은 미친 짓'이라는 말이다. 누구의 말인지 눈치를 챈 사람도 있을 것이다. 왜냐하면 이 명언은 매우 유명한 말이기 때문이다. 이 사람은 아인슈타인Albert Einstein, 1879~1955, 이론물리학자이다. 긍정 신봉자들에게 아인슈타인이 할 수 있는 말은 "정신차려!"이지 않을까 싶다. 그의 명언으로 보면 그것은 '미친 짓'Insanity과 크게 차이가 없기 때문이다. 아인슈타인도 양자역학에 대해서 의문을 갖기도 하고 논쟁을 하기도 했다. 그런데 양자역학의 방정식 조차 풀어보지 않은 사람들이 양자역학을 만병통치약으로 사용하고 있다. 그럼 점에서 C형들이 지적할 유사과학은 너무나 많다. covid-19 바이러스로 인해서 마스크가 필수품이 되었다. 이때 마스크는 아무것이나 써도 도움이 된다고 주장하는 사람들이 있었다. 급하니 일단 천마스크라도 제작해서 사용을 하면 약간의 바이러스라도 막을 수 있다고 생각한 것이다. 그런데 과연 천 마스크는 바이러스를 막을 수 있을까? 정확한 바이러스의 침투를 모르는 사람 입장에서는 **"아무거라도 쓰면 안 쓰는 것보다 낫지 않을까?"**라고 말한다. 이때 C형들은 바이러스에 대해서 공부를 하기 시작한다. 가장 먼저 알아야 하는 것은 바이러스의 모양과 크기다. 그리고 천 마스크 재질의 구멍 크기도 알아야 한다. 사이즈를 확인해 보니 천 마스크가 효과가 없다는 것을 알 수 있다. 그렇다면 얼마나 촘촘한 필터를 사용해야 하는가를 따져야 한다. 그래서 나온 단어가 KF94$^{0.4\mu m}$ 크기의 입자를 94% 이상 걸러낼 수 있다이다. 원래는 미세먼지를 막기 위한 용도로 따지게 된 용어이다. 바이러스의 크기*는 세균의 1/10이다. 그리고 세균은 세포의 1/10이다. 길이가 그렇다는 말이므로 부피는 100^3, 즉 10만배나 차이가 난다. 이런 계산법으로 바이러스는 세포 하나에서 10만 개까지 불어날 수 있다. 이런 크기 계산으로 KF94가 바이러스를 막을 수 있는지 정확히 따져볼 수 있다. 물론 필터의 크기로만 따지는 것은 아니다. 왜냐하면 우리가 쓰는 마스크의 대부분은 정전기를 이용한 방식으로 침투를 막고 있기 때문이다. 하지만 이런 정전기 방식은 수분에 약하다. 그래서 재사용을 하지 말라고 주의를 준다. 이때 이런 주장을 하는 사람들이 있다.

"마음 편하게 사용하려면 그냥 아무것이나 사용하고, 긍정적인 마음을 먹으면 바이러스가 다 떠나. 괜찮아!"

이런 말은 근대화 이전에나 먹힐 소리이다. 이런 점에서 C형의 꼼꼼함은 준비를 더 철저하게 해주고 바이러스의 감염도 제대로 막아 준다. C형의 분석력이 필요한 일들이 앞으로도 많을 것이다. 검증하는 일, 연구하는 일, 대비하는 일에 C형의 활약이 기대된다.

역사 속에서의 상황

신화를 만드는 D형

〈일할 때의 상황〉에서 정주영 회장의 이야기를 통해 D형의 특징을 설명했었다. 엄청난 결과를 만들기 때문에 '신화를 남긴'이라는 수식어가 잘 따라붙는 유형이다.

여기에서는 스티브 잡스의 이야기를 하려고 한다. 많은 사람들이 스티브를 C형으로 생각한다. 나 또한 그렇게 강의를 했었다. 스티브가 C형이 높은 사람인 것은 맞다. 하지만 그는 C형 외에 D형도 높은 사람이다. 여기에서는 그의 D형적인 면을 소개하려고 한다.

*스티브는 한 번 목표를 세우면 뻔뻔할 정도의 추진력으로 밀어붙였고, 무슨 일이 있어도 반드시 이루고야 마는 집념이 있었다. 스티브의 이런 기질이 드러나는 고등학교 때의 일화가 있다. 전자공학 클럽 회원이었던 스티브는 또래들과 어울리는 것을 그다지 좋아하지 않고 잘 나서지도 않는 아이였다. 언제나 구석에 혼자 틀어박혀 뭔가를 만들면서 지내는 것을 좋아했다. 하루는 여전히 혼자 뭔가에 집중하고 있는 스티브에게 클럽 담당 교사 맥콜럼이 말을 걸었다.

"스티브, 뭐하고 있니?"

"네, 학교 과제로 낼 것을 좀 만들고 있는데요. 혹시 여기에 들어갈 부품을 갖고 계세요?

*스티브 잡스 이야기, 짐 코리건 지음, 명진출판

그런데 마침 맥콜럼 선생님도 그 부품을 갖고 있지 않았다.

"나한테도 없구나. 스티브, 그 부품은 버로 사(社)에서만 공급되는 거야. 지사 전화번호를 알려줄 테니 담당자에게 전화해서 요청해봐라. 학교 과제에 필요한 부품이라고 하면 보내줄지도 모르겠다."

스티브는 알았다고 고개를 끄덕였다. 그러고는 다음 날, 들뜬 표정으로 학교에 왔다.

"선생님, 버로에서 부품을 보내준대요. 곧 받아볼 수 있을거에요."

"그래? 아주 잘됐구나. 뭐라고 얘기했니?"

그랬더니 스티브가 의기양양하게 말했다.

"본사에 직접 수신자 부담으로 전화했어요. 새로운 전자 장치 설계도를 만드는 중이라고, 여러 회사 부품을 시험 삼아 써보고 있는데, 버로 부품을 한번 써볼까 한다고 했더니 담당자가 바로 보내주겠다고 하던데요."

역사 속에서의 상황

"……."
맥콜러 선생님은 아무 말도 하지 않았다. 스티브가 학교 과제에 필요하다고 솔직히 얘기한 것이 아니라 마치 자기가 대단한 전자 기기 개발자인 양 그럴 듯하게 얘기해서 부품을 보내달라고 요구했기 때문이다.

스티브의 말과 행동에 대해서 어떻게 생각하는가? 거짓말이라고 생각할 수도 있고, 일머리가 좋다고 평가할 수도 있다. 그런데 D형은 이런 방식을 잘 사용할 줄 안다. 이 내용은 정주영 회장의 '잔디 대신 보리를 심었던 사례'와 비슷하다. 목표를 달성하기 위해서는 어느 정도의 거짓말은 융통성 또는 실력으로 평가될 수 있다는 것이다. D형은 이런 식의 일처리를 하는 사람을 매우 좋아하기도 한다. 하고자 하는 목표를 달성하기 위해서 도전하는 모습에 이런 거짓말은 충분히 허용될 수 있다고 보는 것이다.

현대에 와서 스티브만큼 전 세계에 신화를 남긴 인물이 있을까? 그의 제품은 출시를 하는 것마다 열광적인 인기를 끌었다. 단순히 제품만 인기가 있는 것이 아니라 '스티브 잡스'라는 사람 자체에 대한 인기도 큰 몫을 했다. 그의 근성, 실행력, 고집, 끈기 등이 제품에 고스란히 녹아져 고객은 믿고 구입을 한다. 신제품의 프로그램에 오류가 발견될 때에도 고객은 오히려 "**괜찮아. 곧 괜찮아질 거야.**"와 같은 신뢰를 보낸다. 그만큼 확실하게 일을 하는 D형의 성격을 믿는 것이다. D형을 고집이 센 사람으로만 생각해서는 안 된다. 지금은 스티브 잡스의 고집을 누가 부정적으로 생각하는가? 오히려 그런 성격의 장점을 더 해석하고자 노력하고 있다. 전 세계의 사람들이 그의 고집을 더 길게 보기를 원했지만 안타깝게도 그를 더 이상 볼 수 없게 되었다.

예능으로 잘 나가는 I형

I형은 사람들을 즐겁게 해준다. 변화를 즐기는 I형은 다양한 경험담 보따리를 갖고 있다. 단순 반복하는 일을 견디지 못하는 성격이기 때문에 이것저것 안 해 본 일이 없는 것처럼 보인다. 하지만 정확히 보면 한 곳에 정착하지 못하는 모습이라고 할 수 있다.

I형이 강사라는 직업에 잘 맞는다고 이야기하는 사람들이 있다. 말발이 좋아서, 재미있는 스타일이라서 그렇다고 하는 것에 일리가 있다고 본다. 하지만 더 중요한 이유가 있다. I형은 돌아다니고 다양한 것들을 경험할 때 지루함을 느끼지 않는다. 그런데 어느 한 장소에서 8시간 동안 강의를 한다고 가정해 보자. 장소와 대상은 동일하기 때문에 지루할 수 있다. 계속 바꿀 수 있는 것은 강의 내용이다. 강의 내용에서 자신의 온갖 경험과 자료들을 보여줄 수 있다. I형의 다양한 변화를 원하는 모습은 강의 자료에서도 나타난다. 듣는 청중으로 하여금 지루함을 느낄 수 있는 틈을 보여주지 않는 자료다.

재미있는 대화가 되기 위해서는 남다른 변화의 내용이 있어야 한다. 누구나 겪는 일상의 이야기는 재미없다. 그렇다면 그런 재미있는 이야기는 무엇일까? 어떤 분야에 특별히 많은 사람들이 관심을 갖을까? 단연코 '먹는 것'을 빼놓을 수 없다. 맛있는 음식의 끝이란게 과연 있을까 싶다. 그래서 먹는 이야기는 I형에게는 주변의 관심을 끌 수 있는 매우 중요한 소재가 된다. 이런 이야기로 화제가 된 인물에는 '이영자'가 있다. 이영자는 휴게소 음식에 대해서 그 누구보다 맛깔스럽게 설명한다. 일단 휴게소 음식을 먹기 위해서는 휴게소에 들려야 한다. 그리고 그 많은 음식들을 먹어봐야 알 수 있다. 이영자는 어느 휴게소에 어느

음식은 꼭 먹어줘야 한다는 내용을 절대로 무미건조하게 설명하지 않는다. 말만 들어도 그 맛과 향이 느껴질 정도로 묘사를 잘 한다. 그녀의 말에 빨려들지 않을 수 없다. 그녀의 말에 근거한 고속도로 휴게소 맛집 경로가 디자인으로 정리되기도 했다. 많은 사람들이 일부러 찾아가기도 한다. 미슐랭가이드에 나오는 음식점보다는 '영슐랭가이드'에 나오는 음식점에 가보고 싶

은 이유는 그녀의 재미있는 '말 표현'이 더해졌기 때문이다. I형의 다양한 경험은 하나의 컨텐츠가 되어 사람들에게 정보 뿐만 아니라 즐거움도 함께 제공한다.

요즘은 여러 출연자들이 방송에 나와 대화를 나누면서 이끌어 가는 프로그램이 많아졌다. 그때 I형의 비율이 그 프로그램의 재미를 좌우한다. I형이 많을수록 화기애애한 재미가 많아진다. 대부분의 프로그램이 비슷한 방식으로 반복되는데 I형의 출현자는 그런 반복 속에서 재미있는 변화를 만들어 낸다. 예능 프로그램에서 I형은 없어서는 안 될 존재라고 할 수 있다.

I형의 이런 재미있는 특징은 나이를 먹어서도 방송계로 진출을 가능케 한다. 예를 들어 운동선수라는 직업을 살펴보자. 젊을 때에만 왕성한 활동을 할 수 있는 직업이다. 어느 정도 나이가 든 시점에 이들이 활동을 접고 '방송인'의 길로 뛰어드는 경우가 있는데 방송인으로서의 활동에는 나이의 제약이 적다고 할 수 있다. 오히려 어느 정도 연륜이 있는 것이 도움이 되기도 하는데, 그에 더하여 I형의 예능감은 매우 뛰어난 재능이 되어 그 활동을 돕는다. 이런 재미있는 I형은 과거 역사에 기록이 많지 않다. 지금은 전문 방송인이지만 과거에는 광대라고 부르는 비주류의 사람이었기 때문이다. 하지만 현대에 와서 I형의 기록은 사진과 영상의 기록물로 저장되고, 이들의 모습은 여러 짤^{주로 인터넷상에서 사진이나 그림 따위를 이르는 말. '짤방'에서 비롯된 말이다}로 편집되어 온라인에서 돌아다니게 되었다. I형의 말 재능이 제대로 평가를 받게 된 것이다.

참고로 I형은 무엇을 보완하면 대단한 인물이 될까? 그것은 '깊이있는 지식'이다. I형의 재미는 자칫 가벼움을 줄 수 있다. 깊지 않은 '허풍'의 이미지로 보일 수 있다. 이런 I형에게 깊이가 있는 지식이 더해지면 매우 매력적인 지식인이 된다. 재미있는데 똑똑한 사람에게 느껴지는 매력이 무엇인지 예상할 수 있을 것이다.

역사의 기록에 남지 않는 S형

'역사'라는 단어에 관한 각 유형의 내용을 설명하고 있다. S형은 그런 면에서 가장 소외되는 인물이다. I형의 광대보다도 더 그럴 수 있다. D형처럼 신화를 남기지도 못하고, I형처럼 예능감이 폭발하지도 않는다. 그것은 S형의 '수동성' 때문이다. 수동적으로 행동하기 때문에 이들의 활동은 주목을 받지 못한다. 왕이 아들을 세 명 낳았다고 가정해 보자. 누구에게 왕의 자리를 넘겨줘야 할까? 당연히 첫째 아들이 유력하다. 하지만 만약 첫째 아들이 S형이라면 어떻게 될까? 왕은 S형인 첫째에게 물려줬다가는 왕권이 약해질 것을 예상하고 다른 아들을 고민하게 된다. 그런 점에서 S형의 역사는 기록에도 많지 않은 편이다. 상대적으로 D형의 기록이 많다. 도전을 했다는 것 자체가 기록으로 남길 수 있는 것이 많다. D형과 S형은 반대 유형인데 역사의 기록에서도 반대되는 기록의 양을 보여준다.

D형이 주된 활약을 하고 S형은 수동적으로 따라가는 입장이다 보니 비주류가 될 가능성이 크다. 그런 점에서 D형과 S형은 서

로 이해하기 힘들 수 있다. S형은 D형에게 입을 다물고 아무런 답을 하지 않을 가능성이 크다. D형은 이런 답답한 S형을 자신의 주변에 두려고 하지 않는다.

선거 시점이 되면 많은 정치인들이 S형적인 모습을 보여준다. 왜냐하면 S형의 인간적인 모습이 가장 호감을 주기 때문이다. 그들은 S형의 모습으로 재래시장을 찾아간다. "**요즘 경제 사정이 어렵죠?**"와 같은 말을 건넨다. '경제'라는 단어를 사용해서 매우 '일중심'의 질문 같아 보이지만 힘든 경제적인 사정에 관심을 갖고 있다는 '사람중심'의 메세지를 전달하는 것이다. 사람은 감정의 동물이기 때문에 '감정'을 건드리는 말에 마음이 움직인다. 선거가 끝나면 다시 재래시장에 나타나지 않는다. 재래시장의 모습은 '쇼'일 가능성이 크다. 호감있는 모습을 보여주기 위해서 S형의 모습을 특정 순간에 활용한 것이다. 즉 전략적으로 선거운동을 한 것이다. 또한 사람들이 많이 지나다니는 곳에서 절을 하면서 "**죄송합니다. 저희가 오만했습니다. 앞으로 잘 하겠습니다.**"라는 메시지를 전하기도 한다. 이 또한 S형의 겸손한 모습을 보여주는 것이다. 이처럼 사람들은 S형의 모습을 좋아한다. S형이 강하지 않은 사람들도 S형이 높은 사람인 것처럼 보이고 싶어하는 경향이 있다. 그것은 누구에게도 상처를 주지 않는 부드러운 사람이고 싶어하는 것 때문이다. 역사의 기록에는 많이 남지 않지만 어느 곳에서나 S형은 함께 하고 있는 것이다. 사람들의 삶 가운데 소소한 부드러움과 친근함을 보여주는 사람들이기 때문에 실제로는 역사 가운데 항상 함께 한 사람들이다.

I형과 비슷하게 S형도 오늘날 그 중요성이 점점 커지고 있다. 왜냐하면 사람들의 감정 노동이 증가하고 있고 그로 인해서 사회 문제가 발생하고 있기 때문이다. 이렇게 힘들어하는 사람들이 누구를 의지할까? 그들의 힘든 상황에 대해서 이해를 잘 해주고 사연을 잘 들어주는 S형이다. 만약 주변에 S형이 없다면 이들은 자신들의 힘듦을 알릴 대상이 없다고 생각하고 극단적인 선택을 하기도 한다. 주변에 S형이 높은 사람이 있다는 것은 큰 위로를 받고 있다는 것을 의미한다. 주변 사람들이 힘들어할 때 S형의 중요성은 크게 빛난다.

역사를 해석하는 C형

C형은 '정확도'를 원하는 욕구로 인해서 역사를 해석하는 탁월한 능력을 갖고 있다. 역사를 만드는 유형이 D형이라면 그 D형의 역사를 해석하는 것은 C형이다. C형의 해석으로 인해서 D형은 대단한 실행가에서 많은 사람을 죽인 독재자로 변경되기도 한다. 누군가 실패한 역사를 얼렁뚱땅 덮고 지나가려고 하는 것도 C형에게 재발견되어 정확한 평가를 받게 된다. 그에 잘 맞는 사례로 **징비록**懲毖錄의 **류성룡**柳成龍, 1542~1607, 호는 서애(西厓)을 들 수 있다. 조선 중기의 문신으로 임진왜란 동안에 경험한 사실을 기록했고 그 책이 **징비록**이다. 징懲은 징계한다는 것이고, 비毖는 삼간다는 것이다. 임진왜란의 치욕적인 역사를 반성하는데, 그 반성은 사실을 기반해서 해야 한다. 류성룡은 그런 내용

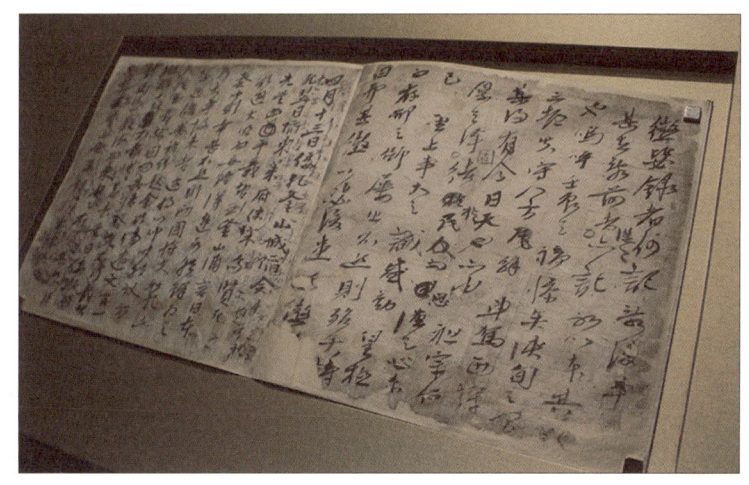

징비록 (1604, 국보 제132호, 한국국학진흥원 소장 / 풍산류씨 하회 충효당 기탁)

을 책으로 써서 남겼다. 그 시대가 그의 훌륭함보다는 역사 덮기에 열중한 나머지 징비록은 금서가 되었고, 오히려 일본으로 넘어가 베스트셀러가 되었다. C형의 정확함을 추구하는 능력을 알아주지 못한 것이다. 징비록에 대한 평가는 사람마다 다를 수 있다. '다시보는 임진왜란'^{2020년, 책공장*}을 쓴 양성현 작가는 '류성룡의 〈징비록〉이 반성문을 표방하고 있지만, 전쟁을 막지 못한 당사자의 자기반성이 빠진 허울뿐인 보고서'라고 주장을 했다. 전쟁을 대비하지 못한 당시 조정과 집권세력, 특히 임진왜란 발발 1년 전에 전쟁 대비를 주창해 온 서인의 의견을 묵살하고 몰아낸 책임이 류성룡에게 있었지만, 이를 통째로 뺐다는 것이다. 난 역사에 대한 평가를 하려고 하는 것이 아니다. 역사에 대한 기록을 남기는 꼼꼼한 특징을 C형이 보여줄 수 있다는 점을

*"다시보는 임진왜란, omn.kr/1o5ij 징비록은 엉터리란 가체뉴스'라는 주장이 나왔다.

말하고자 하는 것이다. 징비록의 류성룡에 대한 평가를 한 양성현 작가도 C형의 모습을 보여준다고 할 수 있다.

C형의 역사 해석은 여러 자료들을 남겼다. 우리 나라 곳곳에 있는 박물관에는 C형들의 기록물들이 전시되어 있다. 국내에는 국립박물관, 자연사박물관, 역사박물관, 어린이박물관, 직업박물관, 대학박물관, 그리고 이색박물관까지 전국에 1,000곳이 넘는 박물관이 있다. 이런 박물관은 C형의 정확함과 꼼꼼함을 제대로 보여주는 결과물이라고 할 수 있다. 이런 박물관에 가서 그냥 쭉 훑어보는 것은 제대로 된 관람이 될 수 없다. '문화해설사'의 설명을 꼭 들어 봐야 한다. 그래야 기록물 안에 담겨 있는 진실된 이야기를 알 수 있다.

부여에 가면 백제의 문화유산으로 유명한 '낙화암'이 있다. 백제의 마지막 왕인 '의자왕'의 이야기가 이 낙화암과 연결되어 있다. 의자왕이 여색을 밝히고 방탕한 삶을 살았기 때문에 백제가 망하게 되었다는 이야기가 있다. 낙화암 아래 백마강에서 황포돛배를 타면 이런 내용의 이야기를 들을 수 있다. 하지만 어느 문헌에도 이런 기록은 없다는 사실. 그렇다면 낙화암에서 3천 명의 궁녀가 뛰어내렸다는 것은 사실일까? 이 또한 기록에 없다. 그리고 실제로 낙화암에 가 보면 말이 안 된다는 것을 바로 알게 될 것이다. 3천 명이 뛸 절벽이라고 할 수 없다. 망한 왕, 3천 명의 궁녀, 절벽이라는 단어를 연결해서 만든 이야기이지 않을까 생각한다. 오랫동안 전해져 내려오는 이야기도 C형의 '정확도 따지기'에 들어가면 바로 거짓으로 판명된다.

대한민국의 해방 이후 역사적으로 아직 해결하지 못한 것들이 많다. 이승만 대통령에 대해서도 누구는 건국의 아버지이며 훌륭한 외교전문가라고 하고, 누구는 독재자이며 기회주의자라고 한다. 박정희 대통령에 대해서도 서로 다른 평가가 있다. 어느 쪽의 의견이 더 설득력이 있는지 판단하지 못하는 사람들도 많다. 국제 정세의 흐름을 말하면서 지금 대한민국이 잘 살게 된 이유는 누구 때문이라고 설명을 하는데 판단하기 힘들 수 있다. 이때 C형의 판단이 오히려 정확하다고 할 수 있다. 개인적인 목적, 취향, 관계를 떠나 실제로 한 일만을 가지고 평가를 하기 때문이다. 공公과 사私, 득得과 실失을 갖고 토론을 하다 보면 누가 잘 했고 누가 잘못을 했는지 따지기 어렵다. 아무리 무능하고 나쁜 사람도 '공'과 '득'은 있을 수 있기 때문에 역사에 대한 해석은 더욱 어려워진다. 하지만 공과 득이 있다고 학살자가 위인이 될 수는 없다. C형적인 판단은 생각보다 어렵지 않다. C형처럼 정확한 근거를 갖고 따지면 된다. 그것은 오늘날 '팩트체크'라는 방식이라고 할 수 있다. 가짜뉴스를 근거로 활용하지는 않는 것이다. 이런 점에서 볼 때 C형은 동일한 뉴스를 보더라도 팩트와 가짜를 구분해 가면서 본다. 그리고 근거가 사실인지 가짜인지 확인하는 질문을 많이 한다.

"지금 말한 것이 어디에 나와 있어요?"

"누가 그런 발표를 한거죠?"

"그 근거를 말한 단체는 불투명한 언론사입니다."

"지금 문제가 된다고 말한 내용은 현재 미국의 공교육에서도 가르치는 내용입니다. 말씀하신 것처럼 문제가 되는 것은 아니라고 생각합니다. 그렇다면 미국에서도 문제를 삼아야 했을 텐데 권장도서에 들어있는 내용이에요."

가정에서의 상황

집안에서 왕인 D형

주도적인 역할을 유지해야 한다. 그러기 위해서는 집안에서 '왕'으로서의 위치를 차지해야 한다. 그렇지 않으면 언제든지 주도권을 놓치게 된다. 만약 남편이 D형이라면 아내, 자녀와 친한 관계를 유지하지 않을 것이다. 친구처럼 지내는 가정의 모습은 벌어지지 않는다. 과거 시대의 가부장적인 모습을 유지할 가능성이 크며 밥상머리에서 그런 것을 강조한다. 식사를 할 때에도 아내는 남편이 좋아하는 음식을 해 줘야 하고, 남편이 원하는 옷과 머리 스타일을 강요받을 수 있다. 만약 그런 것을 아내가 어기게 되면 불쾌함을 표현한다. 왜냐하면 그것도 자신에게 주도권이 있다고 생각하기 때문이다. 이런 D형 남편이 다른 유형의 아내보다 S형을 아내를 만나게 될 때 갈등은 가장 적어진다. 왜냐하면 S형은 거부감 없이 이런 점을 잘 맞춰줄 가능성이 크기 때문이다. 반대로 아내가 D형이라면 어떻게 될까? 이런 집안은 아내가 주도권을 갖고 휘두른다. 남편이 오히려 조용히 참고 지낼 수밖에 없다. 남편은 자녀들에게 **"엄마가 화났으니까 그냥 잘 따라줘. 그게 가정의 평화를 위한거야. 알았지?"** 라는 말을 한다. 이런 남편은 항상 아내 눈치를 보며 지낼 수밖에 없다. 그렇다면 만약 둘 다 D형이라면 어떻게 될까? 당연히 주도권 싸움이 벌어지게 된다. 현명한 D형이라면 전쟁이 벌어질 것을 알기에 스스로 낮아져서 상대에게 맞춘다. 이런 모습은 방송에서 최민수, 강주은 부부의 모습을 통해 확인할 수 있다. 서로 강한 성격이 지만 가정의 평화를 위해서 서로 맞추려고 노력하는 모습이 보인다. 그냥 서로에 대해서 무조건 참는 것이 아니라, 먼저 서로를 이해하고, 무엇을 힘들어하는지 파악하고, 자신의 약점이 무엇인지도 알기 때문에 참을 수 있는 것이다.

계속 사업을 벌이는 I형

남편이 I형이면 사업을 계속 벌이게 된다. 어떤 소식을 듣고 **"이번에 이건 정말 좋은 기회야. 빨리 해야 해."**라는 생각으로 사업을 저지른다. 사업을 새롭게 한다는 것은 큰 돈을 투자했다고 볼 수 있고, 대출을 받아서 사업 자금으로 썼다는 것이다. 그런데 사업을 하다 보니 처음의 마음과는 달리 점점 이 사업이 재미없게 느껴진다. 그래서 그 사업에서 서서히 관심을 끊게 된다. 아직 손익분기점損益分岐點도 지나지 않았는데 관심을 끊으니 그 사업이 잘 될리가 없다. 그때쯤 또 새로운 사업에 귀를 기울인다. **"이건 정말 대박이야. 빨리 서둘러서 시작해야 겠다."**라는 결심을 하고 또 대출을 받아 사업을 진행한다. 매우 충동적인 사람이다. I형은 이런 식으로 사업을 하는데, 자신의 이런 변덕을 인지하지 못한다면 부부 사이에 큰 갈등이 생길 수밖에 없다. I형의 충동성은 사기꾼들의 목표 대상이 되기에 매우 좋은 특성이다. 그래서 돈을 가장 잘 날리는 유형이라고 할 수 있다. 이런 I

형에게 매우 필요한 조언이 있다. '세상에 공짜는 없다.' 매 순간 이 말을 지침으로 삼아 결정해야 한다. 어느 누가 자신이 손해를 보면서 다른 사람이 잘 되도록 하겠는가. 그것도 전혀 일면식一面識도 없는 사람에게 말이다. I형의 신중하지 못한 특성은 일생을 통해서 이어진다. 많은 시행착오를 겪었지만 여전히 "**이번에는 진짜 기회야.**"라는 강한 최면을 스스로에게 건다. 가족들이 인정을 해 주지 않을 게 뻔하다 보니 몰래 일을 저지르는 경우가 많다. 충동적인 I형이 몰래 혼자 결정을 한다는 것은 실패의 상황으로 갈 수도 있다는 것이다. 한두 번의 실수를 겪었다면 그것을 교훈 삼아 더 이상 같은 실수를 저지르지 않아야 하는데 전혀 그렇지 않다. 여전히 I형의 충동성이 다시 같은 실수를 저지르게 만든다. I형은 충동적으로 뭔가를 저지르는데 그때 '재미있음'이 결정적으로 판단 기준이 된다. 하지만 그것은 '신중하지 않음'이라는 것을 알아야 한다.

결정을 하지 못하는 S형

S형은 변화를 좋아하지 않는다. 살다보면 여러 가지 변화를 해야 할 상황을 겪게 된다. 이사하는 것, 아이 어린이집·유치원·학원·학교를 옮기는 것, 비싼 가전제품을 구매하는 것은 큰 변화에 속한다. 작은 변화로는 정수기 렌탈은 무엇으로 할지, 외식할 때 무엇을 먹을지 등이 있다. 이런 변화들은 모두 S형이 이전에 하지 않았던 일들일 수 있다. 하지만 이런 결정을 해야

할 때가 반드시 온다. 결혼 전에는 이런 일들을 부모님이 결정했었지만 결혼 후에는 자신이 직접 해야 한다. 부부 두 사람이 결정을 할 때 S형 배우자는 분명한 답변을 잘 하지 않는다. 그래서 상대방은 계속 물을 수밖에 없는데 그때마다 매번 "난 모르겠어. 당신은 뭐가 나은 것 같아?"라고 되묻는다. 그래서 상대가 "난 이것이 더 좋은 것 같아. 이걸로 하자. 어때?"라고 물어보면 "음, 글쎄..."처럼 우유부단한 답변을 할 뿐이다. 변화를 싫어하는 S형은 결정하는 것을 힘들어한다. 그래서 S형의 특징 중 하나는 다른 사람이 정한 결정을 따르는 '수동성'이다. 이런 특징 때문에 일일이 S형에게 의견을 묻는 것은 그리 좋은 방법이 아니다. 물론 S형이 무조건 다 따르는 것은 아니다. S형이 정말 하기 싫을 때에는 'Yes'라는 답변이 없이 '침묵'으로 보여줄 것이다. S형에게 분명한 답변을 기대하거나 요구하지 말자. S형에게는 그런 요구가 너무나 큰 스트레스로 다가온다. 하지만 S형이 발전적으로 나아가기 위해서는 스스로 '할 말을 하자'라는 생각을 하고 실천해야 한다. 점점 나이를 먹어 가고 한 집안의 주인이 되어 가는데 자신의 생각을 강하게 표현하지 못하는 것은 분명 큰 약점이 된다. 하고 싶은 말의 내용보다 그 상황에 대한 부담감을 먼저 느끼는 S형은 이것이 자신의 치명적인 단점임을 인식하고 고치려고 노력해야 한다.

매우 쉽게 결정하는 C형

C형은 매우 꼼꼼한 사람들이다. 회사에서는 이런 꼼꼼함이 큰 장점으로 작용을 한다. C형은 가정에서도 동일한 방식을 사용한다. 돈을 사용할 때에도 '왜' 사용을 해야 하는지 따져야 하며, 계산을 할 때에는 '정확'하게 계산을 해야 한다. C형이 I형처럼 충동적으로 결정을 하는 일은 거의 없다. 하지만 너무 따지는 C형의 성격을 통해서 문제점이 발생하는 경우가 있다. 따진다는 것은 자세한 정보를 알아보는 것이고 그것은 많은 시간을 소비하게 만든다. 이런 시간 사용이 길어지면 C형 자신에게도 스트레스가 된다. 예를 들어 새로운 노트북을 구매한다고 하자. 어느 회사의 어느 제품을 살 것인지 고민을 하는데 그때 고려해야 할 요소들이 너무나 많다. 서너 가지 중에서 선택을 하는 거라면 고려 요소가 많지 않아 결정을 하는 것이 그리 어렵지 않다. 하지만 노트북의 크기, 메모리, 하드, 세부 옵션 등 조건이 많다면 어떤 것이 자신에게 최적인 노트북인지 쉽게 파악할 수가 없다. 여기에 결제 신용카드의 할인 조건까지 따라 붙게 되면 더 복잡하게 된다. 그래서 이렇게 복잡한 상황인 경우에는 오히려 따져 보지 않고 간단하게 결정을 하는 C형도 있다. 왜냐하면 이런 복잡한 조건들이 섞여 있을 때 그것을 꼼꼼하게 따지는 것이 더 복잡하다는 것을 알고 오히려 빨리 포기하는 것이다. 이런 이유 때문에 C형이 모든 상황에서 다 꼼꼼한 피곤함을 보여 주는 것은 아니다. 오히려 이런 모습은 현명한 결정을 하는 사람처럼 보인다. 이런 결정에는 C형의 계산이 다 들어가

있다. 신중하게 알아보는 노동이 더 힘들다든지, 알아본 노력에 비해 비용 절감의 효과가 거의 없다면 C형은 굳이 거기에 에너지를 많이 사용하지 않는다. 이사를 할 때, 여행을 할 때, 사업을 시작할 때 직접 알아보는 것보다 업체의 도움을 받은 것이 더 나을 수 있다. 이삿짐센터를 이용하고, 여행사 상품을 구매하고, 사업 컨설팅을 받는 것이 결과적으로 더 좋은 효과를 가져오는 경우가 있다. 그런 점에서 C형의 결정은 매우 효율적이라고 할 수 있다.

선생님이 보여주는 상황

확실하게 보여주는 D형 선생님

학생들이 가장 무서워할 수 있는 유형이다. 학생들을 주도적으로 이끄는 능력이 있기 때문에 아이들도 D형 선생님에게 함부로 하지 못한다. D형 선생님들이 주로 하는 말이 있다. "학생들을 체벌(體罰)할 때에는 확실하게 해야 합니다. 어설프게 하면 학생들이 선생님을 우습게 봅니다." 이 말에 동의를 하는 사람들이 있을 것이다. 사실이기도 하다. 말을 잘 안 듣는 학생들이 있기 때문에 기선제압(機先制壓)이 필요할 때도 있다. 이때 D형 선생님은 강하게 이런 행동을 취하게 된다. 물론 이제는 학생들에게 체벌을 할 수 없다. 그런 점에서 D형 선생님은 다른 방식으로 학생들에게 확실한 모습을 보여줄 수밖에 없다. 그런 모습은 '체벌'과는 완전히 다른 모습일 수도 있다. D형에 대해서 무조건 강압적인 압박의 방식만을 쓰는 것으로 생각해서는 안 된다. 어떤 방식을 결정하든지 그것을 강하게 밀고 나가는

유형이 D형인 것이다.

이와 관련된 영화를 하나 소개한다. 빅 브라더2018, Big Brother, 大師兄라고 하는 견자단 주연의 홍콩 영화다. 영화에서 진협견자단은 담임 선생님을 맡게 되는데 문제가 되는 학생들을 올바른 길로 인도하기 위해서 매우 확실한 지도 모습을 보여준다. 일단 교장 선생님에게도 할 말을 소신 있게 한다. 그리고 산만한 교실의 분위기도 단숨에 정리한다. 하지만 그 모습에 어떤 치사함이나 거짓말은 없다. 그래서 학생들은 D형 선생님의 강함에 부담을 느끼기도 하지만 점점 신뢰를 하게 된다. 진협은 위험한 상황에서도 자신이 책임감을 갖고 상황을 해결한다. 마음을 잡지 못하는 학생들의 기록을 확인하고 직접 가정 방문을 실시한다. 이 모든 행동은 진협 스스로의 결정이 있었기 때문이다. 그 결정은 진협의 학창 시절과 군대 시절, 그리고 그 후 세상을 종단하면서 느낀 결과로 이루어진 것이다. 자신이 결정한 것을 반드시 이뤄내는 D형의 모습은 존경을 받는 선생님의 모습이기도 하다. 빅 브라더에서의 모습은 현실과 똑같을 수는 없겠지만 이와 비슷한 방식을 노력하는 D형의 선생님들이 있는 것은 사실이다.

D형 선생님에게 조심해야 할 것이 있다. D형 선생님을 화나게 만들지 말자. 무엇을 하든지 확실하게 하는 유형이기 때문이다. D형 선생님이 화를 낸다면 가장 무서운 결과를 보여줄 것이다. 체벌을 하든, 행정적인 조치를 취하든 협상은 없다.

학교 폭력의 문제 학생을 처벌할 때 그 판단을 했었던 천종호

© SBS 스페셜

판사가 기억난다. 2013년 SBS 스페셜 <학교의 눈물>에서 나왔던 천종호 판사는 가해 학생들에게 무섭게 호통을 치는 모습으로 화제를 모았었다. 천종호 판사는 <김현정의 뉴스쇼>와의 인터뷰에서 다음과 같이 말을 했다.

"범죄나 비행에 대해서 처벌은 엄정해야 한다. 그러나 처벌이 끝난 후에는 범죄자로 낙인 찍는 것이 아니라 사회 구성원으로 자립을 위한 도움을 주어야 한다."

이 말이 D형의 말이다. 처벌도 확실하게, 처벌 후에 도움도 확실하게 해 주어야 한다는 소신이 들어 있다.

재미있는 이야기를 해주는 I형 선생님

학생들은 하루 종일 꽉 짜여진 수업을 듣는 것보다 색다른 재미있는 이야기를 듣고 싶어한다. 그런데 이것은 I형 선생님도 마찬가지다. I형 선생님도 매번 동일한 내용을 학생들에게 반복적으로 가르치는 것이 너무나 지루하다. 직업이 교사이기 때문에 어쩔 수 없이 성실하게 과목의 내용을 가르칠 뿐이다. 그래서 선생님과 학생들과의 친밀도가 그리 커질 수 없는 학교의 수업 형태가 안타깝기도 하다. 어느 여름 날, 날씨는 너무 덥고 수업보다도 기분 전환을 할 뭔가가 필요하다고 느낄 때 학생들이 선생님께 "재미있는 이야기좀 해 주세요."라고 요청을 한다. I형 선생님은 기다렸다는 듯이 이야기를 꺼낸다.

"얘들아, 혹시 내가 군대 이야기 해 줬니? 무장공비 이야기가 있는데."

"저희 안 해 줬어요."

"1탄과 2탄이 있는데 정말 안 했어?"

"저희 반은 1탄도 안 했어요."

"알았어. 1탄 먼저 해 줄게. 그런데 수업을 빨리 나가야 하는데..."

"해 주세요~~~."

I형 선생님은 자신이 겪은 군 생활 이야기 중 무장 공비와 관련된 이야기를 하기 시작한다. 1탄을 먼저 이야기하고, 2탄은 다음에 기회를 봐서 이야기를 해 줄지 결정을 한다. 왜냐하면 이 이야기를 다 하면 시험 전까지 진도를 다 나갈 수 없기 때문이다. 그리고 시험 직전 수업 시간에 시험에 뭐가 나올지 간단히 알려 주면서 마무리를 한다. 수업 시간에 수업과 상관없는 다른 이야기를 많이 했으니 진도를 여유있게 못 빼는 것이다. 하지만 학생들은 어떠한 불만도 없다. 재미있는 이야기를 잘 풀어놓는 선생님이 I형이다. 학생들에게 인기가 많을 수밖에 없다. I형 선

생님은 학생들과의 거리감이 가장 가까운 유형이라고 할 수 있다. 다른 유형의 선생님들도 이런 이야기를 함으로서 비슷한 결과를 만들 수 있을까? 그렇지 않다. 할 이야기가 있다고 다 재미있게 말하는 것은 아니다. 이야기를 재미있게 풀어 나가는 유형은 I형에게만 해당된다.

S형의 방식을 도입하는 선생님

S형의 모습은 D형의 반대다. D형의 대화 특징은 공격적이며 거칠다. 그래서 학생들과 친근해지기 어려운 것이 사실이다. 학생주임 선생님 스타일을 생각하면 이해가 빠를 것이다. 수업 시간에 가장 먼저 청소 이야기를 꺼내며 학생들을 지적하고, 이후에 수업 내용을 가르친다. 학생들 입장에서는 듣기 싫은 소리일 뿐이다. 당장 강하게 밀어붙이는 방식이 효과적이라고 할 수도 있지만 장기적으로 보면 그렇지도 않다. 그래서 다른 유형의 선생님들도 S형의 방식을 도입하기에 이른다.

방승호 아현산업정보학교 교장 선생님을 소개한다. 그는 서울에서 학교 폭력 1위였던 학교를 7개월 만에 학교 폭력 '0'로 만들었다. 현재 근무 중인 **아현산업정보학교**는 그가 부임할 당시 흡연율이 40%에 달하는 학교였다. 이 또한 '0'로 만들었다. 물론 쉬운 과정으로 이루어진 것은 아니다. 누구나 효과적인 방법을 알았다면 다 그렇게 해서 '0'로 만들었을 것이다. 방 교장의 말을 들어보면 디 학생들의 입장을 생각해서 말하는 내용들이다.

담배에 대해서 그가 말한 내용*을 보자.

"초등학교, 중학교 때 담배를 입에 대기 시작하면 끊기가 쉽지 않아요. 그 아이들에겐 담배가 엄마 젖꼭지 대신이기 때문이에요. 아이들이 어릴 때 담배를 배우는 이유는 딱 한 가지입니다. 학부모 때문이지요. 부부지간 사이가 안 좋으면 불안함이 아이들 마음에 파고들어요. 부모가 다투는 걸 보면 두려움이 생기고 자신이 의지할 곳이 없다고 느끼는 거죠. 그러면 친구에게 의지하게 됩니다. 그런 친구가 만약 담배를 피우면 자기도 담배를 입에 대는 거죠."

그런 아이들을 어떻게 지도하시나요?

"지도 안 해요. 같이 놀 뿐이죠. 행복과 재미가 뭔지 알고 느끼면 아이들은 금방 바뀌어요. 담배를 딱 끊게 못 하더라도 일단 재밌는 기억을 만들어 주려고 해요. 내면의 힘을 길러주는 거죠."

상담을 하다 보면 피곤한 날도 있을 것 같습니다.

"피곤하면 내가 잘못한 거예요. 아이들과 이야기하다 보면 나도 '내가 옳기 때문에 네가 내 말을 들어야 한다'는 방법을 사용하고 싶다는 유혹이 강하게 생겨요. 그런데 조금이라도 그런 방법을 쓰면 상대가 단박에 알아차립니다. 곧바로 마음을 닫아버려요. 나도 피곤하고 상대도 피곤한 날이죠."

어떻게 하는 게 옳은 방법인가요?

"상담하면서 내 생각을 주입하면 백전백패에요. 상대를 있는 그대로 받아들이면서 이야기를 들어줘야 하는 거죠. 그렇게 되면 몇 시간 동안 이야기를 해도 상대도 나도 절대 피곤하지 않아요. 오히려 재밌게 이야기할 수 있죠."

강요 않고 이야기를 들어준다는 게 쉽지 않을 거 같은데요.

"나도 아주 고집 세고 괴팍한 사람이었습니다. 조금만 건드려도 얼굴이 찌푸려지면서 표정이 다 드러나는 그런 사람이었어요. 그런데 아이들을 만나면서 바뀌었어요. 예전엔 화가 나는 일이 생기면 불쑥 화부터 냈는데 이제는 '내가 화가 났구나' 객관적으로 보게 돼요. 그러면 당장 화를 내지 않고 넘길 수 있는 힘이 생기고 또 사실 그 순간만 지나면 아무것도 아닌 일이 대부분이잖아요. 아이들이 내 팔자를 바꾼 거죠."

그는 원래 S형이 아니다. 자신을 고집이 세고 괴팍한 사람이라고 고백을 한다. D형의 모습인 것으로 보인다. 하지만 학생들을 교육하기 위해서 D형의 모습만을 사용하는 것을 의도적으로 조절했다. 이것으로 인해 S형을 사용할 수 있게 된 것이다. 내 입장과 내 기준을 내려놓으니 학생들의 입장을 이해할 수 있게 되었고, 자신의 기준을 바꾸게 되었다. 실제로 폭력과 흡연이 '0'가 되는 효과가 있었으며, 방 교장의 소식은 영국 유력 일간지

> ## Schooling future superstars
> Ahyeon polytechnic high school is the equivalent of a sixth-form college and takes students who have struggled in the mainstream. When the principal, <mark>Bang Seung-ho</mark>, realised many students were bunking off because they had spent all night playing games, he took radical action: he opened a PC bang in the school. So long as students studied regular subjects in the morning, they could play eSports to their hearts' content in the afternoon and evening.
>
> Bang, a charismatic man who could pass as a film star, believed having a PC bang on tap would prove an incentive for students to attend school. And so it did. The students were transformed. "It was incredible to see how good their attitudes towards the classes became," he says. "Once you embraced those kids, recognising what they are good at, their mentality changed. They started studying as well."

인 가디언^{The Guardian*}에 소개도 되었다. 이 내용은 앞에서 소개한 영화 빅브라더의 진협과도 매우 유사하다. D형 설명에서는 진협의 소신과 추진력을 이야기했지만 영화를 보면 S형의 모습도 많이 나타난다. 진협 역시 자신의 과거 모습을 통해서 'S형적인 바라보기'의 중요성을 알고 학생 한 명 한 명을 세심하게 살핀다. 어른들이 보는 기준으로 학생들의 문제를 판단하지 않았다. 진협과 방승호 교장처럼 D형도 S형의 모습을 보여줄 수 있다. S형의 모습을 사용하면 상대방이 거부감을 느끼는 것을 현저하게 줄일 수 있다. 수직적인 관계를 만들지 않고 편안한 관계를 만들 수 있다. S형을 사용하는 순간 아이들의 문제를 다른 시각으로 보게 된다. 문제가 아니라 도와줘야 하는 신호임을 발견하게 되는 것이다. 어느 학생이 이런 S형 선생님을 좋아하지 않겠는가. 목표를 세워 해결하는 것이 아니라, 공감을 해줌으로 해결하는 선생님이다.

*가디언, www.theguardian.com/sport/2017/jun/16/top-addiction-young-people-gaming-esports

지식과 정보를 잘 전달하는 C형 선생님

C형 선생님은 가르쳐야 할 과목의 지식을 체계적으로 정리하고 그것을 논리적으로 전달하고자 한다. 그래서 수업 준비가 알찬 선생님이라고 할 수 있다. 어려운 과학의 원리를 전할 때에도 그 원리가 왜 그렇게 나왔는지 설명을 상세하게 한다. "**그냥 외워.**"라고 하지 않는 선생님이다. 그런 점에서 과학 교사로 적합하다고 할 수 있다. 물리나 화학의 내용을 보면 이해가 안 되는 내용이 너무나 많다. 책을 찾아봐도 자세한 설명이 없다. 그러면 학생들이 무작정 외우는 방법을 선택할 수밖에 없다. 고등학교 때 배우는 내용 중 상세한 설명을 할 수 없는 경우도 있다. 원자는 핵과 전자로 구성되어 있고, 그 모양은 원자 궤도라는 이론 설명을 통해서 배운다. 대부분 학생들은 원자를 현미경으로 보고 그런 모양이 나온 것으로 생각을 한다. 하지만 그 모양은 함수를 계산해서 나온 값을 통해 예측을 한 것이지 실제

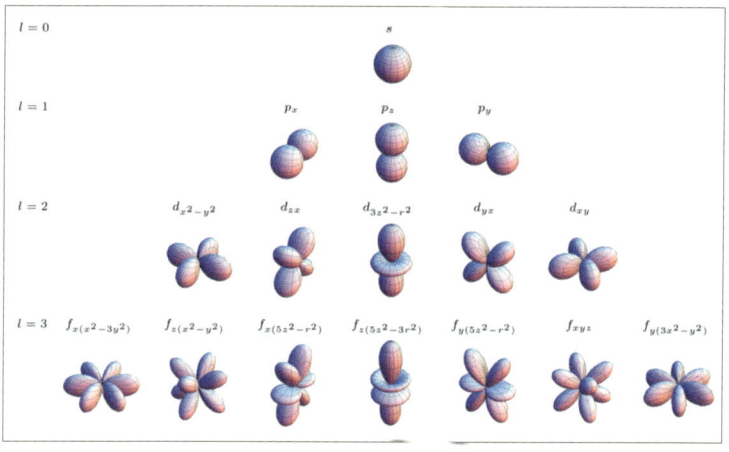

로 모양이 그렇게 생겼는지 현미경으로 본 사람은 없다. 그것을 고등학생에게 일일이 설명해줄 수 없다. 어떤 선생님은 "**모양이 이렇게 된다고 그냥 알아 둬.**"라고 설명을 하기도 한다. 하지만 C형 선생님은 "**이 모양은 현미경으로 본 것이 아니야. 지금의 기술로 원자의 모양을 볼 수 없어. 이 모든 모양은 다 수학적 계산을 통해서 예상한 모양이야. 물리학과 화학을 잘 하기 위해서 수학이 왜 중요한지 알겠지? 이런 모양을 예측하기 위해서는 함수를 풀어야 해. 수학을 못하면 여기에서 바로 막혀 버려.**"라고 상세한 설명을 해 준다. 매우 체계적인 설명이다.

이런 설명은 과학에만 적용되는 것은 아니다. 역사라는 과목에도 매우 효과적으로 적용된다. 역사는 반복된다. 그래서 지금의 이 내용은 과거의 어떤 내용과 유사하며, 그때 무슨 일이 벌어지게 되었는지 C형 선생님은 관련 내용을 체계적으로 잘 설명한다. 그래서 C형 학생들은 특히 C형 선생님을 좋아한다. 자신들이 원하는 만큼 제대로 된 지식과 정보를 제공하기 때문이다.

그렇다고 모든 학생들에게 다 효과적이라고 할 수는 없다. 왜냐하면 C형 선생님이 내용을 더 상세하게 준비해서 전달한다면 공부를 하기 싫어하는 학생들에게는 매우 힘든 시간이 되기 때문이다. 상세한 설명이 그들에게는 복잡한 설명이 되는 것이다. 그래서 가뜩이나 어려운 물리와 화학을 C형 선생님이 가르치게 될 때 알아듣는 학생들에게는 매우 만족스러운 수업이지만 상당수의 학생들에게는 이 과목을 포기하게 되는 시간이 된다.

물리 선생님의 공통적인 별명인 **제물포**"제 때문에 물리 포기했어"는 어려운 '물리'라는 과목과 'C형' 선생님의 조합으로 이루어진 것이지, 선생님이 정말 못 가르쳐서 생긴 별명이 아니다. 물리와 화학처럼 전교생의 상당수가 포기하는 과목도 그리 많지 않다.

학생이 보여주는 상황

주도권 싸움을 하는 D형

학생들 간에 싸움이 벌어지는 상황을 살펴보자. 모든 유형들 중에서 D형이 싸울 확률이 가장 높다. 주도권과 통제력에 민감한 D형은 학교에서 공부만 하지 않는다. 친구들 사이에서 미묘한 권력을 느끼고 곧바로 대결을 신청한다. D형에게는 이 권력을 따지는 것이 중요하기 때문에 그냥 넘어갈 수 없는 것이다. 한 반 안에 여러 D형이 있다면 권력 싸움을 통해서 '짱'을 정하게 되고, 그때에서야 서열이 정리된다. 사실 이런 권력 싸움은 학교에서 중요하지 않다. 공부를 하러 간 곳이지 어둠의 세계가 아니지 않은가. 하지만 D형에게는 중요하다. 배경이 학교이고 교복을 입은 학생들이 싸움을 하는 장면이 나오는 영화는 거의 D형의 주도권 싸움을 소재로 삼은 영화다. 예전에는 이런 영화가 많았지만 요즘은 보기 어렵다. 그것을 원하는 시대가 아니기 때문이다. 예전에는 이런 싸움은 학교에서 벌어질 수 있는 일로 여겼다. 하지만 이제는 '범죄'로 판결이 되는 시대가 되었다. **"학생들이 그럴 수도 있지!"** 라고 여길 수 있는 시대가 아니다. 그런 점에서 과거에 비해 현재는 D형이 자신들의 주도권을 함부로 휘두르기 어려운 시대가 되었다.

D형은 자신에게 어떤 역할이 주어졌을 때 열심히 하는 모습을 보여 준다. 그런데 교실에서의 수업은 D형에게 그런 모습을 보

여줄 수 있는 기회를 제공하지 않는다. 그러다가 외부로 나가 조별 활동을 하거나 실습을 할 때 D형의 열심히 일을 하는 모습이 다른 사람들의 눈에 띈다. 그럴 때 선생님도 이 D형의 주도적인 능력을 알아보게 된다. 그래서 다음에도 어떤 활동을 할 때 이 D형 학생에게 역할을 맡기게 될 가능성이 크다. 이런 방식으로 D형이 리더를 맡게 되는 경우가 많다.

학습 분위기를 깨는 I형

I형은 떠들고 노는 것을 좋아한다. 왜냐하면 그것이 즐겁기 때문이다. 그래서 수업을 받을 때와 자율 학습을 할 때 집중하는 것을 가장 힘들어하는 유형이다. 한 반 안에 I형이 많으면 면학 분위기가 잘 형성되지 않는다. 산만한 반이 될 수 있다. 상대적으로 I형이 별로 없다면 그 반은 조용하고 자율 학습도 잘 이루어진다. 떠드는 학생 한 명만 늘어나도 분위기는 크게 영향을 받는다. 재미있었던 학창 시절을 기억하는 사람들이 있을 것이다. 그것은 I형과 어울렸던 추억이 있기 때문이다. 이 글을 읽는 독자도 한번 재미있었던 학창 시절의 기억을 떠올려 보고 그때 어느 유형의 친구들이 주인공이었는지 생각해 보자.

학교는 정숙한 분위기를 원하는 장소이기 때문에 I형은 산만해 보이지만 다른 환경이라면 그 평가는 바뀐다. 소풍을 가거나 수학여행을 갈 때 I형 학생들은 주인공이 된다. 이들과 함께 어울리면 재미있는 분위기를 계속 유지할 수 있다. 학교에서 계속 공부만 하면 그 지루함을 견디기 힘들게 된다. 그때 쉬는 시간에 재미있는 대화로 지루함을 해소시켜 주는 학생들이 I형이다. I형은 발표를 하는 수업에서도 강한 인상을 남긴다. 말투, 모습, 내용에서도 남다른 재미 요소를 보여준다.

조용하고 착한 그리고 긴장하는 S형

존재감이 크지 않은 유형이다. 자기 자리에 앉아 조용히 수업을 듣는 유형이다. 주도권을 위해 싸우거나 재미있는 분위기를 위해서 떠드는 학생이 아니다. 매우 수동적으로 학교를 다니는 학생들이다. S형은 손을 들고 답을 말하려고 노력하지 않는다. 그래서 초·중·고 12년 동안 답을 맞추려고 손을 드는 일은 없다. S형은 주목을 받는 것을 좋아하지 않기 때문이다. 그래서 절대로 튀는 행동을 하지 않는다. 그런데 이런 S형을 긴장시키는 선생님이 있다. "오늘 12일이니까 12번 대답해 봐."라고 하는, 날짜를 이용해서 질문을 하는 선생님이다. S형은 절대로 손을 들지 않지만 그것과 상관없이 날짜로 발표를 시키니 S형은 매우 난감한 상황이 아닐 수 없다. 성인이 되면 발표와 주장을 해야 할 때가 많다. 그래서 학창 시절에서 발표하는 것을 연습해야 한다. 계속 피하는 것이 좋은 선택은 아니다. S형은 피하지 말고 부딪쳐 보는 시도를 많이 해야 한다.

S형은 은둔형스러운 공부 모습을 보여준다. 다른 친구들이 불러내는 것도 싫고, 집에서 부모님의 잔소리를 듣는 것도 싫다.

그래서 어디에서 공부를 하고 있는지 알 수 없는 경우가 많다.

필기를 잘 하고 질문을 잘 하는 C형

C형은 매우 꼼꼼하다. 신중하게 생각하기 때문에 D형처럼 학교에서 아무런 의미 없는 권력 싸움을 하지 않는다. 그것에 전혀 관심이 없다. I형처럼 농담 따먹기로 시간을 헛되이 보내지도 않는다. S형처럼 발언하는 것을 피하지도 않는다. 수업을 듣다가 뭔가 이해가 안 되는 내용이 있다면 C형은 그것을 반드시 질문한다. 그런 점에서 가장 집중을 잘 하는 유형이라고 할 수 있다. 그리고 노트 필기도 잘 하는 편이다. 수업 내용을 꼼꼼하게 잘 적는 사람들이다. 그래서 시험 기간이 되면 C형의 노트가 다른 학생들의 관심 자료가 된다. C형은 자신이 모르는 내용을 그냥 넘어가지 않고 자료를 찾거나 선생님에게 물어봐서라도 해결을 보는 유형이다. 그래서 이들의 노트는 매우 체계적인 내용으로 정리가 되어 있다. 물론 그것을 직접 정리한 C형이 가장 잘 이해하지 수업 시간에 집중을 잘 하지 않은 학생들은 그 노트 필기를 재해석해야만 이해할 수 있다. 종종 C형은 당돌하게 느껴지는 질문을 하기도 한다. "그런데요. 저희가 왜 이것을 외워야 해요? 고인돌 이름을 외우는 것이 어떤 의미가 있어요? 그곳에 한 번도 가보지도 않고 외우는 것은 그냥 시험을 보기 위해서 그런 건가요?" C형의 질문은 그 근본 문제를 건드리기도 한다. 그래서 상대가 답변을 할 수 없는 불편함을 느낄 때가 많다. C형의 질문은 그

런 점에서 매우 핵심을 건드리며, 그 내용을 잘 해결한다면 좋은 발전이 있을 수 있다. 핵심을 말하는 것이 불편해서 그냥 넘어가면 분위기는 깨뜨리지 않겠지만 중요한 문제는 해결하지 못하게 된다. 그래서 C형은 다른 사람들이 핵심을 직설적으로 말하지 않는 것에 대해서 매우 답답해 한다.

아래 사진은 2019년 SBS 연예대상에서 방송인 김구라씨가 시상에 대해서 하고 싶은 말을 거침없이 하는 모습이다.

"더 이상 대상 후보 8명 뽑아 놓고 아무런 콘텐츠 없이 이 사람들의 개인기로 한 시간, 두 시간 때우는 거 이제 더 이상 이렇게 하면 안 됩니다. 아시겠어요? 이제 정확하게 해 가지고, 방송 3사 본부장들이 만나서, 돌아가면서... 여러분들 광고 때문에 이러는 것 제가 압니다. 이러지 마세요. 이제는 바뀔 때 됐습니다. 내가 이 얘기 하고 빠질게요." 시상식의 문제점을 말하는데 그 핵심적인 이야기를 말하고 있다. 다른 사람들은 이 부분을 이야기하는 것을 스스로 주의한다. 하

지만 C형은 해야 할 말이 이것이기 때문에 총대를 메고 말을 한다. 이런 점에서 C형은 사이다 발언을 하는 사람이라고 할 수 있다.

어린이집에서의 상황

자유 선택 놀이에서의 리더 D형

어린이집 일과 중에 '자유 선택 놀이' 시간이 있다. 말 그대로 유아들이 놀이를 선택해서 활동을 하는 것이다. 어른들이 생각하는 놀이와 아이들의 놀이에는 개념의 큰 차이가 있다. 어른들은 간혹 놀이에 대해서 무의미한 시간을 보내는 것, 허송세월을 보내는 것 정도로 생각을 하기도 한다. 하지만 아이들에게 있어 놀이는 유아기에 절대적으로 필요한, 매우 의미있는 시간이다. 유아 교육 현장에서는 아이들의 발달을 고려해 자유 선택 놀이를 할 수 있도록 하고 있다. 즉 자유 선택 활동은 유아 교육에서 꽃이라고 할 수 있다. 유아는 자신이 선택한 놀이가 무의미한 놀이가 되지 않도록 노력을 한다. 어떻게 하면 즐거운 놀이를 할 수 있을지 계획을 세운다. 놀이에 참여를 하고 다 마친 후에는 자신이 했던 놀이에 대한 느낌과 생각을 표현한다. 이런 식으로 자유 선택 놀이가 진행이 되는데 이때 D형의 특징을 보자. D형 아이들은 실내 놀이보다 바깥 놀이를 즐긴다. 실내에서 놀이를 할 때에도 활동성이 강한 쌓기 놀이나 역할 놀이를 좋아하는 편이다. 놀이를 계획할 때 약간 어려워하는 면을 보이기도 한다. 그래서 바로 놀이에 참여할 수 있는 바깥 놀이를 더 좋아한다. D형 아이들은 외부 활동을 할 때 에너지가 충전된다. 새로운 놀잇감이 준비될 때에는 먼저 시도해 보려는 적극성을 보여준다. 주도적인 성격은 역할 놀이 영역에서 뚜렷하게 나타난다. 친구들을 이끌어 가려는 모습을 어렵지 않게 볼 수 있다. 또래 친구들의 역할을 자신이 정해 주고 무엇을 해야 하는지를 곧바로 지시한다. "**나는 아빠 할거니까 너는 아기 해.**" 심지어 친구가 아기 역할을 잘 하면 잘했다고 칭찬까지 해 준다. 하지만 지시를 받은 친구가 맡은 역할을 제대로 못할 경우 자신이 직접 친구의 역할을 보여 주며 다시 지시한다. "**잘 봐. 이렇게 하는 거야.**" 그런데도 그 친구가 제대로 하지 못하면 더 통제를 하거나 화를 내기도 한다. 친구들 사이에서도 위계질서를 만드는 모습을 보여준다.

시기로 본다면 24개월 이후의 아이들은 자신의 성격을 점점 보여주기 시작한다. 다음은 한 어머니가 소개한 자녀의 이야기다.

둘째 아이는 어렸을 때 순한 편이였다. 환경이 바뀌어도 배만 부르면 잠도 잘 자고 잘 노는 아이였다. 주변에서도 둘째를 순한 아이로 생각해서 양육하기가 참 쉽겠다는 얘기를 많이 했었다. 하지만 24개월 이후부터는 순한 아이가 맞을까 싶을 정도로 까다로운 면을 보여줬다. 이유가 뭘까? 많은 고민을 했다. 생각해보니 환경의 변화가 둘째 아이를 그렇게 만든 것 같다. 당시 놀이학교 원장으로 있었던 나는 둘째 아이를 다른 교육 기관으로 보내지 않고 내가 운영하는 곳으로 데리고 왔다. 그때 둘째 아이는 자신이 친구들과 엄마의 사랑을 나누어 가진다는 불안을 느끼게 된 것 같다. 그때부터 아이는 친구들과 다투는 횟수가 늘어나기 시작했다. 자신이 더 많이 주도해야 하고, 자기 뜻대로 되지 않으면 화를

내거나 짜증을 내는 모습을 보여 주었다.

D형 유아의 모습을 발견하게 된 사례다. 이런 특성이 타고 났는지 아니면 환경에 의해서 만들어졌는지 DISC에서는 그것을 말하지 않는다. 지금 어떤 성격을 보여주고 있는지를 확인할 뿐이다. 둘째 아이가 D형의 성격으로 쭉 자란다면 고등학생 때 교실 내에서 자신감도 넘치고 리더십과 주도성이 두드러진 학생으로 활동을 할 것이다. 하지만 고집도 세고 주도적인 면도 있기 때문에 친구들과 갈등을 일으킬 때도 있을 것이다. 부모는 아이가 커 갈수록 이런 D형의 모습을 어느 정도 인정해 주면서 설득하는 것이 효과적이다. 아이가 고등학생이 되면 부모가 원하는 대로 할 수 없는 나이가 된다. 하지만 유아일 때에는 부모의 권한이 더 크기 때문에 이런 아이의 성격에 대해서 심한 말로 책망을 하는 경우가 있다. "도대체 누구를 닮아서 애가 이렇게 고집이 세?", "너 좀 혼나야 겠다."처럼 말을 하기도 하는데, 이때 한 번만 더 참고 D형의 특성을 이해해 보자. 아이는 자신의 성격을 본능처럼 사용하는 것뿐이다.

공부 방으로 꾸며진 곳을 감옥으로 느끼는 I형

I형의 아이들은 친구들과 함께하는 것을 좋아하는 유형이다. 친구들과 대화하는 것을 좋아하고 어떤 상황이나 인물을 흉내내는 것을 잘하는 편이다. 특히 자신의 이야기를 들려주며 남을

웃기고 싶어한다. 그래서 주위에 늘 친구들이 많은 편이다. 사람을 좋아하고, 상대의 주장에 대해 어느 정도 잘 따르는 유형이라서 어린이집의 교사들에게 많은 사랑을 받기도 한다. 그림을 그리거나 만들기를 할 때 열정적으로 자신의 능력을 보여주기 때문에 주목을 받기도 한다. I형의 아이들이 많으면 언제나 웃을 일이 많다. 또한 I형 아이들은 선생님을 챙기기도 한다. 짧은 사례를 보자.

"선생님, 얼굴이 왜 그래요?"

"왜?"

"선생님 표정이 슬퍼보여요... (얼마 후에) 선생님, 선물이예요."

아이가 건넨 것은 직접 그린 웃고 있는 선생님 얼굴이었다. 그림 옆에는 **"선생님 사랑해요."**라고 글이 써 있었다. 자유 놀이 시간에 선생님의 얼굴 표정을 살폈던 I형 아이는 선생님의 표정을 보고 선생님을 기쁘게 해 주고 싶었던 것이다. 그림을 그리고 삐뚤빼뚤 글까지 쓰는 아이 마음이 너무나 예쁘다. 다른 사람의 기분이나 마음을 살피고, 분위기를 잘 살펴서 개선의 노력까지도 보여주는 아이들이다. 이런 I형 아이들의 의도를 모른다면 상황과는 관계 없는 행동을 하고 있는 것처럼 보이고, 산만하다고 판단을 할 수도 있다. 그때 I형 아이는 말을 많이 함으로 자신의 의견을 말하려고 하는데 그때 **"핑계 대지마. 그냥 잘못한 것을 인정해. 매번 이렇게 할거니?"**라고 책망을 한다면 I형에게는 이보다 심한 억울함은 없다. I형 아이도 성장하면서 자신의 산만함을 알게 된다. 하지만 아직은 아이이고 그런 판단을 하기 힘들 수밖에 없다. 훈육도 나이에 맞게 해야 한다. 이럴 때에는 I형의 잘못을 드러낼 것이 아니라 아이가 무슨 생각을 하고 왜 그렇게 행동했는지 이야기를 들어 보자. 관계를 중요하게 생각하는 I형의 이야기를 듣고 그 다음 부모의 이야기를 하면 된다. '말대꾸'라는 단어도 아이가 좀 더 크고 나서 사용하자.

I형 아이는 공부를 할 때 가만히 앉아서 집중하는 스타일이 전혀 아니다. 집중력이 매우 약해 보이기에 부모는 걱정을 할 수밖에 없다. 하지만 걱정하는 것처럼 I형이 공부를 못하는 유형이 아니다. 공부하는 방식이 다를 뿐이다. 집중하는 시간이 짧으니 그 짧음을 인정해 주자. 친구들을 만나려고 한다면 무조건 막지 말고 어느 정도 허용을 해 주자. 혼자 하는 공부보다는 친구들과 그룹을 이루어 공부하는 것이 더 잘 맞을 수도 있다. 그래서 I형의 아이에게는 다음과 같은 공부 환경을 조성해주는 것이 비효율적이라는 것을 생각해야 한다. '아이 방을 따로 주고, 책상도 큰 것으로 하나 사 줘서 완벽한 공부 환경을 만들어 주는 것'. 하지만 이것은 부모가 생각했을 때 완벽한 공부 환경이지 아이는 감옥처럼 느낄 수 있다. "이렇게까지 너 공부할 수 있도록 해 줬는데 왜 방에 들어가서 단 한 시간도 있지 않니? 너 공부 안 할 거야? 방 필요 없어? 다 뺄까?" I형 아이는 이 말을 어떻게 받아들일까? 감옥을 만들어 주더니 이제는 협박까지 하는 것이다. I형 아이는 혼동을 느낄 수밖에 없다. "도대체 뭘 어떻게 하라는 거지?" 아이는 갑자기 정상인에서 문제아로 바뀌고 있다. '집중 못하는 아이', '부모의 말을 안 듣는 아이', '부모를 실망시키는 아이',

'공부 습관이 안 되어 있는 아이'. 부모의 좁은 시각으로 I형 아이를 한 순간에 문제아로 만들고 그 아이 스스로도 그렇게 인식하게 만들었다. 열정이 많은 I형을 열정이 없는 아이로 만드는 것이다.

갑자기 등원 거부를 말하는 S형

내성적이면서도 친구를 좋아하는 S형은 어린이집 일과에서도 질서가 있고 변화가 적은 환경을 선호한다. 때로는 지루해 보일 수 있는 반복적인 패턴에 안정감을 느낀다. 친구와의 갈등을 싫어하기 때문에 친구와 다투게 되면 끙끙 앓는 아이들이다.

어린이집 자유 선택 놀이에서는 영역에 들어갈 수 있는 인원이 정해져 있다. 인기 있는 영역에는 아이들의 경쟁이 치열할 수밖에 없다. 이때 순서를 지키지 않고 다른 친구가 먼저 들어가게 되면 D형과 I형은 바로 교사에게 친구의 잘못을 말한다. 자신이 느낀 불편함을 바로 해소하기 위한 행동이다. 하지만 S형 아이는 말하지 못하고 울먹이는 모습을 하고 있다. 이유는 나도 들어가고 싶지만 똑같이 놀고 싶은 친구의 마음도 알기 때문이다. 친구가 불편해지는 것을 힘들어 하기 때문에 선뜻 말하지 못하는 것이다. 그래서 S형을 양육할 때에는 원하는 것이 무엇인지 자주 부드럽게 물어볼 필요가 있다. 친구를 불편하게 하는 것은 싫으면서 자신의 불편은 참기 때문에 손해를 많이 본다. 어린 아이들은 감정적인 표현이 많기 때문에 말하지 못하고 우는 것으로 자신을 표현하기도 한다. 주목받는 것을 싫어하기 때문에 앞에 나와서 자신을 드러내는 일은 거의 하지 않는다. 이런 유형의 아이에게 자신의 생각을 발표해 보라고 하는 것은 S형 아이를 가장 힘들게 하는 교육이 된다. 오히려 말보다는 그림이나 신체 활동을 통해 불편한 상황을 해소하도록 돕는 편이 좋다. 부득이하게 발표를 시키더라도 너만 떨린 것이 아니라 모든 사람들이 지금 다 떨고 있다고 얘기해 줌으로 안정감을 갖을 수 있도록 해 주는 것이 필요하다.

바깥 놀이를 할 때에도 친구들을 배려하는 S형 아이는 그네에 줄을 서 있다가 친구를 위해 기꺼이 먼저 양보를 하는 유형이다. 자신은 미끄럼틀이 타고 싶어도 친구가 그네를 같이 타자고 하면 자신이 하고 싶은 것을 멈추고 그 친구와 함께 한다. 이유는 친구의 마음에 맞춰주고 싶어서다. 더 직설적으로 말하면 하기 싫어도 거절하지 못하고 친구의 제안을 받아들이는 것이다. 너무 과도하게 타인의 제안을 받아들이는 S형 아이의 모습을 보고 있으면 마음이 짠할 때가 많다. S형 아이를 둔 엄마의 이야기를 들어 보자.

옆집에 우리 아이와 또래인 친구가 살고 있다. 어린이집도 같은 곳에 다니는데 친하게 잘 지내다가 여섯 살이 된 어느 날부터 사이가 안 좋아지기 시작했다. 우리 아이는 S형이고, 옆집 아이는 D형이다. 우리 아이가 점점 D형의 아이를 피하기 시작했고 집에서도 옆집 아이가 싫다고 말을 했다. 그 이유는 D형 아이가 자신에게 명령과 지시를 하고, 싫은 놀이도 억지로 같이 하자고 강요를 했기 때문이었다. D형의 강한 요구에 불편함을 느낀 우리 아이는 계속 어린이집을 다니다가 결국 쌓아 둔 감정이 폭발해 어린이집 등원 거부를 하기 시작했다.

아이들은 서로를 잘 배려하지 못하고 자신의 성격대로 행동한다. 표현을 잘 하지 않는 유형인 S형이 어느 날 갑자기 폭탄 발언을 하는 것처럼 보이지만, 그런 결과가 한순간에 일어나는 것은 절대로 아니다. 지금껏 참아 온 것이 드러난 것뿐이다. 그래서 S형 아이를 둔 부모나 이 아이들을 맡은 교사는 아이가 이런 불편함을 느끼고 있지는 않은지 잘 살펴봐야 한다. 누군가 강요하고 있는 분위기가 형성되어 있지는 않은지 살펴보자.

'그냥'이라는 것이 통하지 않는 C형

내성적이며 신중한 C형은 골똘히 생각하고 관찰하기를 좋아한다. 영역 놀이에서는 과학 탐구 영역, 조작 활동 영역, 독서 영역에서 활동하기를 좋아한다. 조용히 혼자만의 놀이를 선호하는 아이들이다.

한번은 교실에서 아이들끼리 다툼이 일어났다. 선생님도 다툼의 원인을 다 알기는 어렵다. 시시비비를 가려야 해서 아이들의 이야기를 듣고 정황을 살피는 경우가 종종 있다. 서로 자기가 잘못한 일이 없다는 표정으로 교사를 바라보고 있을 때 옆에 있던 C형의 아이가 굉장히 정확하게 상황을 이야기해 준다. 누가 먼저 잘못했는지 정확한 근거를 대면서 말이다. 공정한 것을 좋아하기에 선생님의 편애하는 말과 행동이 있을 경우 바로 그 점을 짚는다. 어린 아이라 이런 것을 분별할 줄 모를거라고 생각했다간 큰코다칠 수 있다.

매우 계획적이고 신중하기 때문에 자신이 할 수 있는 것 외에는 별로 신경을 쓰지 않는다. 그래서 이곳저곳 다 참견하는 친구의 모습을 이해하지 못한다. 마음이 맞는 친구 한두 명만 있으면 더 이상 친구 관계를 넓히지 않는다. 그런데 엄마들은 내성적인 C형 아이를 활발한 모습으로 바꾸고 싶어서 활동량이 많은 스포츠나 봉사 활동에 던져 놓는다. 효과가 있을까? 영향이 아주 없지는 않겠지만 노출되어 있는 동안 매우 큰 불편함을 겪고 오히려 트라우마로 남게 될 수도 있다. 그래서 약간의 방향 전환을 하는 것을 추천한다. 예를 들면 C유형의 아이를 축구팀에서 활동하게 할 때를 살펴보자. 대부분 부모님은 아이가 가서 알아서 적응을 할 것이라고 생각한다. 왜 모든 아이가 동일하게 적응을 할 것이라고 생각하는가. C형 아이는 C형만의 적응 방법이 있다. 축구에 관련된 도서를 사 주자. 축구에 대한 지식을 쌓을 수 있도록 하거나 축구팀에 익숙해질 수 있는 정보를 제공해 주는 것이 중요하다. 이때 부모님이 **"그냥 가서 운동이나 해. 왜 책을 읽으려고 해? 축구는 몸으로 하는 거야. 공에 집중을 해 봐. 그나저나 누구랑 친하니?"**처럼 말을 한다면 C형 아이는 더이상 부모님과 할 말이 없게 된다. 여행을 갈 때에도 이와 비슷한 일이 일어난다. C형의 아이는 가족들과 여행을 갈 때에도 여행에 대한 계획을 세세하게 세운다. 가는 장소를 정할 때부터 여러 정보들을 묻는 경향이 있다. 이때 부모가 "**여행은 그냥 즐기는 거야. 그냥 따라와.**"라고 말하면 어떻게 될지 예상할 수 있을 것이다. 정보가 없는 여행은 C형에게는 귀찮은 시간 낭비일 수밖에 없다. 부모도 귀찮아서 답변을 제대로 해주지 않는데 어린이집 선생님은 어떨까. 이것은 부모와 교사에 따라 다른 것이 아니다. C형 어른은 질문이 많은 아이를 바로 이해한다. 자신도 어렸을 때 그랬고 지금도 그렇기 때문이다. 오히려 C형이 낮은 부모와 교사가 이해를 잘 하지 못해 적절한 답변을 해주지 못한다. C형 아이가 질문이 많다는 것, 정확한 답변을 해줘야 한다는 것을 기억하자. 아이의 만족도는 훨씬 커질 것이다.

CHAPTER 4

DISC로 본 대화 방식

대화의 특징
D형 : 자신의 직관을 활용하는 대화
I형 : 심각함을 피하는 긍정적인 대화
S형 : 주장이 없는 착한 모습으로 일관하는 대화
C형 : 이유를 끊임없이 물어보는 건조한 대화

원하는 대화
D형 : What 무엇
I형 : Who 누구
S형 : How 방법
C형 : Why 이유

대화의 기술
Yes, but 대화
You-Message가 아닌 I-Message 대화
What이 아닌 How 질문
직접 사과하기

강점을 칭찬
D형, I형, S형, C형

DISC는 주로 행동 유형을 설명한다. 행동과 대화는 매우 밀접한 연관이 있다. 생각한 것이 행동으로 나오고 그것이 대화로 표현이 된다. 그래서 DISC의 각 유형을 알면 대화를 잘 하는 것에 큰 도움이 되는 것은 명백한 사실이다. 여러 가지 대화법들이 있지만 그 내용들 역시 DISC의 내용 안에 포함된다고 볼 수 있다. 아래의 내용을 통해서 원활한 대화의 기술을 배워 보자.

대화의 특징

D형 : 자신의 직관을 활용하는 대화

D형은 많은 경험으로 인한 노하우를 가지고 직관으로 사람을 대한다. D형은 듣는 것보다 말하는 것을 좋아한다. 빠른 사고, 빠른 행동, 빠른 대화를 하는 이유도 직관을 사용하여 빠르게 결론을 내리기 때문이다. D형은 누군가가 상담을 요청하면 짧게 빨리 대답하려고 한다. 상담을 요구하는 사람들 중에는 상대가 결론을 내려 주는 것을 원하는 것이 아니라 그냥 들어주기만을 원하는 것일 수도 있는데, D형은 이런 것을 고려하지 않고 결론을 말하려고 한다. 결론을 말해 주었는데도 상대가 이야기를 계속 연장하려고 하면 그 상대방에게 화를 내고 문제점을 지적한다. "넌 너무 우유부단해. 그렇게 해서는 안 돼.", "지금 이것이 문

제라고.", "같은 말만 계속 반복하고 있잖아."라는 식의 직설적인 말을 한다. 이렇게 짧고 직설적으로 말하는 D형에게 계속 상담을 요청하는 사람은 없을 것이다. 상담하러 갔다가 혼나고 오거나 오히려 기분이 상할 수도 있다. 이런 분명한 D형 앞에서 누구나 긴장감을 가지기 마련이고, D형 또한 실제로 상대방이 자신에 대해서 긴장감을 갖는 것을 어느 정도는 원하기도 한다. 그래야 자신이 주도권을 갖을 수 있기 때문이다. D형은 자신 앞에서 주도권을 가지고 대화하는 사람이 익숙하지 않고 원하지도 않는다. 통제력을 빼앗기게 되는 상황을 매우 불안해 한다. 그래서 주도적으로 자신의 일을 스스로 알아서 잘 해결하는 D형에게 누군가 나타나 잔소리를 하거나 명령하는 일이 벌어지면 전쟁을 준비하게 된다.

이런 D형과 대화를 할 때에는 결론을 먼저 말하고 그 후에 세부 내용을 말하는 것이 좋다. D형이 중요하게 생각하는 것을 고려해야 한다. 그렇지 않으면 D형은 대화하기를 거부하고, 상대방을 일을 못 하는 사람이라고 면박面駁, 면전에서 꾸짖거나 나무람을 줄 수도 있다. D형과 원활한 대화를 하고 싶다면 일목요연하고一目瞭然하다, 한 번 보고 대번에 알 수 있을 만큼 분명하고 뚜렷하다 짧은 결과 위주의 대화를 시도하는 것이 필요하다.

I형 : 심각함을 피하는 긍정적인 대화

I형은 재미있는 대화를 주로 하는데 호기심을 유발하는 새로운

것들이 그 대화 안에 들어 있다. I형도 D형과 마찬가지로 외향형이기에 듣는 것보다는 말하는 것을 선호한다. 그들은 분위기를 새롭게 전환하는 대화를 많이 한다. 그래서 새로운 정보를 알게 되면 갑자기 들떠서 대화의 중간에 끼어들어 말을 하기도 한다. 사실을 전달하는 것보다 자신이 느낀 감정에 충실하기 때문에 생생함을 잘 전달한다. 주위 사람들은 그의 이런 대화를 매우 재미있게 생각한다. I형은 재미있는 대화를 했다는 점에 매우 뿌듯해 하고 그런 인정을 받기 위해서 또 노력을 한다. I형과 '부정적'이라는 단어와는 어울리지 않는다. 이들은 질문과 답변 모두 긍정적일 때가 많다. I형은 자신이 했던 일에 대해 좋았던 점들만 말하는 경우가 많다. 그런 식의 대화를 좋아하는 유형이다. 남을 훈계하거나 지도하는 것, 평가하는 대화는 불편하게 생각한다. 이런 대화는 부정적이라는 판단을 하기 때문에 피하는 모습을 보이는데, 이 점 때문에 진지하지 못한 면을 보여준다. 심각함이 필요할 때 심각하지 않은 자세를 취하기 때문에 진지한 것을 회피하는 것처럼 보일 때가 많다.

S형 : 주장이 없는 착한 모습으로 일관하는 대화

S형은 내향적이라서 말하는 것보다 듣는 것을 더 좋아한다. 그들은 인간관계에서 민감함을 잘 느끼기 때문에 사람들을 불편하게 하는 말이 무엇인지 알며 그렇게 말하는 사람들을 싫어하기도 한다. 그래서 다른 유형보다 쉽게 상처를 받는다. 상대방

이 배려를 하지 않거나 예의 없이 하는 말 때문에 속으로 애를 끓는 경우가 많다. 하지만 그것을 쉽게 입밖으로 내뱉지는 않는다. 하지만 S형의 마음을 배려하면 직설적인 말을 전혀 할 수 없게 된다. 어느 정도의 직언, 어느 정도의 사실 표현은 필요하고 때로는 매우 강한 어조로 지적하는 것도 필요한데, S형은 이런 말을 감당하기 힘들어 한다. 그래서 오히려 다른 유형들이 S형에게 어떤 말을 할 때 조심하게 된다. S형이 강한 말을 받아들이지 못하는 것처럼 타인에게도 그런 말을 하지 못한다. 그래서 S형의 모습은 언제나 '착함'이다. 하지만 이 착함으로 인해 다른 사람들로부터 무시를 당하기도 한다. 정확히 말하면 '착함'이 아니라 '주장없음'이다. 그래서 누군가를 간섭하는 것을 너무나 싫어한다. 이런 S형에게 리더라는 역할을 맡기면 그들은 불편함을 바로 느끼게 된다. 리더보다는 옆에서 도와주는 역할이 오히려 더 낫다. 리더에서 보조로 역할이 바뀌는 순간 주장을 해야 하는 부담감이 사라져 버리기 때문이다. 하지만 자신의 주장을 펼쳐야 할 상황은 반드시 벌어진다. 주변에서 너무나 걱정이 돼서 다음과 같은 조언을 하기도 한다.

"가서 꼭 안 된다고 말해. 또 마음이 약해져서 알았다고 말하면 안 돼. 알았지? 걱정이 되서 그래. 한두 번이 아니잖아."
"알았어. 내가 잘 이야기할테니 걱정하지마. 이따 연락할게."

결과는 어떨까? No라고 말하지 못하고 침묵하고 있다가 결국

Yes를 말한다. 그렇게 신신당부를 했는데도 결국 No를 하지 못한다. 사실 S형의 침묵은 No를 표현한 것이다. 하지만 상대방은 그것을 No라고 받아들이지 않는다. 혼자만 침묵을 No라고 표현하다 보니 항상 Yes로 결론이 난다. S형은 자신의 생각과 결정을 과감하게 말할 필요가 있다. 가만히 있다가 문제만 더 키우는 상황이 된다. S형이 나의 의견에 그 순간 거절하지 않았다고 잘된 것으로 생각해서는 안 된다. 왜냐하면 S형은 이제부터 어떻게 거절을 할지 고민을 시작하기 때문이다.

C형 : 이유를 끊임없이 물어보는 건조한 대화

C형도 S형과 같이 내향형이기 때문에 말하는 것보다 듣는 모습을 주로 보여준다. 이들은 상대방이 말하는 것에 대해서 분석을 하려고 한다. 그런데 그에 대한 정보가 부족하면 그것을 알기 위해서 질문을 한다. 특히 '왜'라는 질문을 많이 한다. "**왜 그것을 하려고 하는데?**", "**우리가 지금 왜 만난 거지?**"와 같은 질문을 C형으로부터 들어봤을 것이다. C형의 질문에 대해서 D형은 공격적으로 싸움을 건다고 생각하고 불편한 반응을 보인다. I형은 그것에 대해서 당황해 하고 S형은 딱딱하고 건조하게 느낀다. 하지만 C형의 질문에는 그런 의도는 하나도 없다. 단지 그 이유를 정확히 알고 싶어서 물어보는 것뿐인데, 다른 유형들은 그것을 오해하고 불편함을 느끼는 것이다. C형은 자신의 날카로운 질문에 적절히 대답하지 못하는 사람들에게는 신뢰성을 느끼지

못하고 관계를 차단하는 경우가 있다. 논리적이고 정확한 이유를 원하는데 그런 답변을 대지 못하는 사람과의 대화를 불편해하기 때문이다. 정작 자신의 질문이 다른 사람들을 불편하게 만들었다는 것을 알지 못하고 자신이 느낀 불편함만 기억을 한다. C형은 불편함을 느낄수록 더 세세한 데이터를 요구하는 질문을 한다.

"우리가 만난 이유가 뭔지 다시 생각해 볼게요. 저희 사업에 어떤 문제가 있는지 이야기를 나누기로 했잖아요. 그런데 지금 저희 커피나 마시고 농담만 하고 있습니다. 각자 자신의 매장에서 벌어지는 결과에 대한 보고도 없습니다. 이런 식으로 어떻게 회의를 합니까? 심지어 지금 왜 모였는지도 모르고 오신 분도 있지 않나요?"

C형은 말을 할 때 D형처럼 큰소리나 강한 어조로 말을 하지 않기 때문에 다른 사람들을 불편하게 만들었다고 생각하지 않는다. 단지 사실을 조목조목 이야기했을 뿐이라고 생각한다. 이런 C형에게 메라비언의 법칙the law of Mehrabian, 미국 캘리포니아대학

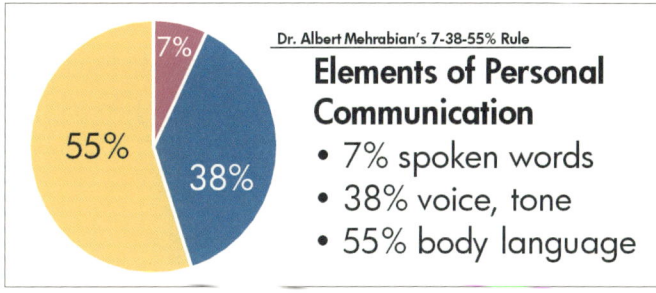

교 심리학과 명예교수이자 심리학자인 앨버트 메라비언이 발표한 이론, 한 사람이 상대방으로부터 받는 이미지는 시각과 청각이 각각 55%와 38%, 말의 내용은 7%에 불과하다는 내용의 7%-38%-55%법칙을 말해 줄 필요가 있다. 말의 내용에만 집중하는 C형에게 목소리와 보디랭귀지의 중요성을 알려주는 것이 필요하다. 말의 내용에만 집중하면 더 집요하게 따지게 될 가능성이 커진다. 하지만 상대는 C형의 그런 모습으로 인해 더 좋은 답변을 준비하는 것보다 공격을 받는다는 생각을 하게 된다. C형은 자신의 의도에 대해서 공격적인 것이 아니라고 하겠지만 상대방이 그렇게 느끼는 것이니 오해가 생기게 된다. 그 이유는 메라비언의 법칙에서 말하는 것처럼 사람들은 말의 내용 외 다른 점을 통해서도 영향을 받기 때문이다. 하지만 C형은 이 점을 간과했던 것이다. C형은 말의 내용에만 집중하는 에너지를 내용 외의 부분에도 사용할 필요가 있다. 훨씬 효과가 있다는 것을 경험하게 될 것이다.

지금까지 설명한 각 유형의 대화법을 통해서 여러분은 사람들의 DISC를 파악할 수도 있다. 각 사람의 DISC 유형은 대화를 통해서도 잘 표현되기 때문이다. 물론 모든 사람들이 한 가지 유형의 대화만 사용하는 것은 아니다. 대상에 따라, 상황에 따라 자신의 다른 유형을 사용하기도 한다. 그래서 내가 본 상대의 특정 모습으로 성급하게 결론을 내려서는 안 된다.

원하는 대화

D형 : What 무엇

D형이 성격이 급하다는 것은 대화에서도 볼 수 있다. 말을 할 때에도 조심조심하는 모습은 거의 없다. 과감하게 질문하고 속전속결로 결론을 내리는 사람들이다. 그래서 대화를 할 때 무엇에 관한 대화인지 빨리 그 대상을 이야기해 주기를 바란다.

"지금 무엇에 관한 회의입니까?"

"그것만 해결하면 되는 것입니까?"

결론으로 빨리 가기 위한 대화처럼 보이기도 한다. 그 대상에 대해서 어떤 문제가 있고 어떤 불편한 관계가 있는지는 중요하지 않다. **"제가 어떻게 해서든 그것만 해결하면 되는 거지요?"**라는 말을 함으로써 빨리 그 문제를 해결하고 다음으로 넘어가 버린다. 이런 대화는 추진력이 있는 D형의 모습을 보여준다. D형은 하고자 하는 것이 있을 때 그 외에 다른 것은 문제가 되지 않는 편이다. 그래서 D형과 대화를 할 때에는 바로 해결해야 할 그 문제에 대해서 말하면 된다. 만약 우물쭈물하면서 그 문제를 말하지 않으면 **"지금 이것 때문에 그런 것 아닙니까?"**라는 식으로 D형이 먼저 이야기를 꺼내기도 한다. 이럴 때 D형의 모습은 공격적으로 느껴질 수 있다. D형은 말을 돌리지 않고 바로 본론으로 들어가는 것을 원한다.

I형 : Who 누구

I형은 누구와 함께 하는지가 너무나 중요하다. 일을 할 때, 여행을 갈 때, 밥을 먹을 때, 과제를 할 때 누구와 함께 하는지가 그들의 관심사가 된다. 마음에 맞는 사람과 함께 하면 그들의 효율은 크게 향상된다. I형이 어떤 일을 하든지 자신과 잘 맞는 사람과 일을 하면 힘든 일이라는 것은 없게 된다. I형은 말을 많이 하는 편이다. 대화를 통해서 즐거움을 만든다. 그런데 만약 함께 일하는 사람이 과묵하거나 호응이 별로 없는 사람이라면 I형은 위기를 느끼게 된다. 같은 일을 하더라도 반응이 없는 사람과 있을 때에는 열정이 많은 I형도 의욕을 잃게 된다. 왜냐하면 즐거움을 나눌 수 있는 동료가 없기 때문이다. 그래서 무엇을 하거나 어디를 갈 때 항상 물어보는 질문이 있다.

"누구와 같이 가는 거에요?"

"우리팀에 누가 들어와요?"

이런 질문은 사람에 대해서 관심을 많이 갖고 있는 것처럼 보인다. 하지만 모든 사람에 대해서 관심을 갖는 것은 아니다. 자신과 대화가 잘 통하는 사람이 있는지 없는지 그 유무를 확인하는 질문을 하는 것이다. 그래서 I형이 모든 사람들과 잘 지내는 것처럼 보이지만 특별히 잘 맞는 사람들이 따로 정해져 있다. 이들은 혼자 고독하게 있는 것을 회피하려고 한다. 하지만 원하는 동료를 찾지 말고 혼자 지내보는 것도 경험해 보자. 농담을 함께 할 수 있는 동료를 찾는 패턴에서 벗어나 자신에게 집중하는 생활도 해 볼 필요가 있다.

S형 : How 방법

S형은 어떤 일을 할 때 방법적인 것을 고민한다. 그 방법을 고민하는 이유는 완벽한 방법을 찾고자 하는 것이 아니다. 문제해결을 위해서 방법을 알아보는 것이 아니다. S형은 안정형으로 자신의 안정에 어떤 변화를 가져오는지 확인을 하기 위해서 물어보는 것이다. 그래서 이들은 다음과 같은 말을 많이 한다.

"**어떻게 할건데요?**"

"**어떻게 해야 할지 모르겠어요.**"

사실 위 두 질문은 모두 "**하고 싶지 않아요. 지금 마음이 복잡해요.**"와 같은 의미라고 할 수 있다. 안정적인 상태를 유지하는 것은 아무것도 하지 않는 것이다. 그런 상태에서 어떤 새로운 변화를 가져오는 계획이 생길 때 불안감을 갖게 된다. 그리고 그 불안감을 해결하기 위한 질문은 "**어떻게~**"로 나타난다. 문제를 직면하거나 해결하고자 하는 것보다 당장 어떻게 그것을 피해갈지 두려움을 먼저 느낀다. 그래서 이들에게는 그 방법이 어렵지 않다는 점을 알려 줘야 대화가 원활하게 이루어질 수 있다. 쉬운 방법으로 해결된다는 것을 알려 주면 그때서야 시도해 보는 사람들이다. S형에게 스스로 알아서 해 보라고 하면 이들은 대부분 하지 않기 위해서 도망쳐 버리거나 "**못하겠어요.**"라고 조용히 와서 이야기를 한다. 다시 설득을 하려면 어떻게 말을 해야 할까? 방법이 어렵지 않음을 천천히 설명해 줄 필요가 있다. 이때 성격이 급한 D형이 "**이런 말을 왜 나한테 와서 해?**"라고 소리친다면 S형은 나음부터 No라는 말도 꺼내지 않고 잠수를 탈 수 있다. D형에게 찾아가는 것 자체가 이들에게는 안정감을 해치는 결과를 가져오기 때문이다.

C형 : Why 이유

C형은 회의를 하다가도 갑자기 "그런데 저희 이 회의를 하는 이유는 무엇인가요?"라는 질문을 한다. 실제로 회의를 할 때 이 점에 대해서 그 누구도 설명을 하지 않고 진행을 하는 경우가 있다. 다른 유형들은 그냥 회의에 참여하지만 C형은 계속 이런 의문을 갖고 어느 순간에 물어본다. C형의 이런 질문은 회의를 더 잘 하기 위해서 물어보는 것인데 다른 유형이 보기에는 이상한 질문처럼 느껴진다. "꼬투리를 잡으려고 물어보는 건가?", "저 사람은 항상 저렇게 물어본다니까, 상황 보면 몰라?"라는 반응을 보이는 사람도 있다. 하지만 C형의 질문에는 꼬투리의 의도는 전혀 없다. 오히려 C형의 질문으로 인해서 회의가 올바른 방향으로 가게 된다. 잘 생각해 보면 '정말 우리가 이 회의를 왜 하는 거지? 아무런 의미도 없는데.'라는 반응이 나오기도 한다. C형은 신중형이다. 신중하다는 것은 직관적이거나 충동적으로 결정을 하지 않는다는 것을 의미한다. C형은 자신의 결정을 돕는 데이터가 필요한 유형이다. 그래서 실제로 데이터를 잘 다루기도 하고, 그것을 잘 분석하기도 한다.

"그 데이터로는 원인을 정확하게 파악할 수 없는 것 같아요."

"현장에 있는 사람들의 의견을 묻지 않고 우리끼리 이렇게 이야기 해서 결정하는 것은 근거 자료도 부족하고... 우리가 편하자고 이렇게 회의하는 것 같아요."

한참 진행되는 대화에서 이런 질문은 생뚱맞게 등장하는 것처럼 보이지만 전혀 그렇지 않다. 오히려 C형이 올바른 질문을 하는 것이고 진행 중인 대화가 이상한 쪽으로 가버렸을 가능성이 크다. C형과 대화를 할 때에는 항상 그 이유를 알려줘야 한다. 그리고 C형이 지적할 때 "맞네요. **저희가 방향을 잘못된 쪽으로 가고 있네요. 알려줘서 고마워요.**"라고 인정해 주자. 회의를 하는데 구성원 중에 C형이 없다면 어떻게 될까? 결과는 안 봐도 뻔하다. 빨리 C형을 영입하자. 서로 편하고자 회의하는 것이 아니지 않은가. 부족한 면을 채워줄 수 있는 사람이다. 그리고 까탈스럽다고 여기지 말자. 정확한 것을 짚는 것 뿐이다.

대화의 기술

조직 생활을 하다 보면 뜻밖의 여러 상황에서 의견 충돌을 경험하게 된다. 보통은 가장 영향력 있는 사람의 발언에 의해서 최종적으로 결정되고 마무리된다. 그러나 구성원의 마음이 함께 모아진 결정이 아니기 때문에 그 구성원들은 자신이 존중받고 있다고 느끼지 못한다. 그리고 언젠가는 분명히 문제가 더 커지게 된다. 보통 조직 내에서 의견 충돌이 발생하는 이유는 구성원들의 원하는 것이 제각기 다르기 때문이며, 구성원들이 원하는 것이 다르다는 것은 서로 다른 의견을 내놓고 상대방에게 일방적으로 받아들여지기를 바란다는 것과 같다고 할 수 있다. 이때 DISC 유형별 성격을 알고 상대방의 성격을 이해하고 존중한다면 의견의 일치를 보는 것은 훨씬 쉬워진다. 각 유형의 성격을 미리 알고 맞춤으로써 상대방이 원하는 환경을 만들어 준다면 효과적인 의사 소통이 가능해진다.

문제가 발생하기 전에 동료들의 성격 유형을 미리 파악하여 돌발 상황의 변수를 알도록 하는 것은 큰 도움이 된다. 이런 자세는 '사람은 제각기 다르다'는 것을 인정하는 것이며, 사람들을 배려하고 있다는 것을 보여주는 것이기도 하다. 미리 대처를 못했을지라도 문제가 발생한 후에 적절하게 처리할 수 있다. 이번에는 어느 유형과 대화를 하더라도 도움이 되는 대화의 기술을 DISC의 내용과 연결해서 설명을 하고자 한다.

Yes, but 대화

외향적인 D형과 I형은 겉으로 드러난 사실과 상황에 근거하여 문제를 처리한다. 일을 중요시하는 D형은 자신이 해낸 일에 대한 굉장한 자부심을 가지고 있다. 그래서 경험이 많지 않거나 성공한 경험을 축적하지 못한 사람을 무시하는 모습을 보여준다. 시대와 상황이 바뀐 현재의 시점에서 옛 자신의 성과에만 연연해 한다면 이것은 올무가 되어 올바른 판단을 하지 못하게 만든다. D형은 자신이 만든 '오래된 우물'에서 과감히 나와야 좀 더 큰 시야를 가질 수 있다. 하지만 D형은 문제가 발생한 상황에서 여전히 자신의 방식대로 풀어 나가기를 원한다. 오래된 우물만을 붙잡고 매달리는 모습이다. 그런 D형에게는 그가 행한 지나간 업적을 인정해 주면서 대화의 물꼬를 터 보자. 그 후 나의 의견을 'Yes, but 대화' 방식으로 대화를 하는 것이 효과적이다.

(공감을 위한 짧은 침묵 후) "전에 하셨던 일들에 대해서 듣고 싶어요. 주로 어떤 방식으로 일을 처리했는지 궁금해요."

(D형은 자신의 지나간 업적을 이야기한다)

"아, 그렇군요. 그 상황에서 그렇게 한다는 것 자체가 정말 대단하신 것 같아요. 힘들거나 주변의 반대가 있지는 않았었나요?"

(D형은 자신의 과기 상황에 몰입하여 상세히 설명한다)

"그렇군요. 역시 남다른 성과를 이루셨네요. 그 때의 상황과 지금의 상황은 다른 것 같은데 이 점에 대해서도 이야기를 듣고 싶어요."

(D형은 자신이 생각하는 바를 설명한다)

"네, 그렇군요. 저도 그 생각에 공감해요. 좋은 의견이에요. 저는 이 일에 대하여 약간 다른 관점도 생각해 봤어요. 저의 의견을 이야기해도 괜찮을까요?"

이렇게 D형과 이야기를 할 때에는 'Yes, but 대화' 방식을 사용하면 좀 더 매끄러운 의견 교류가 가능해진다. 처음에는 D형의 업적을 물어보고 칭찬하는 것으로 시작을 한다. 이어서 Yes, but으로 D형의 의견에 공감하는 멘트를 한 후에 자신의 관점을 제기하자. D형이 부드러워지는 모습을 확인할 수 있을 것이다. 상대방과 의견이 다른 경우에는 직설적으로 표현을 하는 것보다는 그의 의견을 인정해 주면서 조심스럽게 나의 주장을 표현하는 것이 효과적이다. 이것은 모든 유형에게 다 해당이 되겠지만 특히 D형에게는 더 확실한 효과를 가져온다. 업적에 대한 칭찬을 'Yes'와 함께 말함으로써 D형은 존중받고 있다는 것을 느끼게 된다. 이렇게 상대방의 마음을 열고 그의 의견에 맞장구를 치다가, 나의 다른 관점을 제기하는 것이 'Yes, but 대화' 방식이다. 이 화법은 상대방 논리의 부족한 점을 보완하거나 나의 새로운 아이디어를 제시할 때, 또는 반대되는 의견을 말할 때에도 매우 효과적이다. D형과의 대화가 어려웠거나 D형에게 트라

우마를 갖고 있는 사람이라면 이 방법을 한번 시도해 보자.

You-Message가 아닌 I-Message 대화

You-Message가 아닌 I-Message를 활용하면 문제에 대한 질타를 상대방에게 전가하는 것이 아니라 나 자신의 감정과 상황에 포커스를 맞추는 것이 된다. 그러면 상대가 감정적으로 상처를 받는 일은 벌어지지 않는다. 참여자 모두 경청하고 공감하게 될 가능성이 커진다. I-Message는 문제의 핵심을 상대방의 잘못이 아닌 자신의 느낌에 초점을 맞추어 사건의 내용을 재구성하는 방식이다. 문제가 발생하였을 때 You-Message로 대화를 하면 상대방은 자신의 행동에 대해서 지적과 비난을 받는 충고로 받아들이게 된다. 그래서 곧바로 방어기제의 말이 나오게 되어 대화는 이상한 분위기로 흘러가게 된다. 반면에 I-Message를 사용하게 되면 상대방에 대한 왜곡된 시선은 발생하지 않는다. You-Message로 말을 하면 상대방은 '무엇을 잘못한 사람'이 되게 되어 있다. 자신의 대화 방식이 You에 초점을 맞추어 대화를 했는지 한번 생각해 보자. 만약 자주 그랬다면 이번 기회에 You에서 I로 바꿔 보자. I-Message로 말을 하는 것은 나를 주어로 하여 사실이나 행동에 대한 느낌을 표현하는 것이다. 어떤 유형의 사람일지라도 You-Message보다 I-Message를 더 선호하겠지만 사람과의 관계나 감정을 중요시하는 I형, S형가 대화를 할 때에 더 효과적이다. 그런 점에서 I-Message는 사람중심의 I형, S형에게 더 어울리는 대화법이라고 할 수 있다. D형과 C형은 일중심이기 때문에 어느 정도 You-Message의 말을 하더라도 감정의 상처는 I형과 S형에 비해서 덜하다고 할 수 있다.

What이 아닌 How 질문

사람들 중에는 자신이 생각한 바를 짧은 말로 표현하는 유형과 긴 말로 표현하는 유형의 두 유형이 있다. 어느 유형이든 생각을 통해서 좋은 결론을 갖고 싶어할 것이다. 이때 사고를 확장시켜 줄 수 있는 좋은 질문을 하는 것은 매우 좋은 방법이다. 행동으로 드러나는 것을 질문하는 것보다 사고와 감정을 중심으로 하는 신념과 관점에 대하여 질문을 하는 것이 훨씬 효과적이다. 또한 이미 지나간 과거를 중심으로 문제를 꺼내는 것보다 긍정적인 미래를 바라볼 수 있도록 대화를 진행하는 것이 효과적이다. What을 통해 문제가 된 과거의 행동을 묻는 것이 아니라 How를 통해 현재나 미래에 대해 어떻게 나아갈지를 물어보는 것이 문제 해결을 위해 바람직하다. 안정형인 S형은 미래보다는 과거나 현재에 머물러 있기를 선호한다. 그래서 S형이 미래를 생각할 수 있도록 질문을 하는 것은 매우 좋은 시도가 된다. **"진정 바라는 미래는 어떤 것인가요? 지금은 어떠신가요? 원하는 미래를 위해서 어떻게 준비를 하고 있나요?"** 현재 상태를 물어보면서 미래를 생각할 수 있도록 만드는 질문이다.

과정을 중요시하는 S형과는 다르게 D형은 매우 답답함을 느낀다. 그래서 호통을 치기도 하고 때로는 거의 대화를 하지 않는 관계가 되어 버린다. 결국 두 유형은 대화를 했지만 서로 공감을 느끼지 못하게 되어 버린 것이다. 사람들은 더욱 자신의 방법을 고집하고 계속 사용할 뿐이다. DISC의 네 가지 유형 중 어느 유형을 더 많이 사용하느냐에 따라 대화법도 다르다. 대화를 하면 할 수록 더 잘 이해가 되는 것이 아니라 '우리는 정말 다르다'라는 결론을 확정 짓게 될 뿐이다.

"너 그 애 이해가 되니? 그 애는 항상 말을 왜 그렇게 해? 해결을 하겠다는 거야 뭐야?"

각자는 자신의 방식으로 생각하고 판단을 할 뿐이다. 그래서 서로 상대의 마음을 헤아리지 않았다는 불만을 하게 된다. 자신의 대화법은 생각하지도 않고 감정적으로 흥분 상태가 되는 것이다. 이럴 때 성격을 이해하는 대화법을 사용해야 한다. 원활한 대화 기법의 가능성에 대하여 무지하거나 불신하면 그만큼 세상을 좁고 옹졸하게 살아가게 된다는 것을 알아야 한다. 해결책을 제시하기 전에 상대방의 마음을 읽으려는 시도를 해 보자. 이전에 경험하지 못한 효과적인 방법이 있다는 것을 알게 될 것이다. 질문하는 것을 두려워하지 말고 시도해 보자.

"당신이 바라는 것은 무엇인가요?" (이후 답변을 듣기)
"어떻게 하면 바라는 것을 이룰 수 있을까요?" (이후 답변을 듣기)

이렇게 상대방의 관심과 신념을 묻는 질문을 하자. 만약 내가 용납하기 어려운 답변을 들었을 경우에 "아, 그렇군요. 그런 생각과 관점을 가지고 있었군요. 나의 생각은 이런 것이었는데요. 어떻게 하면 서로가 평안하게 느낄 수 있는 해결책을 만들 수 있을지 좀 더 생각해 봐요."라고 대답을 하면 된다. 덧붙여 내향형인 S형과 C형에게 이러한 질문을 하였을 때에는 형식적인 단발성 질문에 그치지 않도록 의미와 가치를 묻는 질문을 함께 구사하는 것도 중요한 방법이 된다. 내향적인 성격의 S형과 C형에게 긍정적인 미래를 향한 'How 질문'과 내적 성찰을 일으키도록 끊임없이 대화를 이어가게 하는 'Yes, and 대화'나 'Yes, but 대화'는 매우 효과적인 것이라고 볼 수 있다. 다음과 같은 질문 형태를 사용해 보자.

"당신이 바라는 것은 무엇인가요?"

"네, 그렇군요." Yes

"그것은 어떤 의미가 있는 것인가요?" And

"또 어떤 의미와 가치가 당신에게 주어지는 것인가요?" And

"어떻게 하면 바라는 것을 이룰 수 있을까요?" How

"또 어떤 방법을 사용하면 좋을까요?" And

이런 질문은 S형에게는 보다 안정된 미래 설계를, C형에게는 보다 편안한 마음 챙김을 주는 것에 도움이 된다. 정확한 것을 원하는 C형은 자신이 어떤 것에 대하여 까다롭게 집착을 하고 있는지 질문을 통해서 인식하게 된다면 사소한 것들은 가볍게 넘어갈 수 있을 것이다.

여기에서 'Yes'는 "그렇군요."라는 호응의 역할 외에도 상대방의 말을 받는 백트래킹 back tracking의 역할을 하기도 한다. 이것은 다른 사람의 의견에 대해 수용, 감사, 인정, 격려하는 분위기를 만들어 주기 때문에 원활한 대화가 가능해진다. 'And'는 상대방의 의견에 대한 나의 의견을 연결시키고 아이디어를 통합시켜 준다. 그래서 아이디어를 보태고 미흡한 것을 보강할 때에 적절하게 사용할 수 있는 방법이다.

'Yes, and'와 'Yes, but'은 상대방의 말에 긍정을 표한 후에 자신의 의견을 표현한다는 점은 같다. 하지만 전자는 상대의 의견에 나의 의견을 보태는 기능을 하지만, 후자는 상대의 의견에 대립적 각을 세운다는 점에서 다른 양상을 보여준다. 대화를 할 상대방의 유형과 대화 내용에 따라 적절한 사용 기법을 사용하는 것이 필요하다. 외향형과 일중심에 해당하는 쪽은 다소 분명한 어조를 표현하는 'Yes, but'을, 내향형과 사람중심에 해당

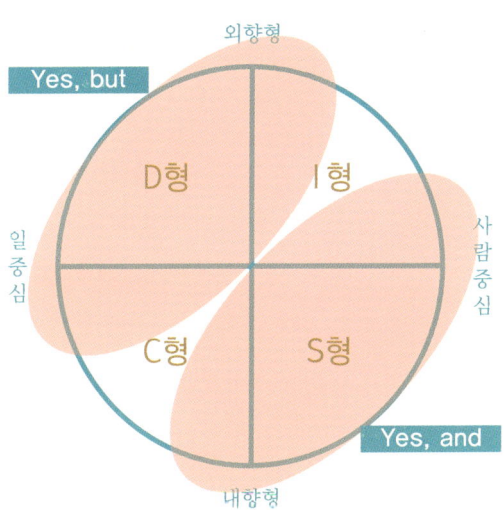

하는 쪽은 'Yes, and'의 대화법을 구사해 보는 것을 추천한다. 앞 장의 도형에 그 내용을 표현해 보았다. Yes, but은 D형에게, Yes, and는 S형에게 적절하다. I형과 C형은 Yes, but과 Yes, and 둘 다 사용이 가능하다.

직접 사과하기

처음 만나는 사람들과 대화를 하다 보면 어떻게 진행이 될지 예상하기가 힘들다. 그래서 때로는 변명을 하게 되기도 하고 그 상황이 더 악화되기도 한다. 나도 모르게 말실수를 하게 되기도 하고 상대의 감정을 건드리게 되는 경우도 있다. 오해를 풀기에는 아직 관계 형성이 되지 않았다. 이런 경우 사과를 하는 것이 가장 효과적일 수 있다. "**제가 아까는 실수를 한 것 같아요. 그런 의도는 아니었는데 제가 말실수를 했어요. 저 때문에 기분이 나쁘셨을 것 같아요. 죄송해요.**"처럼 사과를 해 보자. 그러면 악화된 상황은 쉽게 해결될 수 있다. 오히려 그 대상과 관계가 급격하게 좋아지기도 한다. 어렵게 꼬인 상황을 좋게 만들기 위해 상대방을 설득하려고 하지 말고 진실된 사과를 해 보자. 잘못을 너무 쉽게 인정하는 말은 진정성이 느껴지지 않을 수 있으니 "**죄송해요. 제 잘못이에요.**"와 같은 말보다는 "**제가 실수를 한 것 같아요. 아까 기분이 좀 나쁘셨을 것 같아요. 제 말이 좀 세죠?**"처럼 돌려서 말하는 것이 더 좋은 방법이 된다.

강점을 칭찬

칭찬을 싫어하는 사람은 없을 것이다. 어느 정도 근거가 있는 칭찬은 그 사람의 존재 가치를 인정해 주는 것이 된다. 문제가 발생하기 전에 구성원들과 좋은 관계를 맺어두는 것은 미리 갈등에 대해서 백신을 맞는 것과 같다. 그 백신으로 칭찬이라는 방법을 사용해 보자. 아무렇게나 억지로 칭찬을 할 것이 아니라, 먼저 각 유형이 원하는 인정 요소를 살펴 본 다음에 "**감사합니다.**"라는 말을 덧붙여 보자. 요리를 할 때 MSG를 넣는 것과 같은 효과가 나타난다. 상대방을 인정하고 칭찬할 뿐만 아니라 감사함을 말미에 표현하자. MSG가 감칠맛을 몇 배나 높여 주는 것처럼 이런 대화는 상대방을 기분 좋게 만들어 대화의 분위기를 부드럽게 만든다.

D형 도전하는 모습에 대한 칭찬

D형은 성과를 중요하게 생각한다. 그런 성과는 D형의 도전으로 이루어졌다. 그래서 D형의 도전 내용을 칭찬해 주면 매우 효과적이다. "**어려운 상황임에도 불구하고 당신 덕분에 이렇게 일을 잘 해낼 수 있었어요. 아주 멋진 행동이었어요. 이번 일은 아무나 쉽게 도전할 수 있는 일이 아니었어요.**"처럼 칭찬을 해 주면 D형은 자신의 도전이 인정받았다는 사실때문에 공격적인 발언을 하지 않고 부드

럽게 자신의 이야기를 하게 된다. 하지만 이들의 빠른 추진력에 따른 성공 이면에는 인정하고 싶지 않은 실패의 경험들이 많이 있다는 점을 기억하자. 그것을 드러낼 필요는 없다. 만약 누군가가 이런 점들을 정확하게 짚고 싶어서 D형의 실패를 드러낸다면 D형은 바로 '공격 준비'를 할 것이다. 칭찬을 하려고 다가갔다가 오히려 지뢰를 건드리게 되는 것이다. D형의 민감한 것은 감추어 주고 잘한 성과에 대해서는 칭찬을 하자.

D형은 중요한 역할을 담당하는 위치에 많이 놓이게 되고 직급이 올라갈수록 평가를 받는 입장이 아니므로 잘한 일에 대해서 칭찬을 받을 일이 거의 없게 된다. 그래서 스스로 자신의 대단한 능력을 자화자찬하거나 칭찬해 달라고 자신의 무용담을 꺼내 교육을 하기도 한다. 하지만 듣는 사람들은 그런 욕구를 잘 받아 주지 못한다. "아니 자기 스스로 자기 자랑을 저렇게 해? 다 자기가 잘 했다는 내용이잖아?"라고 모두 뒤에서 비판을 하기도 한다. D형이 외로움을 느끼게 되는 상황이다. 적절한 칭찬으로 D형의 도전 정신을 인정해 주어야 한다. 오죽하면 자기가 직접 자신의 도전 성과를 자랑하겠는가.

"대단해요. 그 일을 그렇게 처리하셨다니 대단한데요. 덕분에 저도 일을 처리하는 방식에 대하여 많은 것을 배우게 되었답니다. 감사해요."

I형 변화를 즐기는 것에 대한 칭찬

사람들은 타인으로부터 인정을 받고 싶은 욕구가 다 있다. I형은 그들만이 특별히 원하는 인정이 있다. I형은 변화를 즐긴다. 그래서 어디로 튈지 모르는 사람들이다. 충동도 강해서 갑자기 여러 가지 일을 시작한다. 이들의 이런 모습은 주변 사람들에게 '변덕'으로 평가되는데, 보고 있자니 불안해 보이는 것이 사실이다. 그래서 I형은 안정적으로 정착을 하라는 지적을 받게 된다. 하지만 우리는 I형의 변화를 원하는 욕구에 대하여 인정을 할 필요가 있다. I형은 변화를 즐기는 자신의 모습에 대해서 인정을 받고 싶어 한다. 변화를 할 때마다 열정을 갖고 일을 하는 사람들이다. **"열정이 대단하신 것 같아요.", "어떻게 그런 일까지 그때 하셨어요?"**, "너무 재미있게 사시는 것 같아요.", **"저희 함께 앉을까요? 재미있는 분 같아요."**처럼 인정을 해 주는 말은 I형에게 가장 큰 칭찬이 된다.

물론 I형의 이런 '변화가 빠른 모습'은 충동적이라는 것과 한 끝 차이를 보여준다. 특별한 이유도 없이 갑자기 새로운 것을 시도하는데, 그것을 가지고 왜 그렇게 했냐고 물으면 **"그냥"**이라고 대답할 것이다. 그들의 선택 이유는 '그냥'이다. 왜 '그냥'이냐고 꼬치꼬치 캐묻고 싶지만 그에 대한 특별한 이유는 없다. I형의 충동적인 선택을 자신은 충동이라고 생각하지 않는다. '재미있는 일'을 선택한 것이고 사람들이 그런 점을 인정해 주기를 원할 뿐이다. 만약 I형이 자신의 변화와 열정을 인정받지 못한다면 이들은 다른 상대로 향하게 된다. 그래서 I형이 소속을 쉽게 다른 곳으로 옮기는 것이다. 그렇다고 D형처럼 스스로 자랑을 함으로써 자신을 인정해 달라고 요구하지는 않는다. 자신의 열정을 제대로 인정해 주는 사람을 찾아가는 것뿐이다. 그런 사람들을 만나면 이들은 '물 만난 물고기'처럼 신나 인정을 받을 수 있는 이야기를 한 보따리 풀어놓는다. I형이 신나게 이야기할 때 침묵하고 있는 사람처럼 I형을 힘 빠지게 하는 사람은 없다. "**대단해요. 재치있는 발표로 인해 회의 분위기가 한결 편안해졌어요. 덕분에 저도 무엇을 보강해야 하는지를 잘 알게 되었어요. 감사합니다.**"와 같은 반응을 보이자.

S형 도와주는 헌신에 대한 칭찬

S형은 네 가지 유형 중에서 가장 착한 유형이다. 착하다고 평가하는 이유는 까다로운 면을 보여주지 않기 때문이다. 이들은 특별한 도전과 변화를 원하지 않고 지금 그대로 머물기를 원한다. 이들은 특별한 요구를 하지 않는다. 누군가가 도와달라고 요청하면 이들은 거절하지 않고 도와주는 사람들이다. 그래서 S형에게 고맙다고 말을 할 상황은 많다. S형이 다른 사람들을 도와주는 이유는 거절을 하지 않기 때문이다. 자신의 시간과 에너지를 다른 사람들을 위해서 사용한다. 자신의 실속을 차리지 않고 타인을 위해 시간을 기꺼이 사용하는 사람들이다. 이들의 이런 헌신에 대해 감사 표현을 해 주는 것은 그리 어려운 일이 아니다. 이들은 이 정도의 칭찬 외에 어떤 보상을 요구하지 않는다. "**도와주셔서 감사해요.**", "**아까는 제가 정말 급하게 돈이 필요했는데 빌려주셔서 고마워요.**", "**저희 행사에 오셔서 자리를 채워주셔서

감사합니다." 모두 S형의 협조로 인해서 이루어지는 감사다. 하지만 이런 S형의 헌신에 대해서 고마움을 느끼지 않고 당연하다는 듯 이용하는 사람들도 있다. 그들은 고맙다는 표현을 하지 않는다. 또는 표현을 하지만 진심으로 하는 것이 아닌 형식적으로 말을 하는 것뿐이다. S형의 도움은 자칫 저평가가 될 가능성이 크다. S형이 다른 사람들을 도와주고 그것에 대해서 보상을 요구하지 않는다고 그들의 고마움이 사라지는 것은 아니다. 존재감이 적은 S형의 도움에 대해서 충분한 고마움을 표현하자. 주변 사람들이 모두 바빠서 당신을 도와줄 사람이 없을 때에도 S형은 기꺼이 자신의 일정을 조정하고 당신을 도와줄 사람들이다. 이보다 더 고마운 사람이 어디에 있겠는가. S형이야말로 진심으로 칭찬을 받아야 할 사람이다.

C형 정확한 판단에 대한 칭찬

C형은 무슨 일을 하든지 간에 정확하게 처리하는 것을 좋아한다. 대충대충 하는 일은 없다. 그래서 C형에게 '주도면밀하다'周到綿密하다 : 주의가 두루 미쳐 자세하고 빈틈이 없다라는 표현은 매우 잘 어울리는 표현이다. C형은 자신의 정확도를 알아주기를 원한다. C형의 정확도는 종종 논쟁으로 이어지기도 한다. 그래서 좋은 평가를 받지 못할 때가 많은데 그 욕구를 인정해 주니 C형에게 이보다 더 좋은 인정은 없다. C형은 이 '정확'이라는 것을 여러 가지 모습으로 보여준다. 수치의 정확, 근거의 정확 등이 이에

해당한다. 그래서 수치적인 것을 요구하며, 과학적인 근거도 따지는 모습을 보여준다.

"오늘의 날씨는 비가 올 확률이 50%라고 했는데 아직까지는 50%가 전혀 아니네요. 먹구름도 없어요. 10%라고 하는 게 더 맞는 것 같아요."

"커피를 하루에 한 잔 마시는 것이 심혈관 질환을 막는데 도움이 된다는 기사가 있어서 그 내용을 자세히 살펴 보았는데 어떤 커피를 어떻게 마셨을 때 좋은지 정확한 내용은 없었어요."

이와 같은 말을 하는 사람들이 C형이다. 까다롭고 예민해 보이는 발언이지만, 오히려 **"매우 예리하시네요. 그리고 중요한 점을 잘 짚으셨어요."**처럼 그들의 정확한 판단을 칭찬해 주는 것이 좋다. C형이 가장 중요하게 생각하는 '정확'을 인정해 주는 말이기 때문이다. 또는 그런 판단 능력을 칭찬하는 말도 도움이 된다. **"그런 능력은 어떻게 배울 수 있어요? 저도 배우고 싶어요. 저는 그게 많이 약하거든요."**

C형의 모습을 세부적으로 나눠 보면 다음과 같다.

논리적, 분석적으로 문제를 바라보고 해결하는 모습

업무 사항을 꼼꼼히 살펴보고 잘못된 점을 수정하는 모습

자료를 충실히 모아 정리하여 나중에 활용하는 모습

주도면밀하게 계획하는 모습

C형이 이렇게 꼼꼼하게 일을 한다고 모든 것이 다 잘되는 것은 아니다. 너무나 과하게 준비를 할 때도 있고, 별 것 아닌데 너무 민감하게 그것을 분석한 적도 있다는 것을 본인도 느낀다. 이때 **"저번에 그렇게 꼼꼼하게 따져서 일이 제대로 됐어요? 오히려 인간관계로 풀어서 더 잘 되지 않았나요?"** 라는 식으로 C형의 방식을 비판하는 말을 하게 되면 C형은 크게 좌절한다. C형은 이럴 때 아무런 말을 하지 않을 것이다. 오히려 대화가 통하지 않는 사람으로 생각하고 앞으로도 대화를 하지 않을 것이다. 다음과 같이 C형의 장점을 칭찬하는 말을 해 보자.

"오늘 발표에서 그 누구보다 정확한 데이터를 보여 주셨어요. 얼마나 준비를 열심히 하셨는지 생각해 볼 수 있었고, 제가 얼마나 대충했는지도 반성을 해 보았습니다. 오늘 좋은 모습 보여주셔서 감사합니다."

어느 유형이나 자신의 결점이 있다. 각 유형이 고집하는 방식으로 진행한다고 일이 다 잘 되는 것은 아니다. 분명 문제에 부딪히고 실패를 할 때도 많을 것이다. 하지만 사람들은 자신들의 DISC 유형에 따라 주로 사용하는 방식이 정해져 있다. 누구나 단점을 듣는 것보다 잘하는 자신의 모습을 인정해 주는 것을 좋아하니 그것을 공략하자. 단점을 지적하지 말고 강점을 칭찬하는 방법을 사용하자는 것이다. 그것이 훨씬 효과가 크다.

칭찬이라는 것은 사실 비용이 들지 않는 방식이다. 말 한마디로 예상한 것 이상의 큰 효과를 가져올 수 있다. 강점을 칭찬하는 것이 좋은 방법이라는 것을 기억하자. 고칠 때까지 계속 반복적으로 지적을 하는 사람이 있다. 그 사람은 그것이 최고의 방법이라고 생각하고 절대로 다른 방법을 사용하지 않는다. 매우 고지식한 훈계형 꼰대라고 할 수 있다. 내가 먼저 각 유형별 강점을 알고 그것을 인정하는 말을 해 보자. 좋은 관계가 형성되는 것을 바로 확인할 수 있을 것이다. 그리고 상대의 변화를 더 빨리 이끌어 낼 수 있다.

"아, 그러시군요. 혹시 제가 알게 된 당신의 긍정적인 모습을 말씀드려도 될까요? 대화를 해 보면 매우 기분이 좋아요. 저는 매우 이성적인 사람인데, 이상하게 제 마음이 이성적으로 움직이지 않네요. 그만큼 당신은 매우 설득력이 뛰어난 사람이에요. 이 점은 매우 매력적인 능력이에요. 이성적인 것 외의 다른 방법도 이렇게 효과가 좋다는 것을 확실히 느꼈어요."

이렇게 말하면 상대방도 그에 대해서 자신의 마음을 열고 답변을 할 것이다.

"그래요? 감사합니다. 이렇게 칭찬을 들으니 너무 기분이 좋은데요. 사실 전 이성적인 면이 부족하긴 해요. 그래서 그 점은 오히려 당신에게 배우고 싶어요. 제가 어떻게 하면 이성적인 면을 키울 수 있을까요? 이 부분에 대해서 직설적으로 이야기를 해 주세요. 제가 정말로 듣고 싶은 이야기입니다."

상대의 마음이 어느 정도 열렸는지 알 수 있을 것이다. 이성적인 면을 지적하고 싶었는데 상대가 스스로 자신의 그 면을 이야기하도록 만들었다. 이후의 대화는 술술 풀리게 된다. 오늘부터 강점을 칭찬하는 방법을 사용해 보자.

CHAPTER 5

DISC로 본 협업

자신의 약점을 인정하자
화를 다스리자
체계적인 조건을 만들자
업무를 명확하게 정한 다음 통합을 하자
부정적인 표현을 다른 시각으로 받아들이자
일의 결과를 압박하지 말자
다른 유형의 효과적인 모습을 보여 주자
동기 부여를 제대로 하자

협업을 하게 되면 혼자할 수 있는 능력 이상의 많은 것들을 해 낼 수 있다. 그래서 협업은 사회 생활에서 매우 중요한 방법이 된다. 협업을 잘 하는 능력도 남들과 다른 경쟁력이라고 할 수 있다. **스티브 잡스**도 매우 까탈스러운 성격의 소유자였지만 항상 협업을 통해서 자신이 원하는 일을 이루어 나갔다. 하지만 협업이라는 것은 절대로 쉬운 것이 아니다. 사실 편한 것으로 따지면 혼자 하는 것이 가장 편하다. 갈등을 일으킬 일도 없고 누구를 설득하느라 스트레스를 받지 않아도 된다. 그래서 협업

은 분명 장단점을 다 갖고 있고, 협업에 대해서 부정적인 사람들도 많다. 그런 점에서 모든 유형이 협업하는 것에 대해서 어려움을 겪는다고 할 수 있다. 그만큼 협업을 이끌어 나갈 수 있다는 것은 매우 중요한 능력이 된다. 협업을 잘 이끄는 사람이 있다면 무조건 영입하자. 그런 능력자는 많지 않기 때문에 사업을 하는 사람이라면 그런 사람을 알아보는 눈이 필요하다. 각

유형들이 협업을 어떻게 잘 할 수 있을지 그 방법을 살펴보자. 특히 혼자 일을 하는 것을 선호하는 C형은 협업을 하는 것을 싫어할 것이라고 생각할 수 있다. 하지만 의외로 그렇지 않은 경우가 많다. C형이 협업을 하는 경우는 매우 많다. 그 이유는 협업을 하는 것이 더 합리적이라는 판단을 했기 때문이다. C형의 변화는 '개선'과 '혁신'이다. 협업을 통해서 이 두 가지가 이루어진다. 그래서 예상과 달리 C형이 협업을 하는 경우는 매우 많다. **스티브 잡스**도 C형의 성향이 강한 사람이다. '혁신의 아이콘'인 그가 왜 협업을 했고, 그 협업으로 인해서 어떤 결과가 나타났는지 우리 모두는 **애플**이라는 회사와 제품을 통해서 확인을 했다.

자신의 약점을 인정하자

협업을 하는 이유는 무엇일까? 혼자 할 수 없기 때문이다. 능력도 안 되고 시간도 되지 않는다. 그래서 역할을 나눠서 함께 하는 것이다. 그러면 그 성과는 몇 배로 커지게 된다. 협업의 필요성은 모든 유형이 인식을 할 필요가 있다. 그것은 자신의 약점을 확실하게 인정하는 것으로부터 시작된다. D형은 추진력이 좋을 뿐 I형, S형, C형의 재능은 부족하다. 부족하다는 것은 사용하기 힘들 뿐만 아니라, 사용해야 하는 상황도 피하게 되는 것을 말한다. 그래서 각 유형의 사람들은 다른 유형의 특징, 재능, 방법에 대해서 존중하는 자세를 가져야 한다. 나의 유형의 특징만이 가장 좋은 것이 아니기 때문이다. 나의 특징을 알고 타인의 재능을 인정하면 협업은 의외로 쉽게 이루어진다. 그렇다고 서로 간의 갈등이 완전히 사라지는 것은 아니다. 이때 중요한 역할을 하는 사람이 '협상자'다. 다음의 질문에 대해서 어떻게 생각하는가? "당신이 미워하는 마음은 어디로부터 왔나요? 미워할수록 당신만 힘듭니다. 서로 공감하세요." 이런 질문을 하는 사람이 협상자가 아니다. 그것은 갈등이 벌어질 때마다 그냥 묻어 버리고 가자는 것과 같다.

"당신의 생각이 뭔지는 이해했어요. 하지만 다른 사람들은 그것을 이렇게 받아들입니다. 그래서 오해를 받지 않도록 이렇게 해 보시면 어때요? 저도 다음 회의 때 이 부분에 대해서 사람들이 이해할 수 있도록 이야기를 해 볼게요."

이렇게 말하는 것이 협상자로서 더 적합한 말이라고 할 수 있다. 각 유형을 제대로 알고 있을 때 이런 말을 할 수 있는 것이다. 유형에 대한 지식이 없이 무조건 '틀린 것이 아니라 다른 것'을 외치는 것은 답답함만 키울 뿐이다. 유형의 특징을 제대로 알게 되면 나의 약점도 제대로 알게 된다. 그 시점부터 협업은 의외로 쉽게 이루어진다. 이제부터 주변의 협업 대상자들이 눈에 보이기 시작할 것이다. 약점을 인정하는 것은 모든 유형에게 동일하게 요구된다. 착한 S형이라고 해서 약점을 특별히 더 잘 인정한다고 볼 수는 없다. 왜냐하면 S형의 변화하지 않는 성격도 약점을 잘 인정하지 않는 모습으로 나타날 수 있기 때문이다. 강해 보이는 D형이 약점 인정을 더 거부하는 것도 아니다. 그래서 어느 유형이든 간에 누가 먼저 약점을 인정하는가에 따라 협업의 효과는 달라지게 된다.

화를 다스리자

화를 내는 것에 대해서 어떤 이해를 갖고 있는가? 화를 내면 공감이 형성되지 않아서 나의 의견을 상대방에게 전달하기 어렵게 된다. 그렇다면 어떻게 나의 의견을 화를 내지 않고 설득력 있게 전달할 수 있을까? **아들러 심리학**에서는 화를 2차 감정이라고 말한다. 슬픔, 외로움, 염려, 낙담의 1차 감정이 2차 감정인 화로 표출된다. 화는 절대로 상대의 공감을 끌어들일 수 없으니 다시 1차 감정으로 바꾸어서 원만한 대화가 가능하도록 전달해야 한다. 그러면 말의 강도가 약해져서 상대방이 나의 말에 공감하기 쉬워진다. 화는 감정이 자극을 받아서 내는 것이지 어떤 원인에 대한 결과로 내는 것은 아니다. 화는 모든 현상을 원인에 대한 결과로 설명하는 **프로이드**의 '원인-결과'의 관계가 아니다. 다른 사람을 내 뜻대로 하겠다고 생각하기에 화를 내는 것이다. 상대방의 심리를 이용하기 위하여 만들어 낸 화는 일시적으로만 효력이 있을 뿐이다. 그래서 그 순간 상대방은 공감하는 척만 하게 된다. 화를 내는 2차 감정에서 벗어나 자신의 감정을 말하는 것이 필요하다. 그러면 싸우지 않고 상대를 내 편으로 만들 수 있다. 화를 가장 잘 내는 유형은 D형이다. D형은 주도적이기 때문에 자기 뜻대로 되기를 원하는데 그렇게 되지 않을 경우 쉽게 화를 낸다. 그런 점에서 D형은 특히 더 화를 잘 다스릴 줄 알아야 한다. 그동안 자신의 화내는 모습을 좋은 재능으로 생각했을 수도 있다. 반대로 화를 참거나 표현하지 못하는 사람들을 저평가하고, 그들은 자신의 이미지나 관리하는 사람으로 여겼을 가능성이 크다. 이제는 그런 생각을 바꾸자. 스스로 화내는 것을 합리화시켰던 것뿐이다.

체계적인 조건을 만들자

협업은 서로 간의 신뢰가 너무나 중요하다. 나 혼자만 열심히 일해서 되는 것도 아니고, 다른 사람들의 능력을 의심해서도 안 된다. 처음 협업을 시작할 때와 나중의 마음 가짐은 분명 달라질 수 있다. 이때 서로의 신뢰가 무너질 수 있기 때문에 주의해야 한다. 그래서 협업을 할 때에는 신뢰를 바탕으로 하는 '계약

Photo by Brooke Cagle on Unsplash

서' 작성이 중요하다. 구두로 한 약속은 계속 유지되기 어렵다. 물질이 있는 곳에 마음이 가듯이 어느 정도의 계약금을 거는 것도 협업을 끝까지 유지하는데 필요하다고 볼 수 있다. 이런 협업의 계약 조건을 우리 모두는 학창시절 때 경험을 해 보았다. 그것은 바로 다양한 형태의 '스터디 모임'이다. 매주 언제 만날지 모임 요일과 시간을 정하고 그때까지 과제를 해오기로 약속한다. 하지만 약속을 할 때와 만나기로 한 날의 모습이 너무나 달라지기 때문에 벌금 제도를 만들게 된다. 벌금을 내지 않으려고 모임에 아예 오지 않는 경우도 생기기 때문에 체계적인 스터디는 입회비를 내도록 한다. 그래서 스터디 모임에 무단 불참을 하게 되면 이 입회비는 참여하는 사람들이 나눠서 갖게 된다. 이것도 스터디를 잘 운영하기 위한 계약 조건이라고 할 수

체계적인 조건을 만들자 163

있다. 잘 운영되는 스터디를 살펴보면 이런 식의 계약 조건이 있고 고집스럽게 그것을 지킨다. 돈이 오고 가는 스터디이기 때문에 얼굴을 붉히는 논쟁이 벌어질 때도 있다. 하지만 큰 문제가 되지 않는 이유는 스터디의 벌금 규칙이 명확히 있기 때문이다. 이런 체계적인 조건을 가장 어색해 하는 유형은 I형이다. I형은 즉흥적이기 때문에 이런 조건으로 압박하는 것을 그다지 좋아하지 않는다. 벌금을 내야 하는 회원에게 "**괜찮아. 오늘은 그냥 없던 걸로 할게.**"와 같이 말을 한다. 그래서 I형이 운영자로 스터디를 이끄는 곳은 그리 오래가지 못한다. 이런 조건은 D형과 C형이 선호하고 잘 지키는 편이다. C형은 꼼꼼한 규칙을 만든다면 D형은 그것을 단호하게 잘 이끌어 나가는 것을 잘 한다. I형과 S형은 이런 조건의 중요성을 인식하고 자신들도 도입을 적극적으로 해 보는 것이 필요하다.

업무를 명확하게 정한 다음 통합을 하자

아주 길게 회의를 했지만 역할 분담을 하지 않고 마치는 경우가 있다. 당연히 회의 후에 그 누구도 결과에 대해서 보고를 하지 않는다. 아무런 진척이 없는 것이다. 그것은 회의의 진행자가 업무를 명확하게 분류하고 그에 맞는 역할 분담을 정하지 않았기 때문이다. 실제로 이렇게 회의를 진행하는 사람들이 많다. 그런 회의는 결국 흐지부지되어 아무런 결과도 가져오지 않는다. 이런 경우 회의의 보고서를 작성하는 것이 필요하다. 특히 C형에게 의견을 물어 꼼꼼한 정리를 요구하자. 이제 각자 자신의 할 일만 잘하면 협업은 아무런 문제가 없어 보인다. 하지만 사람들마다 일의 속도가 다르고 언제 어디에서 문제가 발생할지 모른다. 불확실한 일들이 자주 일어나기 때문에 업무를 명확히 정하는 것으로 다 해결된다고 판단해서는 안 된다.

때로는 나의 일이 아닐지라도 도와주면서 함께 가야 할 때가 있다. 이럴 때 냉정하게 "**내 일이 아닌데요.**"라고 한다면 협업은 물 건너 간 상황이 된다. 누구는 열심히 하고 누구는 대충하는 것 같아 협업을 중단하고 싶어하는 사람들이 생길 수 있다. 이럴 때 필요한 것이 통합이다. 힘들어하는 사람, 집중하지 못하는 사람, 성질을 부리는 사람, 무엇을 해야 할지 아직도 이해하지 못한 사람, 항상 부담을 느끼는 사람, 선긋기를 확실히 하고자 하는 사람 모두를 하나로 만들기 위한 통합이 필요하다. 이때 순서가 있다. 아무 때나 통합을 활용해서는 안 된다. 업무가 명확하게 정해진 후에 통합을 따져야 한다. 그렇지 않으면 오합지졸 엉망이 된다. 이런 통합의 역할은 네 가지 유형을 어느 정도 잘 사용하는 사람들이 잘 한다. 그런 사람으로 방송인 유재석을 들 수 있다. 유재석은 네 가지 성격의 모습을 다 보여주는 대표적인 인물이다. 유재석의 분석은 <CHAPTER 9 DISC 각 유형의 혼합 - 네 개가 비슷한 유형>에서 자세히 설명을 한다.

부정적인 표현을 다른 시각으로 받아들이자

부정적인 이야기를 하는 사람들이 있다. 그런 사람들을 '불만이 많은 자', '조직을 망치는 자', '삐뚤어진 자'라는 표현으로 비판을 하기도 한다. 그런데 그 사람이라고 자신이 그런 말을 하는 것을 좋아할까? 그렇지 않다. 그들의 부정적인 말의 내용을 살펴보자. 들어보니 왜 그렇게 생각하는지 이해를 할 수 있는 경우가 많다. 사실 그 불만은 그 사람만 느끼는 것이 아니라 이미 많은 사람들이 동일하게 느끼고 있을 수 있다. 다만 말을 하지 않을 뿐이다. 부정적인 표현을 하는 사람은 자신이 총대를 메고 이야기를 하는 것이다. 그 용기를 인정해 주고 그 의견에 대해서 개선을 해 주면 된다. 대부분의 사람들이 그 부정적인 이야기의 실체에 대해서 말하기를 꺼렸을 뿐이다. 그것의 예로는 상급자의 '충동적인 판단', '편견', '고정관념' 등이 해당된다. 앞으로는 부정적인 의견을 어떻게 해결하는가에 따라 회사 발전의 유무가 결정되고 회사의 존폐가 결정될 것이다. 이런 부정적인 의견을 말하기 힘들어하는 유형은 S형, 그 다음은 I형이다. 일을 할 때 일에 대한 문제를 말해야 하는데 사람과의 관계를 생각하다 보니 말을 직설적으로 하지 못하는 것이다. D형과 C형은 일중심이라 감정을 적게 사용하고 과감하게 자신의 솔직한 의견을 말한다. 솔직한 것이지 부정적인 의견이 아닌데, I형과 S형 입장에서는 부정적으로 느끼기도 한다. 이와 같이 오해하는 시각을 바꿔야 한다. 부정적인 의견을 왜 말하는지 그 원인을 파악해야지 저 말이 나의 감정을 건드렸다는 것만 생각해서는 안 된다. "어쩜 그렇게 말할 수가 있어?", "나 들으라고 하는 말이야?", "좋게 좋게 이야기하면 안 되나?"라는 말 사용을 줄이자. 물론 부정적으로 이야기를 할 상황이 아닌 경우에 상대를 공격하기 위해서 하는 말은 여기에 해당되지 않는다. 이유 없이 부정적인 사람들도 있긴 한데, 여기에서는 '합리적인 부정'에 대해서는 받아들이자는 말을 하는 것이다.

일의 결과를 압박하지 말자

협업을 하는 것을 불편해 하는 이유가 있다. 내 뜻대로 할 수 없으니 왠지 실패 확률이 더 높아질 것 같아 보인다. 그러니 걱정을 하지 않을 수 없다. 그럴 바에야 마음 편하게 혼자 일을 하는 것이 낫겠다는 생각을 할 수 있다. 일의 결과에 대한 압박이 크다 보면 협업을 했을 때의 위험을 감수하고 싶어지지 않는다. 그래서 결과를 압박하지 말고 그 과정에 집중할 수 있도록 분위기를 만들어 주어야 한다. 과정이 좋으면 결과는 당연히 좋아지기 때문이다. "**실수를 해도 괜찮아요. 편안하게, 자신 있게 업무를 진행하세요.**"라는 말로 심리적인 안정감을 주어야 한다. 일중심인

D형과 C형에게는 더욱 필요한 말이다. 일중심인 이 두 유형에게 융통성을 발휘하면서 협업을 계속 이어갈 수 있도록 해 주는 말이 된다. 그렇지 않으면 협업을 그만두고 자신만의 방식으로 할 가능성이 커진다.

다른 유형의 효과적인 모습을 보여 주자

아래의 그래프를 보자. 교육을 갔을 때 저 그래프의 참여자가 기억난다. 이 사람은 매우 불만이 많은 사람이었다. 검사지를 받아 보고 "글씨가 안 보이네. 풀으라는 거야 뭐야."라고 툴툴거리며 결국 다 풀긴 했다. C형과 D형이 엄청 높고 상대적으로 I형과 S

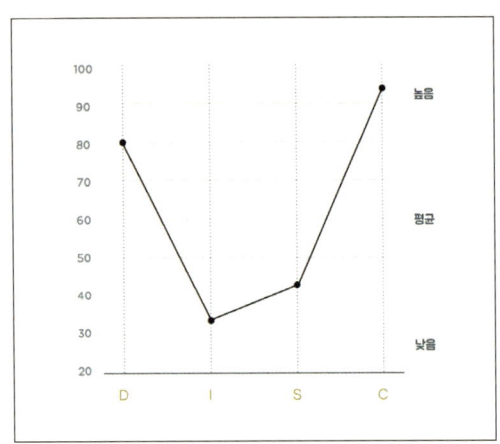

형은 매우 낮다. 이 정도 편차면 손에 꼽힐 정도의 결과라고 볼 수 있다. 난 이 사람에게 "I형의 모습을 가장 사용하지 않으시는군요."라고 말을 했고 그는 "I형이 뭔데?"라고 물었다. "**좀 덜렁대기도 하고 농담을 좋아하고 재미있는 사람이에요.**"라고 설명을 해 주니 그 사람은 "내가 제일 싫어하는 사람이야. 딱 밥맛이야."라고 언짢은 표정을 지으며 말을 했다. 그 사람은 60대 여성이었다. 이런 정도의 표현을 하는 사람에게 I형의 모습에 대해서 긍정적으로 볼 수 있도록 설명을 해 봤자 받아들이지 않는다. 오히려 거부 반응을 보일 수 있다. 이런 사람들이 언제 자신의 고집을 바꾸게 될까? 주변의 I형인 사람이 어떤 성과를 만들어 냈을 때 그때 거부할 수 없는 인정을 조금씩 하게 된다. 왜냐하면 본인은 그런 일을 절대로 할 수 없기 때문이다. "**내가 절대로 할 수 없는 것을 저 사람은 할 수 있구나. 내가 별로 좋아하지 않는 성격의 사람인데. 저 성격이 이번 일을 해낸 거네. 장점도 있구만!**"과 같은 말을 하면서 그 생각을 조금씩 바꾸게 된다. 물론 시간이 필요하다. 한 번의 교육을 통해서 쉽게 바뀌지는 않을 것이다. 이런 과정을 통해서 저 고지식한 사람은 I형을 바라보는 시각을 바꾸게 될 것이다. 60대의 나이가 되도록 아직도 거부의 자세를 저렇게 갖고 있다는 것은 부끄러운 것이다. 나이를 먹어감에 따라 대부분의 사람들은 자신의 성격을 바꾸어 가며 살아간다. 하지만 위 사람은 절대로 그 고집을 꺾지 않은 사람이다. 어느 곳을 가나 부딪히는 사람이라고 할 수 있다. 좀 더 시간이 필요한 사람이다.

동기 부여를 제대로 하자

동기 부여, 말은 쉽다. 하지만 실제로 그것을 가능케 하기는 어렵다. 지금 당장 누군가에게 동기 부여를 시켜보자. 그 사람의 마음이 움직일까? 전혀 동기 부여가 되지 않는 경우가 많다. 나에게만 중요한 것이지 상대방은 아무런 관심이 없을 수 있기 때문이다. I형은 이런 경험을 많이 하기도 한다. I형의 충동 때문이다. 본인 혼자 열정이 솟아 올라 뭔가를 저지르지만 다른 사람이 보기엔 심한 충동일 뿐이다. 그래서 I형은 I형들끼리 협업을 하는 경우가 많다.

협업이 힘든 이유 중에는 이처럼 동기 부여를 제대로 시키지 못했기 때문인 경우가 많다. 또한 굳이 동료와 협업을 해야 할 필요 자체를 느끼지 못했을 수도 있다. 그렇다면 어떤 사람의 동기 부여가 효과적으로 통할까? 상대방이 성장하면 나도 성장한다고 믿는 사람들이 있다. 이런 사람을 '협력형 리더'라고 말한다. 누군가에게 무언가를 제안할 때 자신의 이익만 생각하지 않고 서로의 이익을 생각하는 사람들이다. 이런 사람이 되어 보자. 동기 부여가 생각보다 효과적으로 통한다는 것을 경험하게 될 것이다.

D형은 자기 생각대로 되기를 바라기 때문에 협력형이 아니라 '주도형', '강제형'이 된다. I형은 자신의 일에만 열중을 하고 주변 일에는 관심이 없을 수 있다. '충동형'이면서 '자아도취형'이

다. 상대가 별로 관심을 갖지 않을 수 있다. S형은 지금 상태에서 변화하기를 원하지 않기 때문에 누군가를 동기 부여하는 일을 별로 하지 않는다. 하라고 시키면 어색함을 느낄 것이다. '현실 안주형'이라고 할 수 있다. C형은 서로에게 도움이 되는지 꼼꼼하게 분석을 한 후에 그 결과를 보여준다. 자신에게 손해가 생기는 것이 있다면 그것은 확실하게 피한다. 그래서 C형은 협력형처럼 보이는 '회피형'이라고 할 수 있다. 어느 한 유형이 특별히 더 동기 부여를 잘 한다고 할 수는 없다. 혹시 자신이 협력형이 아닌데 동기 부여를 잘 하는 사람으로 생각했다면 그것은 착각일 가능성이 크다. 어느 유형이라도 서로에게 윈윈$^{\text{win-win}}$이 되는 방법을 고려해 보자. 당신의 동기 부여는 훨씬 효과적이게 될 것이다.

CHAPTER 6

DISC로 본 직장 갈등

모호한 상황 제거하기
D형 통제력을 준 것도 아니고 안 준 것도 아닌 상황 만들지 않기
I형 마음껏 재능을 발휘하라고 해 놓고 사사건건 간섭하지 않기
S형 변화를 크게 필요로 하는 일을 요구할 때 밀어붙이지 않기
C형 꼼꼼하게 하라고 해놓고 간략한 것 요구하지 않기

선배 대처하기
선배가 D형일 때
선배가 I형일 때
선배가 S형일 때
선배가 C형일 때

후배 대처하기
후배가 D형일 때
후배가 I형일 때
후배가 S형일 때
후배가 C형일 때

모호한 상황 제거하기

직장에서 벌어지는 다양한 갈등을 완전히 제거할 수 있을까? 제거가 어렵다면 줄일 수는 있을까? 줄이기 위한 방법을 지금부터 소개하고자 한다. 매일 10개의 갈등이 매일 벌어지는데 그 중에 3개만 줄이더라도 그만큼의 스트레스를 줄일 수 있다. 지금부터 설명하는 내용을 직장에서 꼭 적용해 보기를 추천한다.

각 유형마다 자신들이 가장 힘들어하는 상황이 있다. 그것을 그대로 방치하게 되면 결국 문제가 터지게 되는 것은 불을 보듯 뻔한 일이다. 리더가 구성원들에게 **"제가 분명히 말합니다. 저는 이런 조직을 원합니다. 모두 잘 따라 주세요."**와 같이 외친다고 모두 따르는 것이 아니다. 자신의 뜻대로 되지 않는다고 매번 '겁박하기'와 '심판하기'를 반복하는 리더도 있다. 어리석은 리더다. 각 유형이 힘들어하는 점을 미리 파악하는 것이 필요하다. 상대방의 유형에 맞게 표현을 해야지 일관된 자신의 방법으로 모든 문제를 해결할 수는 없다. 모든 유형은 자신만이 모호하게 느끼는 상황이 있다. 그 상황을 좋아하는 사람은 없다. 마음이 불편하면 그 불편함을 해결하기 위해서 또 다른 갈등을 만들게 된다. 그 점들을 유형별로 살펴보자.

D형 통제력을 준 것도 아니고 안 준 것도 아닌 상황 만들지 않기

D형이 '통제력'을 빼앗기는 것을 두려워한다고 <CHAPTER 2 DISC 각 유형별 특징 - 주도형 D형>에서 설명을 했었다. D형을 팀장으로 세웠다고 가정해 보자. 그런데 그에게 팀의 모든 권한을 다 준 것이 아니다. 어떤 것의 권한은 다른 사람에게 있고, 심지어 어느 부분은 팀원 중 한 사람에게 권한이 있는 경우도 있다. 이럴 때 D형은 그 통제력을 다 빼앗기 위해서 전투를 벌인다. 전투를 벌이라고 D형을 팀장으로 세운 것이 아닐 것이다. 팀을 만드는 사람은 통제력과 권한에 대해서 팀장에게 정확하게 설명을 할 필요가 있다. D형은 이런 점에 대하여 매우 민감한데 그 권한 부여를 모호하게 하는 사람이 실제로 있기 때문에 문제가 된다. D형에게 권한을 무조건 부여하라는 것은 아니다. D형은 독재자다. 모든 권한을 준다는 것은 D형에게 독재를 하라고 하는 것과 같다. 줄 권한은 주고 주지 않을 권한은 주지 않는 분명한 선을 긋는 것이 필요하다. D형 스스로도 모든 권한을 갖고자 노력하지 말자. 왜냐하면 독재자의 최후를 보지 않았는가. 스스로를 위해서 어느 정도 권한을 놓아 버리는 것이 자신을 위해서 약이 될 수 있다. 그리고 D형이 권한을 스스로 놓는 순간 매우 부드러운 모습을 보여줄 수 있게 된다. D형에게 '화'가 사라진 모습은 매우 훌륭한 지도자의 모습이라고 할 수 있다. '내려놓을 때 비로소 보이는 것들'이 있다고 말하는 것처럼 D형이 통제력을 내려 놓을 때 다른 것들이 눈에 들어오기 시작할 것이다.

I형 마음껏 재능을 발휘하라고 해 놓고 사사건건 간섭하지 않기

I형은 자유롭게 일하는 것을 좋아한다. I형에게 "마음껏 재능을 발휘해 보세요. 그럴 때 창의성이 발휘됩니다. 한번 신나게 일을 해 보세요."라고 말해 놓고, 나중에 평가는 뒷통수를 치듯이 "왜 그렇게 일처리를 했어요? 일 처음 해 봐요? 누가 이런 것을 하라고 했어요? 자기 생각이 너무 강한 것 아니에요?"라고 말을 한다면 I형은 매우 큰 충격을 받게 된다. 그리고 마음을 닫는다. I형은 더 이상 자유롭게 일을 하지 못하게 된다. 일을 해 봤자 부정적인 평가가 올 것이 뻔하다 보니 더 이상 열정을 내지 않게 되는 것이다. 이들에게는 열정을 내서 할 일이 필요한데 회사에서는 하지 못하니 다른 일로 눈을 돌리게 되는 것이다. I형에게 사사건건 간섭을 했던 사람이 어느 날에는 I형에게 어떤 일을 순순히 맡기기도 한다. 그러면 I형은 "나를 인정하는 건가?"라는 생각을 하게 되고, 다시 믿고 일을 하게 된다. 하지만 그것은 그 당시 그 일을 할 사람이 그 I형 밖에 없기 때문일 수 있다. 이후 I형이 일을 한 결과를 가지고 "왜 행사 때 그런 말을 했어요? 상황을 보고 했어야죠?"라는 책망을 하는 사람이 있다. 이런 I형의 상황 파악에 대해서 어떻게 생각하는가? 아직 노련하지 못한 모습이다. 명령을 내린 사람은 자신의 틀에 맞게 일을 해 달라고 명령을 내린 것인데, I형은 자유롭게 하라는 것의 의미에 혼란을 계속 겪으며 그 상황을 반복한다. I형에게 자율성을 줄 때에는 어느 정도의 자율성인지 확실하게 설명을 해 줘야 한다. 왜냐하면 다른 유형이 생각하는 자율과 I형이 생각하는 자율은 달라도 너무나 다

르기 때문이다.

S형 변화를 크게 필요로 하는 일을 요구할 때 밀어붙이지 않기

회의를 한다. 어떤 행사를 하기로 결정했다. 그런데 그 행사를 하기 위해서는 많은 일들을 준비해야 한다. 모두 다 준비하는 것을 암묵적으로 동의하고 회의를 마쳤다. 그런데 시간이 지나 진행 상황을 확인해 보니 S형은 한 일이 거의 없는 것이다. 전체 총괄 담당자가 S형에게 물어본다. **"아니 왜 이 정도 밖에 준비를 못했어요? 같은 날 다 같이 회의를 하고 준비를 시작했는데 이게 뭐에요? 아무것도 한 것이 없네요. 하기 싫어요?"** S형이 가장 싫은 일이 변화를 크게 요구하는 일이다. 어떤 일을 맡게 되면 마음에 큰 부담을 느끼고 안절부절 못하게 된다. 이럴 때 **"모두 하실 수 있죠?"** 라고 물어보면 답변 자체를 하지 못한다. 그러면서 S형 마음 속에는 갈등이 시작된다. S형의 '답변 없음'은 Yes라는 의미가 전혀 아니다. No라고 답을 한 건데 말로 표현하지 않았을 뿐이다. 그리고 시일이 지나 왜 못했냐고 추궁을 한다면 이들은 속으로 **"제가 한다고 한 적 없는데요? 그리고 저는 이런 일 못해요."** 라고 말한다. 책망을 듣는 순간에도 이런 속마음을 말로 꺼내지 않을 가능성이 크다. S형은 자신의 판단을 쉽게 이야기하지 않는다. 특히 부담을 느끼는 결정은 더욱 그렇다. 그래서 S형의 침묵이 No라는 것을 미리 알고 적절하게 판단을 해야 한다. S형에게 **"이제는 자신의 속마음을 분명하게 표현하세요."** 라고 권유를 할 수도 있지만 그런다고 S형이 한순간에 바뀌지는 않는다. 내가 오히려 S형의 반응을 통해 속마음을 알아보는 눈을 갖는 것이 더 빠를 것이다.

C형 꼼꼼하게 하라고 해 놓고 간략한 것 요구하지 않기

C형은 언제나 꼼꼼하게 준비를 하는 사람들이다. 특히 일에 대해서는 더욱 그렇다. 회의를 할 때에는 분명 세부적으로 내용을 준비해서 제출하기로 했는데, 막상 그렇게 정리를 했더니 "**이렇게 작성하면 누가 봐요? 제가 시간이 많은 줄 알아요? 한 장에 보기 편하게 작성해서 다시 제출하세요. 자신만 생각하니까 이렇지. 볼 사람을 생각해서 작성해야지...**"라고 말을 한다면 C형은 매우 큰 배신감을 느낀다. 회의 때 한 말과 나중의 평가가 너무나 다르기 때문이다. 그리고 이 보고서는 세부적인 내용이 꼭 필요한 것이 맞는데, 한 장으로 정리를 하라고 하니 그것은 명령자의 능력까지도 의심스럽게 된다.

C형의 준비는 때로는 과도하다고 느낄 수도 있다. 하지만 준비는 허술한 것이 문제지 과한 것은 문제가 되지 않는다. 오히려 C형에게 "**정리를 아주 꼼꼼하게 잘 하셨네요. 제가 찬찬히 읽어 볼게요. 좋은 내용이 있을 것 같아요. 전체 내용을 요약한 것을 앞에 붙여 주시면 더 좋을 것 같아요.**"라고 말하면 C형은 그 요약도 정성스럽게 정리를 해서 붙인다. 더 완벽한 보고서가 될 것이다. 일을 두 번하지 않게 처음부터 지시를 명확하게 해주는 것이 필요하다.

C형은 지시를 한 내용에 대해 꼼꼼하게 정리를 하는 사람인데 나중에 그 꼼꼼함을 오히려 비판한다면 C형은 그때의 황당함으로 그 일에서 빠지고 싶어한다. 리더의 불명확함을 또 겪고 싶지 않은 것이다.

지금부터는 직장 선후배에 관한 내용을 집중적으로 살펴보려고 한다. 이 책을 보는 독자 중에는 현재 직장에서의 갈등 때문에 이 책을 선택한 사람도 있을 것이다. DISC 강의를 신청한 분들 중 상당수가 이런 갈등의 어려움을 해결하고 싶어 했다. 다양한 리서치 결과를 종합해 보더라도 직장인의 가장 큰 스트레스의 요인은 선·후배 간의 갈등이다.

직장인 95.8%가 상사와 갈등을 경험했다는 조사 결과[*]가 있다. 그 원인으로 '일관성 없는 업무 지시'64.5%, '업무 범위 외 지시'38.9%, '성격 차이'35.9% 등이 보고되었다. 상사와의 갈등이 심할 경우 이직을 고려하는 결과로 이어지기도 하는데, 이직을 결심한 사람들을 대상으로 한 조사 결과[**]에 따르면 가장 큰 퇴사 이유는 '사람이 싫기 때문'81%으로 나타났다. '일이 싫기 때문'의 비율은 19%다. 사람 사이의 갈등이 조직 생활에 얼마나 큰 영향을 미치는지 알 수 있다. 선배와의 갈등이 생기면 스트레스 증가, 퇴직 및 이직 결심, 업무 동기부여 약화, 애사심 저하, 업무 집중력 저하와 같은 일들이 벌어지게 된다. 선후배가 서로에 대한 이해도를 높이고 갈등을 관리하는 것은 조직 생활을 넘어 개인적 삶에도 큰 영향을 미친다. 안타깝지만 조직에

[*] 잡코리아 설문조사, www.ftoday.co.kr/news/articleView.html?idxno=78204 파이낸셜투데이, 2017.07.26, 김우진기자

[**] 사람인 설문조사, digital.chosun.dizzo.com/site/data/html_dir/2019/03/26/2019032680050_01.html 디지털조선일보, 2019.03.26, 권연수 기자

모호한 상황 제거하기 179

서는 선배를 내 마음대로 쉽게 선택할 수 없다. 그리고 그를 변화시키기도 어렵다. 다행인 점은 평생 그 선배와 함께 할 것은 아니라는 점이다. 함께 있는 기간 동안에는 어떤 해결책이 필요하다. 이 때 DISC에 대한 이해가 도움이 될 수 있다. 실제로 DISC 강의를 마친 후에 "조금 더 빨리 알았다면 좋았겠어요."라는 긍정적 피드백을 듣게 된다.

후배만 선배와의 갈등으로 힘들어 하는 것은 아니다. 선배 역시 후배와의 갈등으로 어려움을 겪는다. 후배와의 갈등 원인에 대한 조사*에 따르면 '업무 완성도 부족으로 일을 떠안게 됨' 45.3%, '적극성 부족' 36.3%, '개인주의 성향으로 팀 내 화합 어려움' 30% 등을 원인으로 말한다. 보직자 리더십과정에서 만난 많은 리더들은 후배들과 어떻게 소통하는 것이 좋을지, 기존 세대와는 달리 승진에 관심 없는 후배들을 어떻게 동기부여를 시킬지 난감하고 어렵다는 하소연을 한다. 충분히 공감이 되면서도 안타깝다. 선배 역시 후배를 자세히 관찰할 필요가 있다. 그들이 언제 만족감을 느끼고 동기부여가 되는지, 업무를 어떻게 알려 주고 지시할 때 업무의 완성도가 올라가는지 후배들의 행동 스타일을 잘 관찰하고 그에 맞는 소통을 해야 한다. 관계가 좋아진다면 업무의 완성도도 함께 올라가는 경험을 해볼 수 있을 것이다.

물론 DISC가 갈등을 관리하는데 만병통치약이라는 것은 절대 아니다. 다만 상대를 내 관점에서 좋은 사람, 나쁜 사람, 성실한 사람, 게으른 사람, 스마트한 사람, 답답한 사람 등으로 빨리 판단해 버리는 실수는 하지 말아야 한다. 지금까지 사람에 대한 자신의 판단 기준이 올바르지 않을 수도 있다는 것을 받아들이고 DISC가 말하는 선후배의 내용을 살펴보자.

선배 대처하기

선배가 D형일 때

선배 K는 우리팀의 기획전문가다. 팀의 전략 기획을 수립하고, 큰 그림을 그리는데 K만한 사람은 없다. 회사 내에서 K의 책임감과 업무 추진력은 누구도 이의를 제기할 사람이 없을 정도다. K는 자신의 상사가 원하는 것이 무엇인지 빨리 파악하고, 최대한 빠른 시간 내에 상사가 만족할 만한 보고서를 제출하여 상사의 업무를 돕는다. K의 보고서가 업무의 기준이 될 때가 있는데, 후배나 관련자가 보고서와 관련한 질문을 할 때가 종종 있다. 이때 K는 언제나 다소 언성이 높고 날카롭게 답변을 한다. "아니, 이걸 왜 몰라요? 공부 좀 하세요. 공부 좀!"

사람들은 K에게 물어볼 내용이 있지만 그에게 직접 물어보기를 꺼리게 된다. 누군가가 "이 부분은 제가 잘 모르고 그것은 K에게 물어보면 알 수 있을 거에요."라고 말하면, 대부분 "아니에요. 여기까지만 알아도 충분해요."라고 말을 한다. K에게 말을 거는 것이 불편한 것이다. 그렇다면 그의 직속 후배는 어떨까? 그도 동일하게 생각한다.

나 자신이 K의 후배라고 생각해 보자. K는 회사에서 매우 주도적으로 행동한다. 이런 K와 협업을 하려면 어떻게 소통하는 것이 좋을까? 몇 가지 포인트를 살펴보자.

속도는 빠르게 하자

D형은 오래 기다리는 것을 힘들어 한다. D형은 자신이 후배일 때에도 선배에게 제출해야 하는 보고서가 있다면 서둘러서 진행한다. D형의 업무 시계는 나의 업무 시계보다 얼마나 빨리 돌아가고 있는지 미리 확인할 필요가 있다. 금요일까지 보고해 달라는 요청을 받았다면 적어도 수요일 오후나 목요일 오전에 1차 보고를 해서 피드백을 받은 후 금요일에 최종본을 제출하는 것이 좋다. 자신이 만약 느긋한 성향을 가진 사람이라면 D형 선배와 일할 때는 시간 관리를 철저히 할 필요가 있다. 만약 금요일까지 보고를 해 달라는 요청을 받은 후배가 금요일 점심시간이 될 때까지 아무런 보고가 없다면 갈등은 이미 커지고 있다고 보면 된다. 갈등을 관리하기 위해서는 상대와 나의 잠재적 갈등 요인을 미리 파악해야 하는데 여기에서는 보고의 시점이 그 요인이 된다.

잡다한 이야기보다 일중심으로 대화하자

D형은 일에 에너지를 많이 쓰는 사람이다. 그래서 후배와 차 한잔 하는 자리에서도 대화는 자연스럽게 일에 대한 것으로 향하게 된다. 이런 D형 선배와 업무적 대화를 나누는 자리라면 더욱 일 이외의 가벼운 이야기를 하는 것을 주의해야 한다. 바로 본론으로 들어가 업무적 대화를 나누는 것이 좋다. D형은 상대에 대해서 '이 사람은 왜 이렇게 쓸 데 없는 이야기를 하는 거지?'라는

의구심을 가지며 슬슬 짜증을 내기 시작한다. 물론 그런 D형 선배가 일상적 대화를 먼저 시도한다면 그때는 편하게 소소한 대화를 나눠도 된다. 언제 일적인 대화를 하고 언제 사소한 대화를 하는지 살펴볼 필요가 있다.

질문은 업무 초반에 하자

D형 선배가 후배에게 주로 하는 말이 있다.
"아니, 그걸 왜 지금 말해?"
"왜 질문도 안하고 혼자 생각으로 끝까지 했어?"
물론 후배가 빨리 말하지 못하는 이유가 있을 수 있다. 질문하기 어려운 분위기가 조성되어 있거나, 선배가 너무 바빠서 질문할 수 있는 시점을 주지 않았을 수도 있다. 이런 선배에게 질문을 하는 것이 어렵다고 계속 미루거나 포기해 버린다면 더 큰 문제가 생길 수 있다. 필요한 질문이라고 생각된다면 차라리 초반에 빨리 물어야 한다. 업무 초반에 전체 방향성, 선호하는 방법 등에 대해서 선배의 생각을 꼭 들어보고 진행하자. 이미 선배의 머리 속에는 원하는 계획이 있을 수 있다. 후배가 그것을 따라 주지 않는다면 그 결과는 갈등이 될 수밖에 없다.

보고는 결과 중심으로 하자

후배는 자료를 열심히 준비해서 체계적으로 보고를 하고 있다.

그런 가운데 선배가 불편한 듯한 표정으로 갑자기 말을 꺼낸다.
"그래서 결론이 뭔데?"
"됐고, 자료는 나중에 볼 거니까 중요한 것 중심으로 먼저 말해 줘."

이런 말을 듣게 되면 후배의 기분은 좋을 리 없다. 후배는 첫 페이지를 설명하고 있는데, 성격이 급한 D형 선배는 전체 5페이지 보고서의 4페이지를 넘기고 있다. 이럴 때 참 난감하다. 나도 4페이지로 넘어가서 설명을 해야 할지, 아니면 지금 속도 그대로 보고를 이어 나갈지 혼동스러울 것이다. D형 선배에게 보고를 할 때에는 보고서 맨 앞장에 요약 내용을 반드시 넣자. 성격이 급해서 한 페이지씩 설명을 듣지 못하는 사람이다. 그런데 설명까지 느리게 하면 D형은 화를 내게 된다. 그래서 요약된 페이지를 맨 앞에 놓고 세부적인 것은 뒤에서 찾아볼 수 있도록 하는 것이 좋다. 발표를 할 때에는 이 보고서의 핵심 내용 즉, 보고의 목적, 보고의 핵심 내용, 결론을 1분 내에 말하는 것이 좋다. D형 선배가 만족해 하는 것을 경험하게 될 것이다.

반박을 할 때에는 수용을 먼저 하자

D형이 언제 스트레스를 받을까? 일이 자신의 뜻대로 되지 않을 때, 상대와의 경쟁에서 지고 있을 때 즉, 자신이 예상한 대로 상황을 장악하지 못할 때 D형은 스트레스를 받는다. 그때 D형은 표정과 말투로 현재 자신이 스트레스 상황이라는 것을 표현한다. 당연히 대화의 분위기는 불편해질 수밖에 없다.

이런 D형에게 후배가 다른 의견을 낼 때 그것은 단순한 의견이 아닌 자신에 대한 도전이라고 생각한다. 그래서 D형이 있는 자리에서는 '지혜로운 반박'을 해야 한다. 그렇지 않으면 D형의 공격을 받게 될 것이다.

먼저 선배의 의견에 공감을 표현한다. 공감을 충분히 표현함으로써 그의 감정을 보호하는 것이다. 공감 후에 나의 의견을 이야기하자. 마지막으로 나의 의견에 대해 선배는 어떻게 생각하는지 의사 결정의 주도권을 선배가 갖도록 만들어 주자.

"선배님이 말씀하신 방법도 이런 측면에서 도움이 될 것 같습니다. 제가 미처 생각하지 못했던 부분이네요. 그런데 지난번 이 프로젝트는 무엇보다 효율성이 중요하다고 말씀하셔서 제가 효율성이라는 측면에서 방법들을 찾다 보니까 이런 방법이 그 측면에서 가장 효과적으로 보였습니다. 어떻게 생각하실지 궁금합니다."

선배의 의견에 공감하고, 다시 한번 선배의 의견을 물어본다면 선배 입장에서도 자신에 대한 도전이라는 생각은 쉽게 하지 않을 것이다.

그가 화를 낼 때 나의 마음을 챙기자

D형 선배는 책임감이 강하고, 의리도 있고, 후배 챙기는 마음도 강하다. 그래서 후배들은 D형 선배에게 크게 의지하기도 한다. 그런데 그런 D형이 스트레스를 받을 때 보여주는 다소 공격적이고 거친 표현은 때로 후배의 마음에 상처가 되기도 한다. 선

배의 공격 표현이 심할 때는 좌절감, 무기력을 넘어서 수치심까지 느끼게 된다. 그래서 강한 D형 선배와 일을 하게 된다면 언젠가는 감정적으로 힘든 상황이 벌어질 수 있다는 것을 미리 예상하자. 실제로 그와 같은 일이 벌어진다면 나 자신의 감정을 돌보고 마음을 챙겨야 한다. 상한 감정 그대로 방치하면 점점 힘들어진다. 우리의 몸과 마음은 유기적으로 연결되어 있다. D형의 공격을 그대로 두면 마음의 건강 뿐만 아니라 몸 건강까지도 안 좋아질 수 있다는 점을 알고 대비하자.

선배가 I형일 때

P팀장은 사내에서 열정과 긍정의 아이콘으로 통하는 사람이다. 사내 대다수의 사람들과 두루두루 네트워크를 형성하고 있고, 여러 프로젝트를 동시에 관리하는 데도 지치는 기색 없이 늘 활기가 넘치는 것을 보여준다. 프로젝트 회의를 진행할 때 각 담당자들에게 하는 질문을 보면 어떻게 그 다양한 프로젝트의 핵심을 다 파악하고 있는지 궁금할 정도다. 게다가 더 놀라운 것은 P팀장에 대한 고객들의 충성도가 높아서 다른 팀에 프로젝트를 넘기고 싶어도 고객의 요구 때문에 P팀장 팀으로 일이 배정될 수밖에 없다는 것이다.

P팀장의 고객관리 노하우를 한번 자세히 들여다보았다. 그는 고객에 대한 공감 능력이 뛰어나고, 자신이 파악한 고객의 니즈를 어떻게 해결할 것인지 대처 능력도 뛰어나다. P팀장과 동행한 J선임은 늘 놀랍기만 하다. "어떻게 똑같은 설명도 P팀장님이 하면 더 멋지게 들리지?" 게다가

임기응변 능력도 뛰어나서 준비해 가지 않은 질문에도 그때그때 유연하게 답변을 하기 때문에 고객을 실망시키는 일이 별로 없다. 힘들게 고객 영업을 하지 않아도 프로젝트가 넘쳐나는 이 팀의 팀원들은 좋기도 하지만 힘든 점도 있다. 이 일 저 일 너무 벌려 놓은 일이 많아서 그것들을 모두 감당하려면 팀원들은 늘 바쁘다. 게다가 새롭게 떠오르는 아이디어를 일관성 없이 계속 이야기하는 P팀장 때문에 프로젝트 진행을 여러 번 뒤엎은 적도 있다. 기준과 우선 순위가 종종 바뀔 때 명확한 기준에 대한 요구를 해 봤지만 "일이란 게 그렇게 정해 놓은 대로 딱 되지 않아. 좀 더 유연하게 접근해 보라고."와 같은 답변을 듣곤 했다.

사람 중심이면서 외향적인 P팀장은 변화를 즐기고, 관계 맺는 것을 어려워하지 않는다. 사교적인 P팀장이 당신의 상사라면 어떻게 소통하고 업무를 수행하는 것이 좋을까?

공감과 인정의 표현을 수시로 하자

선배도 후배와 다르지 않게 공감과 인정을 원한다. 특히 사교형 선배라면 더욱 그렇다. 사교형의 핵심 욕구가 '타인으로부터의 인정'이라는 점을 잊지 말자. 말하는 것을 좋아하는 사교형 선배와 대화를 할 때 때로는 긴 대화에 지쳐 한쪽으로 듣고 한쪽으로 흘리는 상황이 올 수도 있다. 이러한 상황에서 상대의 반응에 민감한 I형은 공감과 인정을 받지 못하여 욕구가 충족되지 않아 부정적 감정을 느끼게 된다. 따라서 I형 상사를 동기부여하고, 함께 시너지를 내기 위해서는 먼저 그의 말에 공감하고,

그의 공헌에 인정하는 표현을 수시로 해 주는 것이 필요하다.

긍정성과 열정을 표현하자

A "아, 좋은 생각이에요. 제가 한 번 해 보고 진행 상황을 말씀드릴께요."
B "아, 말씀하신 부분이 일리가 있긴 한데, 과연 가능할지 의문입니다.
　일단 해 보고 말씀드릴게요."

A와 B 둘 다 일단 해 보고 진행 상황을 보고 하는, 즉 후속 조치를 한다는 점은 동일하다. 다만 표현이 다를 뿐이다. 상황에 대해 확신이 서지 않아 B와 같이 이야기할 수도 있겠지만 I형 선배와 대화할 때에는 가급적 긍정적인 방식으로, 그리고 그 일에 대한 열정을 표현하는 방식으로 대화를 하는 것이 좋다. 긍정성과 열정이 느껴지는 조직 문화를 중요하게 생각하는 I형 선배 입장에서는 같은 일을 하더라도 좀 더 열정을 가지고 하는 사람을 더 돕고 싶고, 성장시켜 주고 싶은 마음이 있다는 것을 기억하자. 그래서 위 A, B 중에서 B보다 A를 더 좋게 여길 가능성이 크다.

창의적이고 새로운 아이디어를 제안하자

늘 반복적이고, 동일한 방식으로 일하는 것보다 새롭고 참신한 변화를 즐기는 I형은 일을 할 때에도 새로운 아이디어를 환영한다. 직관적이고 의사 결정이 빠른 I형 선배에 대해서 변덕스러운 사람이라고 느낄 수 있다. 하지만 관점을 달리해서 보면 남들과 차별화된 독특한 아이디어를 중요하게 생각하는 사람으로 볼 수도 있다. I형 선배와 일을 할 때에는 '무엇을 새롭게 시도해 볼까?', '차별화 포인트를 무엇으로 할 것인가?', '이전에 시도해 보지 않았던 새로운 방법은 없을까?'에 대해서 고민해 보는 것이 좋다. I형 선배는 더 신나서 매우 참신한 의견을 내놓게 된다. 둘의 시너지는 커지고 일의 효율성도 오르게 된다.

업무 수행 전에 충분한 대화를 통해 선배의 의도를 파악하자
중간 점검도 충분히 하자

A "지난번엔 A 업무를 빨리 하는 게 중요하다고 말씀하셔서 급하게 서둘렀는데, 이번에 A보다 B를 먼저 보자고 하셔서 좀 당황했습니다. A보다 B가 우선이었나요?"

B "선배님, 제가 지금 A 진행 중에 있습니다. 혹시 더 급한 게 있을까요?"

I형 선배와 일을 한다면 A보다는 B와 같이 소통하는 것이 좋다. 선배의 요구 기준이 달라질 수 있다는 것을 미리 파악하고, 그로 인한 어려움을 예방해야 한다. 그렇지 않으면 초기 업무 지시 때와 달라진 선배의 생각으로 인해 당황스러운 순간을 경험하게 될 것이다. 그때그때 변화하는 상황에 유연하게 대응하는 것이 장점인 I형은 시간이 흐르면서 자신도 모르게 의사 결정의 기준을 바꾸기도 한다. I형 선배와 업무를 수행할 때 이전에는 A와 같은 대화를 했다면 이제는 업무 시작 시점에 B와 같이 질문을 해보자. 수시로 변하는 I형의 의도를 파악할 수 있는 질문

이다.

그리고 업무 수행 중간에도 현재 진행 중인 일에 대한 간단한 브리핑을 하자. 그러면서 변화된 상황은 있는지, 선배의 의도와 나의 업무 수행 방향에는 어떤 차이가 있는지도 확인할 수 있다. '변덕스러운 선배', '너무 맞추기 힘든 선배'에서 '유연한 선배', '생각의 변화를 중간에 확인해야 하는 선배'로 생각을 전환한다면 업무 생산성도 함께 올라갈 것이다.

개인적 질문도 관심의 표현임을 이해하자

"우리 팀장님은 가끔 지나치게 개인적인 것들을 질문할 때가 있어요. 정말 당황스러워요."

오픈하고 싶지 않은 개인사에 대해서 질문을 하는 선배들이 있다. 이때 당황하는 후배들의 어려움은 충분히 공감한다. 굳이 밝히고 싶지 않은 부분에 대해 억지로 답변할 필요는 없지만 거절을 할 때에도 상대가 무안하지 않도록 배려하는 센스는 필요하다. 특히 I형 선배는 나쁜 의도가 아니라 그저 사람에 대한 호기심과 관심의 표현으로 종종 개인적인 정보를 알고 싶어 질문하는 경우가 있다. 그의 의도는 이해하지만 그럼에도 불구하고 이야기 하고 싶지 않은 상황이라면 자연스럽게 다른 주제로 이야기를 전환하거나, 그 부분은 어떤 이유로 밝히기 어려운지 설명을 하는 것도 좋겠다. '왜 이런 걸 질문해? 불편한 사람이야.'라고 생각만 하고 침묵해 버리면 선배는 후배에 대해서 오해하게 된다. I형 선배도 후배로부터 거부당했다는 느낌을 갖게 된다. 무조건 불편하다고 생각만 할게 아니라 부담스럽고 불편한 질문이라는 것을 부드럽게 표현하자.

선배가 S형일 때

H선임은 말수는 적지만 따뜻한 사람이다. 약 30명이 되는 조직의 리더인 그녀는 가급적 지시하기보다는 여러 사람의 말을 듣고, 최대한 의견을 반영한 결정을 내리려고 애써 왔다. 또 자신이 도와주지 못할 상황에서는 굳이 대화를 하더라도 의미가 없기 때문에 마음이 쓰이고 안타깝지만 침묵할 때가 종종 있었다. 그러던 어느 날 마음이 잘 맞고 서로 대화를 자주 하던 가까운 후배가 조심스럽게 말을 걸어 왔다.

"H선임님, 이 사람 저 사람 의견 모두 다 듣고, 따뜻하게 챙겨주는 건 너무 좋은데요. 가끔은 선임님 생각을 명확하게 얘기해 주셨으면 해요. 빨리 결정해 주셔야 효율적으로 일을 할 수 있을 때도 있거든요."

H선임은 생각이 많아졌다. "그동안 가급적 구성원을 배려해서 일방적인 의사 결정을 내리지 않은 건데, 나의 이런 방식에 불만들이 많은가 보네. 그렇다면 이제 어떻게 해야 하지? 뭐든 결정하고 빨리 지시하는 게 맞을까?" 고민하는 시간이 길어질수록 구성원들은 어렵고 힘들어 한다. 빠르게 의사 결정을 하는 것을 요청 받았지만 오히려 이전보다 더 느려진 것 같아 불안하다.

H선임과 같은 사람 중심의 내향적인 S형 선배와 일을 할 때에는 어떻게 해야 업무적 시너지가 높아질까? 특히 자신이 외향적

이고 빠른 성향의 후배라면 S형 선배와 일할 때 알아두면 좋은 팁을 기억하자. '다름'에서 오는 차이를 '옳고 그르다'로 판단하게 되는 실수를 범하지 말자.

재촉하기 보다 여유 있는 대화를 시도하자

"선배님, 저 지금 바로 실행해야 하는데 결재 승인 좀 해 주세요."
"선배님, 아직 승인이 안 난 것 같은데, 바로 안 되나요?"
급한 마음에 아무리 선배를 재촉해도 S형 선배는 내 맘처럼 속도를 내지 않는다. 이럴 때 S형 선배는 종종 '책임을 회피한다', '느긋하다'는 오해를 받기도 한다. 그러나 S형 선배의 스타일을 알고 나면 오해보다는 시너지를 낼 수 있는 방법을 찾게 된다. S형 선배는 생각이 많고 일을 할 때에는 확실하게 그림이 그려져야 실행에 옮기는 스타일이다. 그래서 남들보다 시간이 많이 필요하다. 일을 진행하는데 필요한 시간이 아니라 결정을 하는데 걸리는 시간이 더 필요하다. '지금 당장'이라는 요청은 S형에게는 적합하지 않다. 중요한 일일수록 사전 소통이 중요하다. 해당 업무를 어떻게 진행할 것인지, 일정과 일하는 방식은 어떻게 할 것인지에 대해서 함께 대화를 나누는 시간을 배정하자. S형 선배가 어떤 부분에 대해서 의사 결정을 내려주기를 바라는지도 이야기함으로써 업무에 대한 밑그림을 함께 그려 나가는 것이 좋다. S형 선배는 강력한 지시를 하지 않고 업무 개입도 거의 하지 않는 사람이다. 그래서 S형 선배와 자유로운 조건에서 일하는 것이 좋기는 하지만 선배가 생각하는 방향성을 명확하게 밝히지 않는다. 이럴 때는 선배가 먼저 말하기를 기다리는 것보다 먼저 질문을 하는 것이 필요하다.

감사 표현을 아끼지 말자

S형은 따뜻하고 배려심이 깊은 사람이다. 상대의 이야기를 끝까지 잘 들어주고, 공감을 해줌으로써 후배에게 편안한 분위기와 기회를 제공하는 사람이다. 이럴 때 자칫 '이 선배는 본래 이런 스타일이니까'라고 당연하게 받아들일 수 있다. 그래서 S형에게 소홀하게 대할 수 있다. 하지만 S형 선배를 동기부여하고, 함께 시너지를 내고 싶다면 S형 선배의 고마움을 당연시하지 말고 표현하는 것을 권한다. S형은 감사에 대한 표현을 확인하고 싶어 한다.

의사 결정을 요청할 때에는 선택지를 제시하자

S형 선배에게 빠른 의사 결정을 요청할 때에는 "선배님, 어떻게 할까요?" 보다는 "선배님, A방법과 B방법을 고민해 봤는데요. A방법의 장점은 이러하고, B방법의 장점은 저렇습니다. A방법과 B방법 중 어떤 것이 좋을까요?"처럼 구체적인 선택지를 제시하는 것이 좋다. 명확한 선택지가 있을 때 고민 시간은 줄고 선택의 순간은 빨리 온다. 급할수록 구체적으로 제시하자.

안정적인 것을 선택하자

새로운 도전과 변화를 지향하는 D형, I형과는 달리, S형은 안정을 선택한다. S형 선배와 업무를 할 때에는 불확실한 도전을 할 때 반응이 좋지 않다는 것을 알 수 있다. 이미 검증된 것, 많은 사람들이 선호하는 것을 선택하고 싶어한다. 그래야 마음의 불편함이 적어지기 때문이다. 만약 새로운 시도를 하려고 한다면 타사에서는 어떻게 성공을 했는지 그 성공 사례들을 조사하고 제시하자. S형이 불안감을 느끼지 않도록 준비하자. 그러면 의외로 일이 술술 풀리는 것을 경험할 수 있다.

매너 있는 태도를 취하자

S형 구성원의 비율이 높은 한 기업에서 워크숍을 진행한 적이 있었다. S형 관리자들에게 후배와 일할 때 '가장 기분 나쁜 순간이 언제인가?'라는 질문을 한 적이 있었다. 그때 공통적인 답변이 있었다. '후배가 매너 없게 대화를 할 때', '기본 예의를 갖추지 않을 때' 등 매너와 예의라는 키워드가 많이 등장했다. 그만큼 S형들은 타인에게 매너와 예의를 갖추는 것을 중요하게 생각한다. 자신이 타인과 소통할 때 중요하게 생각하는 가치를 상대도 중요하게 지켜주기를 바라는 것이다. 하지만 우리는 평소에는 매너를 잘 지키다가도 아주 급하거나 스트레스를 받을 때 그것을 잊게 되기도 한다. 또한 정말 가깝다고 생각하는 사람에게도 너무 편하게 대하지 않는가. 이렇게 매너와 예의를 내

려놓을 수밖에 없는 순간에도 상대가 S형이라면 다시 챙겨서 소통을 하자. S형은 급하게 요구하는 사람들이 아니기 때문에 나의 마음만 잘 정리하면 쉽게 지킬 수 있는 내용이다.

선배가 C형일 때

팀장 L이 현 부서로 부임했던 1년 전, 그는 팀원들에게 보고서 작성과 관련하여 2가지 가이드를 제시했다. 첫째, 모든 보고는 데이터와 수치 중심이어야 한다. 둘째, 형용사와 부사 등 수식어는 최대한 배제해야 한다. L의 가이드에는 지침과 함께 예시도 상세히 설명되어 있었다. 예시가 있었지만 처음 L의 메일을 받았을 때 팀원 모두는 매우 난감한 마음을 감출 수 없었다. 그 동안 수치와 데이터를 중요하게 다루지 않은 것은 아니지만 L의 가이드는 우리의 숨통을 막는 것으로 느껴졌다. L의 요구에 맞게 보고서를 작성해보니 작성 시간도 기존보다 2배 가량 오래 걸렸고, 그에 따라 에너지도 훨씬 많이 소진되었다.

L은 보고서 검토에서도 빈틈이 없음을 보여줬다. 이전 팀장과는 달리 모든 보고서는 메일로 먼저 보내게 했고, 대면 보고 전에 그것을 꼼꼼히 읽고 왔다. 보고자가 보고를 하려고 하면 그 때부터 L의 질문이 시작되었다. 어느 부분에서 이전과 수치가 다르게 작성되어 있는데 그 이유가 무엇인지, 데이터 분류의 카테고리가 논리적이지 않은데 왜 이렇게 했는지, 향후 어떤 단계로 업무를 추진할 것인지 매우 매서운 질문을 했다. 보고자의 말문이 막히게 되는 일이 많이 벌어졌다.

과장 M은 팀장 L을 특히 어려워한다. M은 시원 시원한 스타일이고, 흔히 말하는 '사람 참 좋다'라는 평가를 듣는 사람이다. M은 L과 1년을 함께 일했지만 L은 좀처럼 자신의 개인적인 이야기를 오픈하지 않았다. 일에 대해서도 꼭 필요한 말만 했는데, M은 이런 L을 대할 때 늘 조심스러울 수 밖에 없었다. L의 디테일하고 정확한 업무 처리 덕분에 어수선했던 팀 내 분위기는 개선되었다. 역할 분담이 확실히 정리되었고 업무 프로세스도 효율적으로 조정이 되었다. 불필요하거나 형식적인 일에 낭비되던 시간도 줄어들었다.

팀장 L은 매우 정확하고 체계적인 C형의 사람이다. 그의 스타일을 DISC 유형으로 이해하게 되면 감정 낭비 없이 업무 효율성을 높일 수 있다. 신중형인 L과 어떻게 업무 시너지를 낼 수 있을까? 몇 가지 포인트를 살펴보자.

업무 수행에 대한 선배의 기준을 먼저 파악하자

업무 수행에 대한 유연성이 높은 I형^{사교형}이나 S형^{안정형}과 달리 C형^{신중형}은 업무에 대한 기준이 매우 명확하다. 그리고 그 기준이 바뀌는 경우는 흔치 않다. 왜냐하면 C형은 다양한 자료와 데이터 분석을 통해 업무 기준을 마련했기 때문이다. 따라서 선배의 업무 기준이 파악 되지 않은 상태에서 아무리 최선을 다한들 선배의 만족을 이끌어 내기는 쉽지 않다. 업무 수행 전 이 업무 수행을 하는데 선배의 기준이 어디에 있는지 먼저 파악해야 한다. 좀처럼 먼저 다가와 말을 걸어주지 않는 C형 선배에게 어떻게 그의 기준을 확인할 수 있을까?

C형 선배에게는 질문도 구체적으로 하는 것이 좋다. "선배님, 이 보고서 어떻게 작성해야 해요?", "기준이 뭐에요?"처럼 두루뭉술한 질문은 금물이다. "선배님, 이전에 관련 보고서들을 보니까 고객사의 **업종별, 규모별, 거래 연도별로 데이터를 분석했던데요. 이번에도 동일하게 하면 될까요?**"처럼 관련 업무에 대한 데이터를 분석해 본 후 궁금한 것을 자세하게 질문하면서 선배의 기준을 파악해야 한다.

'왜'라는 질문을 미리 해 보자

논리적 사고가 자연스러운 C형은 "왜?"라는 질문을 자주 한다.
"보고서 목차에서 왜 A 부분이 먼저 제시된거죠?"
"지난번에 만족도가 0.3% 상승되었다고 했는데, 이번엔 왜 0.1%인거죠?"
"그 항목이 왜 중요한 거죠?"
"왜 그 자료를 참고했나요?"
"얼마나 많은 사람들이 그렇게 생각할까요? 왜 그렇게 생각했을까요?"
이런 질문에 대해 답변을 할 수 있다면 질문은 줄어들게 된다. 물론 답변에는 타당한 근거와 이유가 있어야 한다. 납득이 되지 않은 상태에서 C형은 그냥 넘어가기는 쉽지 않다. 답변을 할 때 전문성이 떨어지면 C형은 그를 신뢰할 수 없다. C형은 계속 '**왜~**'라는 질문을 이어갈 것이고, 그 질문은 매우 비판적으로 보일 것이다. C형의 질문의 의도는 '정확한 답변'을 알고 싶은 것이다. 그런데 상대방이 정확한 답변을 준비하지 못했으니 답변자의 자세가 제대로 되지 못한 것으로 평가한다.

C형에게 보고를 해야 할 상황이라면, 반드시 '왜?'라는 질문을 만들어 미리 자신에게 물어보자. 그리고 그에 대해서 데이터 기반의 논리적, 사실적인 답변을 준비하자. 보고 자료를 아무리 많이 준비하더라도 핵심을 빠뜨린 자료는 C형에게는 아무런 의미가 없다. 왜냐하면 '왜?'를 만족시키지 못하기 때문이다.

속도보다는 품질이 우선이다

C형 선배와 함께 일을 할 때에는 신속한 시간 관리에 초점을 두기보다는 충분한 품질 관리에 우선을 두어야 한다. 예를 들어 생산 파트에서 불량의 문제가 발생해서 그 원인을 파악하기로 했다고 하자. 이틀간 문제의 원인을 파악하기로 했다면 하루만에 빨리 불량의 원인을 파악하기보다는 이틀이라는 시간 동안 발견한 원인이 진짜 원인인지, 다른 관점에서 생각해 볼 여지는 없는지, 그 원인을 해결하면 정말 불량을 제거할 수 있는지 다양한 방면에서 관찰하고 실험해 보는 것이 좋다. 즉 속도보다는 품질에 집중해야 한다. 그렇다고 시간을 늦추라는 것은 아니다. 약속한 시간을 지키되 굳이 서두를 필요는 없고, 업무가 일찍 끝났다면 검토하고 확인하는데 시간을 할애하자.

사적인 대화보다 업무에 대한 전문적 대화를 하자

C형은 일중심인데다 내향적 성향을 갖고 있다. 자신의 사생활에 대해 이야기하는 것을 즐기지 않을 뿐만 아니라 다른 사람의 사생활에 대해서도 큰 관심이 없다. 사람중심인 후배가 개인사를 질문할 때 예의상 답변은 하지만 답변으로 끝날 뿐 후배에게 질문을 하지는 않을 것이다. 이런 C형 선배에게 서운함을 느낄 수도 있다. 후배에 대한 애정이 없는 것으로 오해할 가능성이 큰데, 개인적인 이야기를 나누는 것을 선호하지 않을 뿐이다. C형 선배와 소소한 일상 이야기, 일에 지친 마음을 푸는 이야기를 나누는 것을 기대하지 말자. 그와는 업무와 관련한 최신 동향, 새로운 기술, 이전에 몰랐던 정보 등을 주제 삼아 대화하는 것이 훨씬 적합하다. 그 과정에서 업무적 신뢰감과 양질의 관계 형성이 가능함을 발견할 것이다.

선배의 무표정에 주눅 든 마음을 챙기자

C형 선배들에 대한 평가로 '다가가기 어렵다'는 것이 많다. 어딘가에 생각이 잠겨 있는 골똘한 표정, 그리고 무표정일 때가 많다. 두 표정 모두 친근한 분위기를 주지는 않는다. 특별한 이유가 없는 한 타인에게 먼저 말을 거는 경우도 드물어서 "**저는 저 C형 선배와 하루 종일 말 한 마디를 안 할 때도 있어요.**"라는 이야기를 듣기도 한다. 선배와 후배 둘 다 C형이라면 하루 종일 말하지 않고 일을 할 수 있다. 그리고 서로 불편하지도 않다. 하지

만 후배가 사람 중심인 S형이나 I형이라면 감정적으로 답답하고, 때로는 "내가 뭘 잘못했나?", "선배는 나를 싫어하는 것 같아!"와 같이 부정적인 감정을 느낄 수도 있다. 그래서 앞으로 C형 선배의 무표정에 지나치게 의미를 부여하지 말자. 그의 무표정을 가지고 나에 대한 평가로 연결하면 감정만 상할 뿐이다. C형의 무표정은 감정의 표현이 아니라 그냥 평소 C형의 표정일 뿐이다. 지금까지 선배의 DISC 행동 유형에 따라 어떻게 소통할 때 갈등을 줄이고, 업무적 시너지를 높일 수 있을 것인가에 대해 살펴봤다.

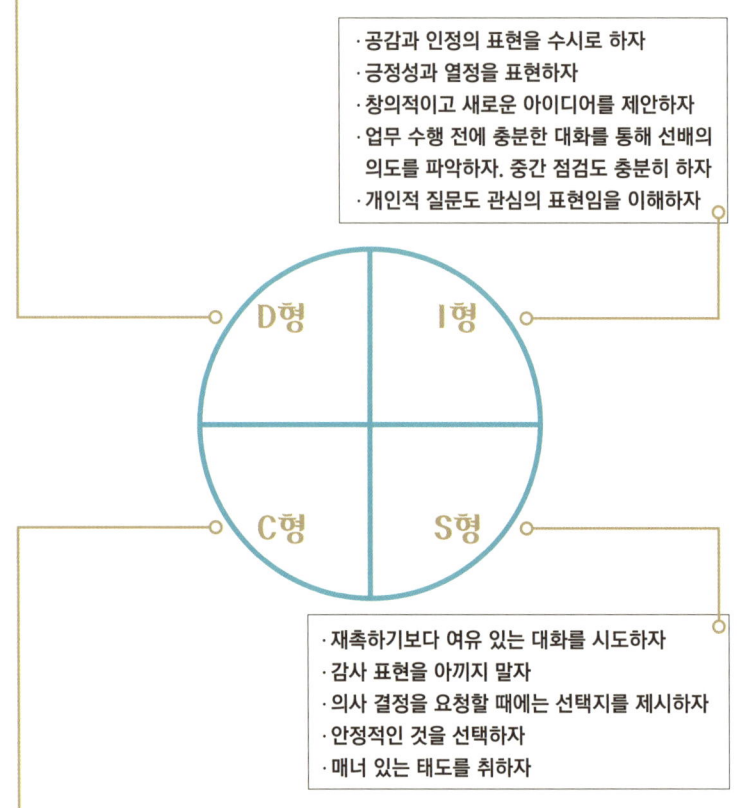

후배 대처하기

후배가 D형일 때

사내 교육 담당자인 P주임은 시원시원하다는 소리를 자주 듣는사람이다. 꼼꼼하게 챙길 것 많고 출장이 많은 일을 담당하는데도 힘들거나 어렵다는 말을 주변에 한 적이 없다. 늘 자신 앞에 있는 일을 담담하게 잘 해내는 편이다. 그러나 꼼꼼하고 세심한 그의 직속 선배는 가끔 P주임의 태도가 못마땅할 때가 있다. 교육 업무는 사내 다양한 직급의 구성원을 만나는 일이기 때문에 최대한 세심한 케어가 중요하다고 생각해서 교육 전 소소한 것까지 모두 지시하는데 P주임은 "알겠습니다. 걱정하지 마세요."라고 답변을 하고 막상 놓치는 일은 많은 편이다. 그렇다고 해서 P주임이 일을 못하는 것은 아니다. 세심한 것은 챙기지 않더라도 교육에 참여하는 선배들과 금새 가까워지고, 그들에게 필요하다고 여겨지는 중요한 것들은 반드시 챙겨서 선배들의 만족을 이끌어 낸다. 부서에서는 새롭게 시도하는 일이 있을 때 대체로 자신이 먼저 해보겠다고 자진해서 나서기 때문에 팀장님의 신뢰를 받고 있기도 하다. 이런 적극적인 모습 때문인지 평균 주임 승진 연차가 2년인데 반해 그는 1년 반 만에 승진했다.

자기 주도적이고 책임감도 강한 P주임의 선배라면 어떻게 그를 동기부여 하면서 함께 일할 것인가? D형 후배와 함께 일할 때 도움이 되는 몇 가지 팁을 살펴보자.

도전적인 업무를 제공하자

일중심의 외향적인 D형은 반복적이고 단순한 업무보다는 변화가 있고, 도전적인 업무를 수행할 때 힘이 나고 즐거워한다. 후배가 D형이라면 '현재 업무 수준은 어떤지?', '업무에 대한 변화 요구는 없는지?' 등에 대해 주기적으로 확인하는 것이 좋다. 만약 업무의 수준과 범위에 대한 변화가 요구되는 시점이라면 어떤 변화를 원하는지도 후배와 함께 논의해 보면 좋다. 그 어떤 선택일지라도 본인 스스로 했을 때 참여도와 책임감이 높아지기 때문이다.

책임과 권한을 함께 제공하자

D형 후배는 자신의 자율성이 확보될 때 업무 동기가 올라가는데 만약 선배가 지속적으로 업무 개입을 한다던가, 수시로 중간 점검을 한다면 어떤 반응을 보일까? 선배의 의도는 업무를 좀 더 잘 할 수 있도록 돕고자 했던 것이라도 D형 후배 입장에서는 지나친 개입이라고 생각해서 오히려 업무에 책임감을 느끼지 못할 수 있다. 따라서 업무 수행에 대한 책임과 권한을 동시에 주는 것이 좋다.

"이 일은 P주임이 맡아서 해 주세요. 중간 점검 주기는 어떻게 할까요? 진행하면서 필요한 도움은 언제든 요청하세요."

이렇게 말을 해 준다면 D형은 업무에 대한 주인 의식을 가지고 좀 더 적극적으로 자신의 업무를 수행하고, 그 과정에서 만족감도 느끼게 된다.

업무에 대한 큰 그림을 제시하자

업무 초기, D형 후배에게 디테일한 가이드를 줄 때 선배들은 자칫 그가 업무에 관심이 없는 것은 아닌지 우려할 수 있다. D형은 업무를 수행하기 전 미리 꼼꼼하게 업무 가이드를 챙기기보다는 그 일을 수행하면서 배우는 스타일이다. 상세한 가이드는 필요할 때 찾아 볼 수 있도록 사용법을 안내하자. 해당 업무의 배경과 의미, 성과와 혜택 등 큰 그림을 먼저 제시하는 것이 좋다. 큰 방향성에 대해 납득이 되었다면 D형은 스스로 추진 엔진에 시동을 걸 것이다. 반면 큰 그림에 대한 설명 없이 자세한 업무 지시를 하게 되면 오히려 추진력이 떨어질 수 있다. 설명을 다 듣고 잘할 것 같지만 현장에서의 모습을 보면 실수를 반복하기도 한다. D형에게는 자세한 설명보다 큰 그림이 우선이라는 것을 기억하자.

인정과 칭찬은 공개적인 자리에서 하자

"이번 프로젝트는 P주임이 맡아서 진행했는데 결과가 매우 성공적입니다." 만약 D형인 P주임을 위와 같이 칭찬하고 싶다면 그의 팀장이나 본부장 앞에서 하자. 선배와의 1:1 대화 자리에서 주고 받은 칭찬 대화보다 중요한 인사권자나 상사 앞에서 칭찬을 해주는 것이 D형의 사기를 높이는 데 훨씬 효과적이다. 특히 중요한 이해관계자들 앞이라면 더욱 그렇다. 반대로 자신이 노력한 만큼 충분한 보상과 인정이 따르지 않을 때에는 D형은 크게 실망하고, 사기가 떨어진다고 할 수 있다. 따라서 D형 후배와 일한다면 그에 대한 인정과 칭찬은 공개적으로 하고 외적으로 제공할 수 있는 보상도 함께 고려하는 것이 좋다. D형의 기를 죽이려면 반대로 하면 된다. D형 후배의 공을 가로채기 위해서 어떤 칭찬도 하지 않는 선배가 있다면 갈등은 점점 커질 수밖에 없다.

빠른 피드백을 하자

D형은 속도가 중요하다. 본인의 생각만큼 속도가 따라주지 못할 때 스트레스를 받고, 그의 스트레스 행동은 다소 공격적이고 부정적이다. 만약 D형 후배가 빠른 의사결정을 요청할 때 다소 공격적이거나 성급하다면 빨리 잘하고 싶은 그의 선한 의도를 눈치채는 것도 필요하다. D형 후배가 선배에게 매너 없이 행동한다는 불편함을 느낄 수 있는데 이런 그의 스타일을 안다면 불편함은 줄어들 것이다. 오히려 그에게 빠른 피드백을 해 주자. 만약 바로 피드백을 하기 힘든 사안이라면 언제까지 피드백을 할 수 있는지 기간을 안내하자. 빠른 속도는 D형 상사나 후배 모두 원하는 욕구라는 것을 잊지 말자.

후배가 I형일 때

대리 Y는 입사 5년차다. 현재 하고 있는 업무는 다양한 사람들을 고객으로 만나 프로젝트를 수행하는 일인데, 본인의 적성에 잘 맞는다고 생각한다. Y는 팀 내에서 특유의 긍정적이고 밝은 성격으로 분위기를 띄우는데 큰 역할을 한다. 회의 시간에도 소소한 이야기를 통해 분위기를 기분 좋게 만든다. 상사가 새로운 시도를 해보자고 할 때 Y는 나서서 호응하고, 후배들을 설득하기도 한다. 특히 후배들을 챙기고 동기를 부여하는 데에 능해서 후배들 사이에 인기가 많은 편이다.

Y는 본인의 이런 긍정적 분위기 조성을 위한 노력을 상대가 알아줄 때 가장 만족해한다. 프로젝트가 마무리 될 때 고객들은 Y 덕분에 일이 잘 끝났다며 그의 노력을 인정하곤 하는데 이것만큼 Y를 기분 좋게 해주는 것은 없다. 그 칭찬으로 인해 Y의 열정은 더욱 올라간다. 하지만 이런 Y도 유난히 예민해지고, 힘들어 하는 사람이 있다. 바로 그의 선배 팀장 P이다. P는 사람 중심의 Y와는 달리 일중심이면서 매우 빠르고 직선적인 사람이다. 업무를 지시할 때에도 간단 명료하고, Y가 다른 의견을 낼 때에는 끝까지 듣지도 않고, 효율성을 강조한다. 이럴 때 Y는 매우 무기력해지면서 말수가 적어진다. Y 특유의 긍정성을 찾아보기 힘든 상황을 P가 만드는 것이다.

여러분이 P라면 위의 이야기처럼 Y를 무기력하게 만들 것인가? 아니면 다른 방법을 사용할 것인가? Y와 어떻게 소통을 하면 갈등을 예방하고, 업무 시너지를 높일 수 있을지 살펴보자.

사람들과 함께 협력하는 분위기를 조성하자

사람 중심의 I형은 혼자 일을 하는 것보다 사람들과 협력하면서 일할 때 만족감을 느낀다. 사람들과의 관계 속에서 자신의 의미를 찾고, 일의 보람을 느끼기도 한다. I형 성향이 높은 후배라면 사람들과 소통하며 협업하는 업무를 부여하자. 혼자 할 때와 다른 그의 역량을 보게 될 것이다. 팀 분위기에도 어떤 영향을 미치는지 바로 확인할 수 있다.

충분한 공감, 인정, 칭찬을 하자

I형은 자신이 조직에 공헌한 만큼 사람들로부터 정서적 공감과 인정을 받을 때 더욱 잘하고자 하는 동기가 올라간다. 만약 매우 긍정적이고 사교적인 후배가 어느 순간부터 말이 없어지거나 예전과는 다른 태도를 보인다면 최근 그에게 공감하고 인정하는 말을 얼마나 했는지 생각해 보자. 인정과 칭찬에 인색한 선배와 일하는 I형 후배들은 특유의 긍정성을 좀처럼 드러내지 못한다.

"Y대리, 이번 프로젝트 고객이 꽤 어려운 요구를 반복적으로 요구하는데도 얼굴 찌푸리지 않고, 잘 응대해 줘서 덕분에 일이 일정 내에 해결되고 있어요. 고마워요. 이건 Y대리의 공이 큽니다."

"Y대리, 후배들이 Y대리와 일하니까 즐겁고 힘이 난다고 하던데, 분위기를 너무나 잘 살려줬어요."

위와 같이 충분한 인정과 칭찬의 말이 필요하다. 만약 선배가 같은 I형이거나 사람 중심의 S형이라면 사교형 후배의 말을 공감하고 인정, 칭찬하는데 큰 어려움이 없을 것이다. 하지만 D형 주도형과 C형 신중형인 선배들은 I형 후배에게 공감, 인정, 칭찬을 하는 것이 어렵다고 말한다. 괜히 속에도 없는 말을 하는 것 같고, 진정성이 담기지 않는 말은 의미가 없다는 의견이다. 물론 공감, 인정, 칭찬에 진정성이 담겨있어야 한다. 하지만 진정성을 논하기 전에 나는 평소에 공감, 인정, 칭찬에 인색하지는 않았나 생각을 해보자. 타인으로부터 칭찬을 듣는 것이 어색하게 느껴진다면 "난 좀 공감, 인정, 칭찬에 인색한 사람인 것 같다!"라는 생각을 해보자. 어색하겠지만 I형 후배에게는 꼭 공감, 인정, 칭찬의 말을 해보자. 그것으로 인해 I형과의 갈등을 예방할 수 있으며, 그의 잠재력까지 끌어 올릴 수 있다.

일의 과정을 재미있게 만들자

I형은 '재미'가 중요하다. 그래서 일을 할 때에도 결과만 보고 달려가지 않고 그 과정이 재미있어야 한다. 그럴 때 성과도 잘 나오는 사람들이다. 해야 할 일이 많을지라도 중간 중간 즐거움을 느낄 수 있는 화합의 시간, 일과 관련 없는 잡담의 시간이 꼭 필요하다. 만약 선배로서 I형 후배의 즐거움을 어떻게 만들어줄지 그 방법을 모르겠다면 I형 후배에게 직접 아이디어를 요청해 보면 된다.

"Y대리, 이번 프로젝트는 결과를 만드는 것도 중요하지만 그 과정이 재미있기 위해서는 무엇이 필요할까? 좋은 아이디어 없을까?"

아마 질문을 받은 Y는 본인에게 중요한 이슈인 만큼 팀에 도움이 되는 아이디어를 제공할 것이다. 이 때 Y의 노력에 감사의 표현을 한다면 더욱 시너지가 날 것이다.

회의 진행도 마찬가지다. I형 후배를 배려한다면 바로 업무 이야기로 들어가기보다는 소소한 잡담의 대화를 먼저 하자. 그러면 신기하게도 업무 이야기가 훨씬 잘 되는 것을 경험하게 될 것이다. 또 업무 대화를 나눌 때에도 선배의 일방적 지시와 설명보다는 후배의 의견을 지속적으로 묻고, 그가 자신의 의견을 충분히 이야기 할 수 있도록 기회를 제공해야 한다.

"이 업무와 관련해서 다른 의견은 없어?"

"혹시 예상되는 장애 요인이 있을까?"

"시간은 어느 정도면 가능할 것 같아?"

"도움이 필요한 것은 없을까?"

편하게 질문하고 답변할 수 있는 분위기를 제공하자. 그러면 I형은 재미있는 말을 많이 할 것이다. 그러면서 일적인 성과도 함께 올라간다.

반복적인 일보다 새로운 업무 기회를 제공하자

새로움을 추구하고 호기심이 많은 I형은 '반복적인 일'을 지속하기보다는 새로운 업무에서 에너지를 얻는다. 만약 팀 내 새로운 TFT^{Task Force Team}를 만들어서 짧은 시간 내 성과를 내야 하는 상황이라면 I형 후배를 참여시켜 보자. 새로운 일을 만났을 때 I형은 잠시 감추어졌던 열정을 새롭게 끌어올린다. 그 기회를 만들어 주어야 하는 유형이 I형이다. 이 때 새로운 일의 의미와 가치에 대해서 인식을 시켜 주어야 한다. 충동적인 I형에게 진지하게 고민할 수 있는 기준을 알려주면 올바른 방향을 향해서 나아갈 수 있다. I형은 동일한 일을 반복할 때 매너리즘에 빠지기 쉽다. I형이 이직을 많이 하는 이유도 여기에 있다. I형에게 새로움을 제공해주지 않는다면 그들이 알아서 새로움을 만든다. 이직도 새로움의 표현 중 하나다.

본인의 업무를 끝까지 할 수 있도록 지원하자

I형의 열정, 에너지, 긍정성이 조직에 공헌하는 바가 크다면, 중도에 포기하거나 새로움을 찾는 그들의 행동 방식이 업무를 끝까지 완료하는데 방해가 되는 것도 사실이다. 이들이 일을 끝까지 마무리하지 못할 때는 '지루함을 느낄 때', 혹은 '열정이 솟아 오르는 의미나 가치를 찾지 못했을 때'이다. 따라서 선배는 I형 후배가 업무에서 지루함을 느낄 때 새로운 자극을 줄 수 있는 업무 재설계를 고려해 보거나, 일의 의미나 가치에 대한 대화를 나누어 열정을 가질 수 있도록 만들어주는 것이 필요하다.

일이라는 것이 단기간에 완성될 수 없는 경우가 많다. I형은 자신이 인내심이 약하다는 것을 알아야 한다. 일을 시키는 사람 입장에서도 I형이 끝까지 마무리를 할 수 있도록 도와주어야 한다. 일을 다 마무리하고 그 성과에 대해서 제대로 인정을 받는 경험이 있어야 다음 업무에서도 일을 끝까지 마무리하게 된다. 선배는 코치로서 그의 완주 과정에 함께 해줘야지 "여기가 학교도 아니고, 직장인데 어떻게 하고 싶은 일만 하냐? 꾹 참고 해!", "Y대리는 다 좋은데 끈기가 없어."와 같은 질책성 피드백을 하면 I형 후배들과의 갈등을 피할 수 없다. I형이라고 항상 변화가 있는 일만 할 수 있는 것은 아니다. 반복적인 일을 해야 할 수도 있다. 그럴 때에는 "이번 일이 동일한 일을 반복하다 보니 많이 힘들지? 나도 그랬던 것 같아.", "Y대리 장점은 책임감도 강하고 긍정적이다보니 지루한 일도 지루함을 느끼지 못하고 지나갔네. 이번에도 잘 부탁해."와 같이 공감, 인정, 칭찬을 통한 동기부여를 해 보자. I형 후배에게는 이런 코치형 선배가 필요하다. 지루한 것을 참지 못하는 I형이 끝까지 마무리하게 했다는 것은 그 선배의 공이 크다. 스스로에게 칭찬을 해 주자.

후배가 S형일 때

고객 민원 업무를 담당하는 M사원은 좀처럼 자신의 감정을 겉으로 드러내지 않는다. 하루에도 수십 명의 민원인을 상대하다 보면 감정적으로 지칠 때가 많은데 다른 동료들과는 달리 늘 차분한 모습이다. 물론 M사원도 힘든 것은 마찬가지겠지만 어차피 내가 할 일이니까 좀 더 견뎌 보자는 마음을 가지고 있다. 어떻게든 민원인들의 마음을 이해해 보려고 노력한다. 최대한 초심을 잃지 않고, 민원인에게 친절하게 대하려고 노력한 덕분에 이 달의 친절 사원에 뽑히기도 했다. 하지만 가끔 언제까지 이런 시간을 견뎌야 하나 마음이 답답할 때도 있다. 그렇다고 동료들처럼 힘들 때 겉으로 그런 감정을 표현하는 것에 익숙하지도 않다. 지금처럼 참고 인내하는 것이 더 쉽고 편하다.

이제 좀 민원업무가 익숙해져서 평온한 일상을 보내던 어느 날 팀장님은 M사원에게 민원 현장 업무 개선을 위한 새로운 혁신 아이디어를 내보라는 과제를 주었다. 시간이 별로 없으니 2일 후에 아이디어를 보고하라는 지시를 받은 M사원은 갑자기 머릿속이 멍해지면서 그 어떤 순간보다 힘들어서 못하겠다는 생각을 하게 되었다. '이렇게 갑자기 요청하시면 어떻게 하라고', '정말 회사 다니기 힘들다'는 생각이 들기 시작했다. 아무리 힘든 민원 업무 처리도 이것보다 어렵진 않았다고 생각한다. M사원은 그 동안 경험하지 못한 큰 스트레스를 받고 있다.

M사원처럼 사람중심의 조용한 S형 후배와 함께 일할 때 선배는 그의 따뜻한 배려 덕분에 편안함을 느낄 수 있다. 하지만 힘든 상황을 빨리 공유하지 않기 때문에 도움이 급히 필요할 때에는 빠른 지원이 어려울 수 있다. S형 후배와 일을 할 때 선배들이 대부분 놓치는 S형의 의도가 있다. 하나씩 살펴보자.

배려에 대해서 당연하게 생각하지 말자

성실하고, 조용한 S형 후배는 언제나 그 자리에서 묵묵히 일하는 사람이다. 어느새 사람들은 그의 배려와 따뜻함을 당연한 것으로 여기고 업무적으로나 관계적으로 헌신해야 하는 일은 자연스럽게 S형의 몫이라고 생각하게 된다. 그러나 그것은 S형이 당연히 해야 하는 것이 아니다. 그래서 그의 배려와 노력이 보이는 순간 진심을 담은 감사를 그에게 표현해야 한다. S형에 대해서 너무나 쉽게 생각해서는 안 된다.

급하게 요청하지 말고 여유 있는 분위기를 만들자

S형은 반복되는 업무를 잘 하는 사람이다. D형이나 I형은 반복되는 일을 하는 것을 힘들어한다. 서로 잘 할 수 있는 일이 다르다. S형 후배에게 갑자기 빠른 시간 내에 새로운 것을 시도하도록 요구한다면 어떻게 될까? 큰 스트레스 상황에 빠진다. S형 후배에게 "우리는 앞으로 더 혁신해야 하고 변화를 해야 합니다."와 같은 주장을 한다면 그는 전혀 동의하지 않을 것이다. S형 후배에게는 그가 차분하게 자신의 역할을 잘 할 수 있도록 여유 있게 계획을 미리 공유하고, 언제까지 할 수 있을지 미리 물어보는 것이 필요하다. 모순적으로 보이겠지만 S형은 급할 때 오히려 느려지고, 여유가 있을 때 빨라질 수 있다는 것을 기억하자.

상세한 업무 설명과 가이드를 제공하자

D형과 I형에게 큰 그림을 보여주는 것이 중요했다면 S형에게는 상세한 업무 수행 가이드를 제공하는 것이 필요하다. S형이 본

격적으로 업무에 착수할 수 있는 시점은 자신이 그 일을 어떻게 해야 할 것인지 상세한 방법이 머릿속에 그려진 후라고 할 수 있다. "일단 한번 해 봐. 해 보다가 모르는 것 있으면 질문을 해."라는 요구는 D형에게는 잘 맞을지 모르지만 S형에게는 부적절한 업무 지시다. 오히려 시간이 걸리더라도 일의 순서, 중요한 관계자들에 대한 설명, 일을 잘 마무리 했을 때의 결과물 이미지 등 상세한 설명을 제공하는 것이 S형에게 훨씬 좋은 방법이 된다. S형은 간단한 설명으로 상세한 그림을 그리지 못한다는 것을 기억하자. 그래서 S형은 반응이 느린 편이다. 그럴 때 S형을 더 닦달하게 되는데 그렇게 되면 S형은 도망을 갈 수 있다. 여건이 허락된다면 S형 후배에게는 변수가 적고 변화의 가능성이 작은 일을 맡기는 것이 좋다.

사소한 이야기도 경청하자

S형 후배는 자신의 이야기를 하기 보다 상대의 이야기를 잘 들어주는 사람이다. 따라서 본래 말이 없는 사람 같아 보인다. 하지만 이런 S형 후배도 안정적인 분위기가 조성된다면 자신의 이야기를 충분히 할 수 있다. 만약 S형 후배가 자신의 이야기를 하기 시작했다면 그 환경을 편안하게 느끼는 것이다. 그때 누군가가 S형 후배의 이야기에 귀를 기울이지 않거나 대화를 가로채면 S형은 대화를 멈추게 된다. 그래서 S형 후배와 소통이 잘 되기 위해서는 그와 신뢰 관계를 형성해야 하는데 시간이 오래 걸

리지만 기다려줘야 한다. 그의 사소한 이야기를 끊지 말고 잘 들어줘야 한다.

후배가 C형일 때

입사 8개월차인 사원 J는 10명의 동기 중 가장 나이가 많다. 신입 사원으로 입사했지만 이미 2년의 경력 보유자다. 그의 첫 직장은 자동차 회사였다. 잘 나가는 회사의 신입사원이었지만 처음 발령 받은 홍보팀의 빠르고, 창의적인 조직문화가 잘 맞지 않아 이직을 하게 되었다. 현재 회사와 소속팀은 J의 차분함과 분석적 사고를 잘 발휘할 수 있는 분위기라서 어느 정도 만족하고 있다.

J는 입사 후 업무 파악의 방법이 다른 동기들과 달랐다. 동기들은 주로 선배가 오리엔테이션 해 준 내용을 중심으로 업무를 익히는 반면 J는 회사에서 제공하는 업무 매뉴얼, 주요 정관 등을 꼼꼼하게 읽고 파악했다. 그러다 보니 현재 입사 8개월차인 그는 동기들의 웬만한 질문에는 모두 답을 해주고 있다. 휴가 규정, 출장 시 기안 올리는 방법, 주요 전자 결재 상신 방법 등 모르는 것이 없을 뿐만 아니라 정확하게 알고 있다.

J가 회사 생활에서 만족감을 느끼는 순간이 있다. 시간과 공을 들여 쓴 자신의 보고서를 선배가 꼼꼼히 읽고 정확하게 피드백을 해줄 때이다. 어떤 부분이 새롭고, 도움이 되는지, 또 어떤 부분에서 보완이 필요한지 피드백을 들을 때 전문성이 향상되는 느낌을 받는다. 그런 피드백을 해주는 선배에게 전문성을 느끼게 되고 그것은 신뢰로 연결된다. 이전 직장에서는 본인이 밤새 작성한 기획안을 자세히 읽지도 않고, 쓱 훑어본

후 수준이 떨어진다는 피드백을 한 선배 때문에 이직을 결심했었다. J에게 힘든 순간을 물어보면 '계획에 없던 갑작스러운 업무 지시가 급하게 떨어질 때', '신입사원이라고 무조건 선배들에게 밝게 인사하라는 지시를 받을 때'라고 말한다. 가끔 팀장님이 '여자 친구 있어?', '결혼은 언제 할거야?', '집이 어디지?', '쉬는 날 주로 뭐해?' 등 굳이 밝히고 싶지 않은 개인사를 물을 때 매우 곤혹스럽고 말한다. 회사에서는 일만 하고 싶지만 그게 불가능하다는 것을 알고 있어서 가끔은 그냥 아무렇게나 답변을 하기도 한다.

Why를 명확하게 하자

후배가 C형이라면 업무 지시 이전에 업무의 수행 배경 즉, Why를 설명해야 한다. C형은 Why가 납득 될 때 비로소 업무 수행에 들어갈 수 있다. Why가 명확해지면 일의 방법과 성과물의 이미지를 그려본 후 하나씩 단계별로 업무 수행을 진행한다. 만약 선배가 업무의 Why를 설명하지 않는다면 후배는 그 Why를 파악하는데 많은 시간을 할애할 것이다. 선배 입장에서는 "뭘 저렇게 고민하지?", "생각이 너무 많아!", "일단 해 보면 되는데", "용기가 없는 사람이야!"라는 판단을 하게 된다. 납득을 시키지 않고 계속 "일단 해 봐.", "해 보고 모르는 것 있으면 물어봐.", "어떻게 처음부터 다 알아? 해 보면서 아는 거지." 등의 말로 C형 후배를 재촉한다면 후배의 업무 속도는 오히려 느려지게 되고, 두 사람 간의 갈등은 점점 커지게 된다. 선배 자신의 방법으로 재촉하지 말고 하나씩 차근차근 설명하고, 생각할 시간을 기다려 주는 것이 필요하다.
Why를 명확하게 밝혀야 하는 상황은 새로운 업무를 지시할 때 뿐만 아니라 기존 업무의 방식을 변경할 때도 해당된다. 어떤 이유로 업무의 방식을 변경해야 하는지 구체적으로 설명하고 그것을 납득할 수 있는 시간이 필요함을 알자. 그렇지 않으면 C형은 절대로 움직이지 않는다. D형은 자신의 결정을 선포하는 것으로 모두가 따를 것이라고 생각한다. 하지만 그것은 일방적인 이야기일 뿐이다. 선포를 하더라도 Why를 구체적으로 이야기하자.

공들인 검토와 구체적 피드백으로 동기 부여를 하자

한 워크숍에서 C형 후배들에게 언제 업무 동기가 가장 낮아지는지 질문한 적이 있다. 이 때 공통적인 의견 중 하나가 본인의 결과물을 대강 살펴보고 가볍게 피드백을 하는 선배와 일할 때라고 말했다. C형 후배는 꼼꼼하게 보고서를 작성해서 메일을 선배에게 보냈는데, 파일을 다운 받지도 않은 채 C형 후배가 준비해간 인쇄물을 그 순간 쓱쓱 넘겨 보면서 **"방향이 잘못 되었다.", "취지와 맞지 않는다.", "새로운 게 없고 뻔하다."** 등의 피드백을 할때 함께 일하기 싫었다고 말한다. 황당한 일도 있었다고 한다. 이전에 보낸 보고서에서 거의 수정하지 않고 다시 보고 했는데 이번에는 **"지난번 보다 훨씬 좋다.", "생각을 많이 했나 보다."**

등의 긍정적 피드백이 온 것이다. 다행이라는 생각이 드는 것이 아니라 상사에 대한 신뢰감이 떨어져서 업무 동기가 더 떨어진다고 고백한다.

만약 자신이 세세한 것을 보는 것이 아니라 전체를 보고 피드백을 하는 선배라면, C형 후배의 업무 결과를 검토할 때에는 특별히 공을 들여야 한다. 평소와 다른 디테일한 검토를 하는 사람이 되어야 한다. 검토 이후 어떤 부분이 구체적으로 좋은지, 어떤 부분이 어떤 이유로 수정이 필요한지 명확하게 설명해야 한다. 그래야 C형 후배는 선배가 원하는 방향으로 빠른 시간 내에 수정을 진행할 수 있다.

"A 부분은 시장에 대한 분석 툴이 우리 보고의 목적과 잘 맞고, 한눈에 잘 들어와서 좋아요. 특히 분석한 자료를 이미지로 표현해서 직관적으로 이해할 수 있도록 한 것은 참 좋았습니다. 그런데 B 부분은 카테고리를 정리할 때 협력사의 규모만 보기보다는 업종과 규모를 함께 보도록 되어 있어서 의사 결정을 내리는 데 도움이 될 것 같네요."

위의 피드백처럼 잘된 부분과 개선이 필요한 부분에 대한 균형 있는 피드백도 중요하다. 개선 사항을 지적하더라도 자신이 애쓴 부분에 대한 긍정적 피드백이 함께 온다면 당연히 업무 동기도 함께 올라갈 것이다. C형이라고 딱딱한 보고만을 원하는 것은 아니다. 근거있는 칭찬은 C형에게 납득이 되는 피드백이다.

전문성을 심화하는 업무를 부여하자

C형은 자신의 전문성이 쌓이고, 그 전문성이 인정되는 분위기에서 만족감을 느낀다. 그럴 때 당연히 업무 몰입도도 좋아진다. 가능하다면 C형 후배에게는 단순 업무보다는 성장과 단계적 발전이 있는 업무를 부여하는 것이 좋다. 물론 환경이 그렇지 못할 때도 있다. 만약 업무가 단순하고, 반복적인 경우라면 그 안에서 좀 더 효율적인 방법을 찾고, 개선 결과나 성취에 대해 인정하는 것도 동기부여에 도움이 된다. 늘 같은 환경과 같은 일보다는 그 분야에서 만큼은 전문가로 성장할 수 있도록 학습의 기회를 제공하는 것도 좋다. 정보와 지식을 심화하는 것에 대한 욕구가 충족되지 않을 때 C형의 업무 만족도는 떨어지고, 회사 생활에 대한 의지도 낮아지게 된다.

나무와 숲을 동시에 볼 수 있도록 안내하자

C형 후배가 급한 일정에 조급함을 느끼거나 업무에 자신감이 없을 때 어떤 스트레스 행동을 보일까? 대체로 그의 행동 특성이 과하게 드러날 수 있다. 특히 속도는 더 느려지고, 디테일함이 과해져서 숲은 보지 못하고 나무만 보고 있는 상황이 된다. 업무 역량을 향상시켜야 하는 후배에게는 이런 상황에서 나무를 보는 눈과 숲을 보는 눈이 동시에 중요함을 설명하고 유연성이 필요함을 인식시키자.
"시간 없으니까 얼른 계약을 마무리 하세요. 너무 오래 끌고 있네요."

라고 한다면 C형은 서두를까? 그렇지 않다. 이런 지시를 받으면 "언제는 비용을 줄이라며, 갑자기 왜?", "왜 이렇게 왔다 갔다 하지? 말이 바뀌니 어느 장단에 맞춰야 하나!"라는 생각에 빠진다. 반감만 불러오게 될 수 있다. 아래처럼 말의 내용을 바꿔보자.

"물론 하나 하나 정확성을 기하고, 계약 금액을 최소화하기 위해 협력사와 끝까지 협상하는 것도 중요해요. 하지만 현재 이 업무는 계약 금액을 절감하는 것도 중요하지만 일정 내에 계약을 완료해서 현업에 부품을 제공하는 것, 또 협력사와 장기적으로 좋은 관계를 맺는 것도 중요합니다. 현업에서 지금 A 부품 공급이 하루가 급한 상황이고, A 부품은 현재 이 회사 밖에 공급할 곳이 없어요. 금액을 더 줄이느라 일정이 늦어지면 오히려 더 손해인 상황이에요. 물론 협력사와의 관계도 현재로서는 매우 중요하고요."

C형에게 '큰 그림도 동시에 왜 봐야 하는지', '나무만 봤을 때 어떤 문제가 발생할 수 있는지'에 대한 충분한 설명이다.

[후배의 스타일에 따른 대처법]

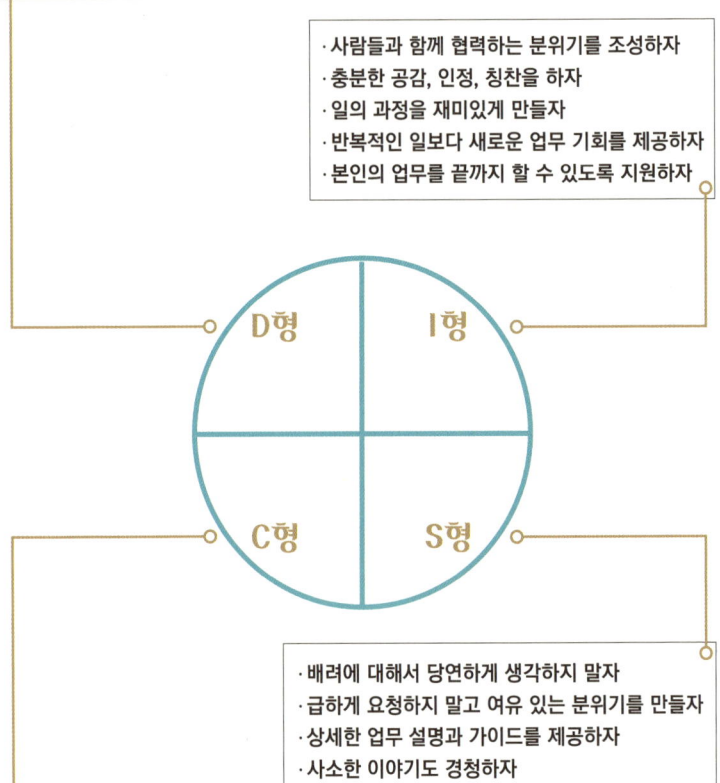

- ·도전적인 업무를 제공하자
- ·책임과 권한을 함께 제공하자
- ·업무에 대한 큰 그림을 제시하자
- ·인정과 칭찬은 공개적인 자리에서 하자
- ·빠른 피드백을 하자

- ·사람들과 함께 협력하는 분위기를 조성하자
- ·충분한 공감, 인정, 칭찬을 하자
- ·일의 과정을 재미있게 만들자
- ·반복적인 일보다 새로운 업무 기회를 제공하자
- ·본인의 업무를 끝까지 할 수 있도록 지원하자

D형 | I형
C형 | S형

- ·배려에 대해서 당연하게 생각하지 말자
- ·급하게 요청하지 말고 여유 있는 분위기를 만들자
- ·상세한 업무 설명과 가이드를 제공하자
- ·사소한 이야기도 경청하자

- ·Why를 명확하게 하자
- ·공들인 검토와 구체적 피드백으로 동기부여를 하자
- ·전문성을 심화하는 업무를 부여하자
- ·나무와 동시에 숲을 볼 수 있도록 안내하자

CHAPTER 7

DISC로 본 직업

나에게 맞는 직업이 있을까?
DISC 유형과 직업의 특징
사회복지사
IT 기업 연구원
주식 투자 연구원
리더의 모임
유기농 달걀 농장주
중학교 선생님

나에게 맞는 직업이 있을까?

이 세상에 나에게 꼭 맞는 직업이 있을까? 학생들, 취업 준비생, 그리고 이미 직업을 가지고 있는 직장인들까지 자신에게 맞는 직업을 찾기 위한 노력을 하고 있지만 그 성공률이 얼마나 될까? 필자는 이렇게 얘기하고 싶다. "**이 세상에 완벽하게 나에게 맞는 직업은 없다.**" 자신에게 맞는 직업을 발견했다고 하더라도 그 직업에 종사하다 보면 수도 없이 많은 갈등과 후회를 하게 되기 때문이다. 어딘가에 나에게 더 잘 맞는 직업이 있을거라는 고민을 하게 되는 것이 현실이다. 하지만 그런 것은 애초에 없었다. 너무 비극적으로 표현했다고 생각할지도 모르겠다. 하지만 그렇게 보는 이유에 대해서 자신에게 잘 맞는 직업이 없다는 것에 초점을 맞추면 안 된다. 자신이 어떤지를 정확하게 모르는 데에 문제가 있다. 자신이 정확히 어떤 특징이 있는지 모르는데 그에 맞는 직업을 어떻게 찾을 수 있겠는가. 그래서 '꼭 맞는 직업'보다 '만족감을 주는 직업'에 다가가 보자.

사람들은 자신에게 만족감을 조금이라도 더 주는 일을 발견한다면 그쪽으로 이동을 할 것이다. 그것이 나에게 맞는 일이라고 느끼며 살아가게 된다. 그러다가 조금 더 지나면 더 큰 만족감을 주는 일을 만나게 된다. 그러면 '**난 나에게 맞는 직업을 찾았어.**'라는 생각을 할 텐데, 이런 점에서 직업을 선택하고 변경하는 것은 인생 전체를 통해서 끊임없이 이루어진다. 직업의 만족은 내가 선택한 '삶의 기준'에 영향을 받는다. 그 다양한 기준을 살펴보자.

자신이 좋아하는 일을 직업으로 선택해야 한다.
자신이 잘 하는 일을 직업으로 선택해야 한다.
직업으로 선택할 일에 가치가 있어야 한다.
자신의 적성에 맞는 일을 선택해야 한다.
취미가 직업이 되면 좋다.
일하는 시간은 적고 수익은 좋아야 한다.
자동적으로 돈을 가져다주는 직업을 선택해야 한다.
결국 건물주가 되어야 한다.

직업 선택의 기준은 너무나 많고 사람마다 너무나 다른 것이 현실이다. 이러한 기준들 중 틀리다고 말할 수 있는 것이 있을까? 정확히 무엇이라 판단하기는 어렵겠지만, 틀리다고 할 수는 없다. 각자 기준이 다를 뿐이다. 때로는 자신의 기준이 잘못되었다는 판단을 하고 바꾸기도 한다. 사람들은 자신이 정한 기준에 따라 직업을 선택해서 살아가고 있다. 더 빨리 자신에게 맞는 직업을 선택할 수 있는 방법은 자신이 어떤 사람인지를 아는 것이다. 그 방법을 통해 인생을 통해서 계속 벌어지는 이직의 시행착오를 줄일 수 있을 것이다.

DISC 유형과 직업의 특징

각 유형에 따른 직업적 특징을 살펴보자.

D형^{주도형}은 자아가 강하고 목표 지향적이다. 목표 달성을 위해 스스로 환경을 조성하는 특징을 가지고 있어 주로 빠르게 결과를 만들어 내는 직업에 강점을 갖고 있다.

I형^{사교형}은 긍정적이고, 즉흥적이다. 열정도 많기 때문에 사람들과 함께 하는 것을 좋아한다. 즐거운 조직 분위기를 만드는데 탁월한 강점을 갖고 있다.

S형^{안정형}은 변화를 싫어하는 성향으로 참을성과 배려심이 많다. 예측이 가능하고 일관성 있는 업무를 진행함에 강점을 갖고 있다.

C형^{신중형}은 계획을 철저하게 세우는 꼼꼼함을 갖고 있다. 정확성을 요구하거나 근거를 확인해야 하는 업무를 하는데 탁월한 강점을 발휘할 수 있다.

우리나라에 존재하는 직업의 수는 1만 개가 넘는다. 그 많은 직업들을 다 분류할 수는 없지만 위의 특징들을 기준으로 몇 가지 직업들을 분류하면 다음과 같다.

D형 - 회사의 대표, 지도자, 감독, 건축가, 장교, 경찰, 정치인, 교사
I형 - 영업사원, 배우, 강사, 목회자, 경매인, 개그맨, 교사
S형 - 공무원, 간호사, 비서, 은행원, 세무사, 회계사, 법무사, 교사
C형 - 교수, 투자가, 연구원, 음악가, 철학자, 분석가, 교사

직업의 명칭만을 분류하고 마무리 지을 내용이 아니다. 왜 이런 직업들로 분류가 되었는지 이유를 이해해야 한다. 그러면 앞에 나열되어 있지 않은 직업들도 스스로 분류할 수 있을 것이다.

D형의 직업은 D형의 특징처럼 주도할 수 있는 직업들이다. 자신이 결정권을 갖고 직접 뛰어들 수 있는 직업, 또는 그런 주도성을 요구하는 직업이 여기에 해당된다. 수동적으로 움직이는 직업이 아니다. 물론 앞에 나열한 D형의 직업이 모두 최고 결정권을 본인이 다 갖고 있는 것은 아니다. 하지만 선조치 후보고를 하더라도 어느 정도 실행을 할 수 있는 권한을 요구하는 역할에 적합하다. 이런 D형에게 수동적으로 결정하고 움직일 수밖에 없는 직업을 하라고 한다면 그리 오래 버티지 못할 것이다.

I형은 말을 잘 하고 변화하는 것을 즐기는 유형이다. 그래서 말을 잘 하는 것이 중요한 직업, 변화가 수시로 일어나는 직업을 선택할 가능성이 크다. 그런 일을 할 때 이들의 만족감은 커지게 된다. 반대로 사람들과 어울리지 않고 혼자 일함으로 조용한 직업, 반복적인 일을 계속 해야 하는 직업을 선택한다면 그 직업을 오랫동안 유지하지 못할 것이다. 어느 순간 다른 일을 열심히 찾고 있는 I형들의 모습을 발견하게 된다.

S형은 변화를 좋아하지 않는다. 직업도 큰 변화가 없는, 반복적인 업무 패턴을 보여주는 직업이 이들에게 안정감을 준다. 그래서 매년, 매월 심지어 매일 반복적인 일을 하더라도 그것이 이들에게는 지루함을 주거나 하지 않는다. 오히려 반대로 새로운

일을 창업하는 것이 이들에게는 맞지 않을 수 있다. 창업은 대부분 어떤 미래가 벌어질지 예측할 수 없는 경우가 많은데 그런 점은 S형에게 큰 불안감을 준다. 심지어 집에서 가까운 직장을 선택하는 것이 주요 조건일 수 있다. 좋은 직업이지만 장소가 너무 멀거나 거주의 변화를 요구하는 직장이라면 이들은 선택하지 않을 것이다. S형에게 "왜 이 직장을 선택하셨어요?" 물어보면 "이 직장이 집에서 가장 가까웠어요."라고 답변하는 경우가 많다. 물론 누구나 집에서 가까운 직장을 선호할 수 있다. 비용과 에너지가 적게 들어가니 좋은 조건이 되지만, S형을 제외한 나머지 유형에게는 가장 우선적인 조건이 되지 못한다.

C형은 분석하는 것을 좋아한다. 분석은 사람들과 어울릴 때 보다 혼자 조용히 있을 때 잘 된다고 생각하는 유형이다. 그래서 일하는 공간도 혼자 머물 수 있는 곳을 선호한다. 다른 유형이 보기에 적막해 보일 수 있지만 이들에게는 집중하기 좋은 장소일 뿐이다. 그래서 너무 많은 사람들이 복잡하게 얽혀서 일을 하는 직업은 이들의 선택에서 멀어지게 된다. 이들은 자신만의 시간을 가질 수 있는 조건이 확보된 직장을 좋아할 수밖에 없다. C형은 이런 조건이 있을 때 훨씬 능률이 오르는 사람인데 그런 것을 인정하지 않는 보수적인 직장이라면 C형은 곧바로 이직을 결심하게 된다.

우리는 어렸을 때 '직업 관련 설문지'를 통해서 자신에게 맞는 직업명을 한번 쯤은 확인을 해 보았을 것이다. 그리고 그 중 몇 개 직업명을 기억하고 있을 것이다. 1만 개가 넘는 직업 중에서 몇 가지 명칭을 기억하고 있는 것은 그리 중요하지 않다. 그리고 지금은 한 직업 안에서도 여러 가지 역할이 있기 때문에 특정 직업을 어느 한 유형에게 더 맞다고 연결하는 것도 억지가 될 가능성이 크다. 그래서 '직업명'보다는 나에게 맞는 '직업의 특성'을 기억하는 것이 더 올바른 정보가 된다.

D형 - 결정권이 있고 주도적으로 밀어붙일 수 있는 직업
I형 - 여러 사람들과 어울리며 다양한 변화가 있는 직업
S형 - 큰 변화가 없고 반복적인 업무가 많은 직업
C형 - 독립된 공간과 자신만의 시간이 보장되어 있는 직업

위의 유형별 특성이 자신이 하고자 하는 직업에 어느 정도 보장이 되는지 확인을 하자. 만약 위 조건을 충분히 만족시킨다면 그 직업을 선택한 후에 후회하는 마음은 훨씬 줄어들고 만족감은 커질 것이다. 그러면 자신의 인생에서 이직을 하는데 버리게 되는 시간을 절약할 수 있다.

앞에서 설명한 각 유형별 직업명을 보면 모든 유형에 공통적으로 들어가 있는 직업명이 있다. '교사'가 그렇다. 교사는 어느 한 유형이 몰리는 직업이 아니다. 그래서 교무실에 가 보면 여러 유형의 선생님들이 섞여 있는 것을 확인할 수 있다. 아이들의 유형도 다양하고 교사의 유형도 다양하다. 학생들마다 좋아하는 선생님의 스타일이 일치하지 않는 것은 서로 선호하는 선생님의 유형이 다르기 때문이다. 이처럼 직업이 꼭 어느 한 유형에게 더 맞는다고 한정할 수는 없다. 직업 안에서도 다양한 모

습이 있기 때문이다.

대부분의 사회 초년생들은 어떤 직업을 선택해야 할지 몰라 방황하게 된다. 자신에게 맞지 않은 직업이지만 주변의 분위기 때문에 특정 직업에 집중하고 있기도 하다. 그리고 그 직업으로 일을 하다가 몇 년 후에 새롭게 구직 활동을 한다. 그렇다면 일반적으로 사람들은 어떠한 기준으로 직업을 선택하고 있을까? 가장 먼저 고려하는 것은 단연코 본인이 공부해 온 전공일 것이다. 모든 사람들이 그런 것은 아니지만, 학창 시절부터 계속해 온 공부를 기반으로 직업을 선택하는 것이 가장 보편적이다. 그리고 소수의 사람들이 자신의 적성이나 하고 싶은 일에 맞춰 직업을 선택한다. 적성에 맞는 일과 하고 싶은 일은 분명 다른 개념이다. 적성에 맞지 않더라도 하고 싶은 일들이 많을 수 있다. 이런 일을 하게 된다면 적성에 맞지 않아 그리 오래 지속하지 못할 가능성이 크다. 그래서 적성에도 맞고 하고 싶은 일에도 해당되는 일을 선택하는 것이 매우 중요하다. DISC를 기반으로 알려주는 내용은 적성에 가장 연관된 내용이라고 볼 수 있다.

실제 직업의 현장에서는 어떤 모습을 보여주는지 살펴보자. 실제로 겪었던 사람들의 분석 결과를 가지고 설명하고자 한다. 이것은 겪었던 사람의 사례이기 때문에 독자의 경험과 다를 수 있다. 참고할 수 있는 내용으로 읽으면 좋겠다.

사회복지사

정확히 말하자면 '사회복지사 자격을 가진 사람들이 선택하는 직업'에 대한 내용이다. 어느 한 단체에서 강의를 하는데 이곳의 종사자들은 거의 다 사회복지사 자격을 갖고 있는 사람들이었다. 이 사람들의 DISC 유형은 대부분 I형이었다. 이곳 상당수의 사람들이 왜 사교형으로 나왔을까 궁금했다. 아마도 사회복지의 업무를 하려면 사람들과의 관계를 중요시하는 사람들이 적합하지 않을까 하는 생각도 들었다.

다음에 또 다른 사회복지 관련 기관에서 강의를 하게 되었는데, 이번에는 I형과 S형이 많이 나왔다. D형은 1명 정도만 나왔다. 역시 사람중심의 사람들에게 적합한 직업이기 때문이라고 생각이 들었다. 그런데 특이한 결과를 발견하게 되었다. 강의를 갔을 때 그 모든 과정을 준비하고 진행하는 일은 그곳에 있는 D형 또는 C형인 담당자가 맡고 있는 경우가 많았다. 그들은 D형과 C형이 원래 높은 사람일 수도 있고 또는 다른 유형이 더 높은 사람이지만 그 일을 할 때에는 자신의 D와 C를 사용하는 사람이라고 볼 수 있다. '사회복지'라고 해서 무조건 '사람중심'이라고 단정지어서는 안 된다. 그 일을 잘 하기 위해서는 '일중심'의 행동들도 필요하기 때문이다. 이 역시도 유형과 직업을 단어만 가지고 단순히 연결해서는 안 된다. 각 직업 안에서의 역할을 생각해 보면 쉽게 이해가 될 것이다.

IT 기업 연구원

어느 IT 기업의 연구 인력들을 모아 놓고 강의를 한 적이 있었다. 지금 이 글을 읽고 있는 독자는 그들에게 어떤 유형이 많을지 예상을 해 보자. 아마 그 예상은 맞을 것이다. 이 기업 연구소의 인원은 약 70여 명이 되었다. 이 인원들의 DISC 결과는 DISC의 내용과 매우 일치했다. 검사결과 95% 이상의 인원이 모두 C형이었다. 어느 정도 예상은 하고 있었지만 이렇게 한쪽으로 치우치는 결과를 보니 신기했다. 이곳 연구원들이 하는 직무를 살펴보니 해당 기업에서 다루는 제품이나 서비스 등에 대한 실험과 분석, 그리고 기업에서 요구하는 결과물을 만들어 내는 것이었다. 매일 꼼꼼하게 따져야 하며, 분석적으로 결과를 살펴보아야 하는 일인 것이다. 이 회사의 인사팀과 연구소의 채용 권한을 가진 사람들이 DISC를 알고 C형 위주로 뽑은 것은 아닐 것이다. 하지만 C형의 특성을 원했고 그 모습을 관찰해서 선택했다고 볼 수 있다. 여러 가지를 고려해서 뽑았겠지만 DISC로 간단히 말하면 결국 C형을 뽑은 것이다.

주식 투자 연구원

어느 한 주식 투자 연구원의 요청을 받아 강의를 하러 갔었다. 10명 이내의 남자들로 구성되어 있는 팀이었는데 모두 C형이 가장 높게 나왔다. 그들은 군대 동기, 또는 지인 관계로 맺어진

관계였다. 일부러 C형을 모은 것이 아니라 모이고 나서 보니 모두 C형이었던 것이다. 그들은 이런 결과에 대해서 신기해했지만 DISC를 아는 입장에서는 왜 그렇게 구성이 되었는지 이해할 수 있었다. 주식 투자를 연구하는 팀원을 모을 때 자신들의 인맥 중에서 분석력이 좋을 만한 C형 지인들을 찾았던 것이다. 강의를 마치고 질문을 받는 시간에 그들이 공통적으로 궁금해 하는 내용이 있었다. "**우리가 왜 이렇게 모였는지 알 것 같아요. 저희도 우리가 다 C형 같다고 생각해요. 그러면 우리 중에서 누가 가장 착하나요?**" C형의 모습이 아닌 다른 결과가 궁금했던 것이다.

리더의 모임

어느 리더들의 모임에서 강의를 할 때였다. 전체 인원은 50명 정도가 되었고 그들의 직업은 제각각이었다. 자신의 분야에서 리더의 역할을 맡고 있는 것만 공통적이었다. 이분들 역시 공통적으로 높게 나온 유형이 있었다. 90% 이상이 DC형이었다. 이전에도 설명한 스티브 잡스, 정주영 회장 모두 D형, C형, DC형 중에 하나의 유형이었다. 리더의 유형을 종합해 보면 실제로 DC형이 많이 나온다. 반대로 DC형이 낮다면 IS형이라고 할 수 있는데 이들의 사례에서는 리더를 찾아보기 힘들다. 리더가 더 좋고 리더가 아닌 것이 더 나쁘다는 의견은 전혀 아니다. 그 역할과 기능이 다름을 말하는 것이다. 자신이 IS형이라고 하더라도 어느 날 리더의 역할을 맡게 되었다면 DC형을 쓰게 될 수밖에 없다. DC형이 나온 분들에게 이런 결과를 설명해 주면 "제가 왜 어렸을 때부터 항상 리더의 역할을 해 왔는지 이제는 알 것 같네요. 저도 한때는 이 점이 매우 궁금했었거든요."라는 말을 한다.

시행착오를 겪어 가며 원하는 직업을 찾아 가는데 알고 보면 DISC에서 말하는 자신의 유형에 해당하는 직업을 찾아간 것이다. 그나마 이렇게 일치하는 직업을 최종적으로 선택했다면 만족감을 갖고 계속 이어 나갈 수 있는데, 그렇지 않을 경우에는 여전히 이직에 대한 고민을 할 수밖에 없다.

유기농 달걀 농장주

이번에는 설명하는 글을 읽고 이 농장주는 어떤 유형일지 맞춰 보자. 〈CHAPTER 2 DISC 각 유형별 특징 - 신중형 C형〉에서도 언급한, 옥수수의 습격으로 인해 오염된 달걀을 설명하려고 한다. 닭에게 GMO$^{\text{Genetically Modified Organism, 유전자 변형 농산물을 이용하여 만든 식품}}$ 옥수수 사료를 먹임으로 그 달걀은 좋은 영양을 제공한다고 볼 수 없다. 이런 점을 알고 100% 유기농으로만 닭을 키워 그 달걀을 공급하는 농장주가 있다. 사료는 콩 비지를 발효시킨 것을 닭에게 제공하며, 물은 농장 주변의 흙에서 찾은 미생물을 배양한 것으로 공급한다. 절대로 성장 촉진제 주사를 놓지 않으며, 닭이 낳은 달걀을 가지고 올 때에도 어미 닭에게 스트레스를 주지 않기 위해서 몰래 소량만 가지고 나온다. 당연히 컨베이어 벨트는 없다. 닭은 생각보다 병이 잘 걸리는 동물이다 보니 하루도 빠짐없이 닭을 지켜보기 위해서 농장주는 농장 바로 옆 하우스에서 숙식을 한지 7년이 되었다. 명절 때에도 가족들과 모임을 할 수 없다. 가족과 친척들의 비난이 들리지만 어쩔 수 없는 일이다. 농장주도 자신이 주변으로부터 욕을 먹고 있다는 것을 알지만 닭을 키우는 일을 선택한 이상 그만두기 전까지는 꿋꿋히 반복되는 일을 할 수밖에 없다. 때로는 지루해 멀리 여행을 떠나고 싶지만 전혀 못간다고 고백한다. 주변에서는 그에게 '독한 사람'이라고 비판을 하기도 한다. 때로는 처음 만나는 사람과 달걀 문제로 심한 논쟁을 하기도 한다. 영양사와 논쟁이 벌어질 때도 많다. 10년 만 이 일을 하기로 자신과 약속을 했기 때문에 남은 기간인 3년만 더 하고 나서는 그만 둘 생각이라고 한다. "저도 손주들과 함께 놀고 싶어요. 이 일이 매우 힘들기도 하고 정말 못할 짓입니다."

이 농장주는 어떤 유형일까? 아무나 할 수 없는 일이다. 7년이나 꾸준히 시골의 농장에서 이 일을 이어 오고 있다는 것이 대단하다. 어느 유형이기 때문에 이렇게 잘 버텨오고 있을까?

이 농장주는 D형이다. D형이기 때문에 어떤 어려움이 있더라도 꿋꿋히 이겨 나갈 수 있는 것이다. 마음 먹은 것은 반드시 해 내는 유형이 D형이다. I형이라면 벌써 중단을 했고, S형은 처음부터 시작을 하지 않았을 것이다. 혹시 이 농장의 일이 매일 반복적인 일이기 때문에 S형에게 잘 맞을 것이라고 생각했는가? 그렇다면 그것은 너무 단순하게 판단한 것이다. S형이 원하는 안정은 어떤 변수가 전혀 생기지 않는 반복이다. 하지만 이 농장의 일은 매일 동일 시간에 알맞은 식량을 닭에게 공급해 주어야 하고, 병에 걸리면 그에 맞는 조치를 빨리 취해 줘야 한다. 달걀 구입을 신청한 사람들에게 매달 정기적으로 배송을 해 줘야 하며, 날짜를 맞추지 못할 때에는 일일이 연락을 해서 양해를 구해야 한다. 달걀이 깨지기라도 한다면 추가 공급을 해 주는 서비스를 제공해야 한다. 날씨에 영향을 크게 받는 일이다 보니 매일 날씨를 살피고 계절이 바뀔 때마다 대처를 해야 한다. 간단한 일이 전혀 아니다. S형은 절대로 시작 조차 하지 않을 일이다. C형은 어떨까? C형은 분석을 해 보니 이 일을 하게 되면 고생문이 훤하다는 결론이 바로 나온다. 투자한 금액을 뽑으려면 최소 몇 년은 해야 한다는 결과가 나오다 보니 처음부터 시작하지 않는 것이 현명하다고 생각하고 시도를 하지 않을 수도 있다. 차라리 이런 농가로부터 구입해서 먹는 것이 가장 좋은 방법이라고 판단할 것이다. 그렇다고 D형이 농장 운영을 하고 있는 것이 미련한 결정이라는 것을 말하는 것은 아니다. 각 유형의 선택이 다르고 그 선택을 결정하게 하는 기준 자체가 다르다는 것을 말하는 것이다. 이런 D형 농장주로 인해서 건강한 달걀을 먹을 수 있게 되었다.

중학교 선생님

교과서를 출판하는 한 회사에서 전국의 중학교 선생님들을 모셨고 필자는 그때 DISC 강의를 하러 간 적이 있었다. 쉬는 시간에 몇몇 선생님이 앞으로 나와 나에게 한 말이 기억난다. "제 결과좀 봐 주세요. 전 선생님을 하는 게 맞지 않죠? 사실 저 지금 매우 힘들거든요. 제가 직업을 잘못 선택한 걸까요?" 이 선생님의 말에서 진정성이 느껴졌다. 지금 교사라는 직업을 하면서 느끼는 스트레스가 정말로 큰데 DISC 결과가 그것을 뒷받침한다고 말해주기를 바라는 간절함이 있었다. 결과를 보니 왜 그런지 이해가 되었다. 아이들이 보여줄 수 있는 이상함을 다 견딜만한 느긋함이 없었기 때문이다. 어떤 유형인지 예상이 될 것이다. D형이 높고 S형이 매우 낮았다. 그래서 나는 "정말 힘드실 것 같아요."라고 말을 해 주었다. 더 할 말이 있었지만 조심스러운 조언일 수밖에 없기 때문에 말을 아꼈다.

대학교 시절 동기들과 '교사'라는 직업에 대해서 대화를 나눴던 기억이 떠오른다. 교사라는 직업은 안정적인 좋은 직업이라는 말이 오고 갔었다. 그 당시 우리는 주로 '직업의 수익', '직업의 안정성'에 대해서만 대화를 했었다. '자신의 적성'에 대해서는 서로 어떤 말도 하지 않았다. 그런데 위에서 언급한 선생님의 고민은 선생님이 된 후에 할 것이 아니라 대학생 때 했어야 했다. 그때 자신의 적성도 고려를 했다면 교사보다 더 자신에게 맞는 직업을 선택했을 것이다. 적성에 맞는지 아닌지는 각자 스스로 따져 봐야 한다. 이것을 그 누구도 말해 주지 않는다. 지금 와서 대학 동기들을 만나 대화를 해 보면 졸업 후 선택한 첫 직업을 아직까지 하고 있는 사람은 극소수다. 그때 우리 모두는 DISC를 해본 적이 없었다. 그래서 후배들에게 이런 내용을 말해 주고 싶지만 지금은 그들을 만날 접점이 없어 아쉬울 따름이다. 그래서 이 책을 취업 준비생이 보고 있다면 당신은 매우 큰 행운을 잡았다고 말해 주고 싶다. 이 책의 저자들도 갖지 못한 기회를 잡았기 때문이다.

이런 식으로 각 유형에 맞는 직업을 선택하는 것은 매우 중요하다. 자신의 유형이 어떤 유형이고, 어떤 일이 잘 맞을지 심각하게 고민해야 한다. 결혼 다음으로 구직은 인생에서 가장 큰 결정이라고 생각한다. 그런 결정을 남에게 맡길 것도 아니고 충동적으로 선택할 것도 아니다. 자신에게 진지하게 물어보고 결정해야 한다. 하지만 사람의 마음은 수시로 바뀔 수 있다. 그리고 직업이라는 것이 어느 한 가지 형태의 모습만 보여 주는 것도 아니다. 그래서 자신에게 맞는 직업이라고 거의 확신했지만 막상 그 일을 해 보면 전혀 다른 형태일 수도 있다. 이런 경우라면 빨리 재조정을 해야 한다. D형이라면 도전을 하는 업무가 있는지를 확인하자. I형은 반복적인 일이 아닌 변화가 많은 일인지 살펴봐야 한다. S형은 큰 변화가 없는 반복적인 일인지, 그리고 같은 곳에 머무르는지를 확인해야 한다. C형은 원칙을 지키며 충동적으로 판단하지 않는 일인지를 확인해야 한다. 미래에 발전 가능성이 있다는 점만 살펴보고 결정한다면 당신도 오래가지 못하고 이직의 고민을 심각하게 하게 될 것이다.

CHAPTER 8

DISC가 말하는 힐링

각 유형이 좋아하는 보상
D형 책임과 권한을 주기
I형 자유로움을 허용해 주기
S형 안정적인 분위기를 형성해 주기
C형 자신만의 공간을 제공해 주기

스트레스 해소하기
D형 운동 같은 육체적인 활동을 하기
I형 친구 만남 같은 사교 활동을 하기
S형 개인적인 휴식 시간을 갖기
C형 간섭 받지 않는 개인 시간을 갖기

각 유형이 좋아하는 보상

보상은 사람을 움직이게 만든다. 적절한 보상은 사람을 더 발전하게 만들 수도 있다. 또한 어떤 일을 할 때 필요한 인재가 있는 경우 보상을 통해서 합류시키게 만들 수도 있다. 그런데 내가 생각하는 특정 보상이 누구에게나 동일하게 작용하지는 않는다. 마음을 더 좋아하는 사람이 있고 물질을 더 좋아하는 사람이 있다. 내가 돈을 좋아한다고 해서 모든 사람이 다 그럴 거라고 생각해서는 안 된다. 이 책에서 각 유형을 설명하는 이유는 사람들마다 서로 생각하는 것이 다르다는 것을 알리기 위한 것인데, 선호하는 보상도 그와 마찬가지로 유형에 따라 다르다는 것을 알아야 한다. 그렇다면 각 유형에게 어떤 보상을 해주는 것이 적절할지 살펴보자. 여기에서는 단순히 어떤 물건을 설명하지는 않을 것이다. 왜냐하면 그것은 유형이라기보다는 취향에 관련된 부분이기 때문이다. 그보다는 전체적인 조건을 어떻게 해 주는 것이 좋은 보상인지를 살펴볼 것이다.

D형 책임과 권한을 주기

D형은 책임과 권한을 주는 것을 좋아한다. 학창 시절 임원이 되고자 열심히 노력하는 학생들이 이 D형이라고 할 수 있다. 마치 권력욕이 있어 보이는데 D형에게는 그것이 중요하기 때문이다.

하지만 권한을 갖는 직책은 소수의 사람들에게만 주어진다. 직책을 갖지 못한 D형은 직책이 높은 사람과의 만남에 집중한다. 그랬을 때 뭔가 새로운 권한의 자리를 얻을 수 있지 않을까 하는 기대감을 갖는다. 심지어 그 권한을 갖고 있는 사람과 함께 다니며 자신 또한 같은 권한을 갖고 있다고 생각하기도 한다.

회사 생활에서는 승진하는 것을 가장 큰 보상으로 생각한다. 직책이 높아질수록 이들의 권한도 함께 커지기 때문이다. 그런 점에서 D형의 승진이 빠르기도 하고, 젊은 나이에 높은 직책에 올라가기도 한다. 그럴 때 자신보다 나이가 많은 동료들에게 무례하게 굴기도 한다. D형은 자신이 굉장히 거만해 보일 수 있다는 것을 경계해야 한다.

D형이 주도권을 갖게 되었으니 그 권한을 사용해서 여러가지 일 추진을 하게 된다. 그리고 실제로 좋은 성과를 가져오는 경우가 많다. 이때 D형은 자신의 성과가 위로 잘 보고가 되어 제대로 인정을 받고자 노력한다. 그 인정은 단순히 알아주기가 아닌 승진을 하여 더 높은 곳으로 올라가는 것을 말한다. 경쟁을 하여 위로 올라가는 도전적인 D형의 모습과 이들이 원하는 보상은 매우 연결되어 있다.

I형 자유로움을 허용해 주기

I형은 자유로움을 좋아한다. 그래서 항상 새로움을 유지하고 싶어한다. 회사에서도 매일 동일한 일정으로 움직이기 보다는

유연성 있는 업무 시간을 좋아한다. 요즘은 업무 시간을 자신의 사적인 일정에 맞게 조정할 수 있도록 허용해 주는 회사가 많이 늘어났다. I형에게는 이보다 좋은 조건의 회사는 없다. 시간에 더해 복장까지도 간섭하지 않는 회사가 늘어나고 있다. 오히려 정장을 입지 말고 아웃도어를 입으라고 강조하는 곳도 있다. 시간 사용과 복장 선택이 편해야 업무 성과가 올라간다고 생각하는 유형이다. 그래서 I형이 많은 곳은 항상 자유로움이 넘쳐난다. 이후에 새롭게 '실패의 기회도 허용하기'가 추가되었다. I형은 성과 위주로 몰아붙이게 되면 오히려 성과가 나오지 않는 유형이다. 자유로운 분위기를 제공하는 것이 훨씬 좋다. 그럴 때 I형으로부터 창의적인 의견을 들을 수 있다. I형의 말을 들어보면 불가능해 보이는 내용들이 많아 보이지만 그 누구도 생각지 못한 결과를 가져오는 경우가 많다. I형이 너무나 자유로워 보인다고 정반대의 압박하는 방식을 쓰게 되면 최악의 상황으로 다가가게 된다. "도대체 뭐하고 다니는지 모르겠어요. 앞으로 나갈 때와 들어올 때 일지에 시간을 적으세요."라고 I형에게 말을 한다면 그것보다 멍청한 선택은 없다. I형에 대해서 몰라도 너무나 모르는 것이다. 자유를 억압하는 것을 풀지 않는다면 I형은 그 조직에서 모두 떠나게 될 것이다.

또한 I형은 변화가 없는 단조로운 일정을 조정할 필요가 있다. I형은 지루한 것을 참지 못하는 성격이라 다른 조건이 다 맞더라도 재미를 느낄 수 없다면 그곳을 떠날 생각을 하게 된다. 어디 재미있는 일이 없나 찾게 되고 거기에 꽂혀 실제로 이직을 하게 된다. 자유로우면서 재미있는 보상을 해 주자.

S형 안정적인 분위기를 형성해 주기

S형은 안정적인 분위기를 좋아한다. 그래서 강한 어조로 압박하면 S형은 불편함을 느낀다. 함께 일하는 사람들과 갈등이 없는 상태로 지내는 것을 원한다. 그런 S형에게 새로운 일을 맡기게 되면 오히려 피하게 될 가능성이 크다. 그것은 때로는 승진을 원하지 않는 것처럼 보이기도 한다.

S형은 서로 자신의 상황에 대하여 이야기하는 경우가 많다. 왜냐하면 안정적인 것을 원하는데 그렇지 않은 상황이 벌어진 것에 대해서 공감을 얻고 싶기 때문이다. 사람들 사이에 벌어진 갈등에 대해서 이야기를 하는 S형의 대화를 자르지 말자. S형은 그런 대화를 통해서 마음을 여는 유형이다. 사소한 이야기라고 생각이 될지라도 경청을 해 줘야 하는 유형임을 받아들이자. 때로는 S형으로부터 직접 만든 선물이나 편지를 받게 될 수도 있다. S형의 진지한 마음이 담긴 선물과 편지다. 그 의미에 대해서 깊이 생각하고 답변을 주자. **"뭐 이런 걸 줘. 그냥 말로 하지. 시간도 없는데."**라고 한다면 S형의 마음을 닫아버리게 된다. 그리고 다시 열 수 없다.

C형 자신만의 공간을 제공해 주기

여러 사람들이 모여 북적대며 일하는 것을 좋아하지 않는다. 다 함께 어울리는 단합대회를 준비한다면 그것은 C형들에게 불편함을 만들 뿐이며 단합을 이루고자 하는 목적에서 멀어지게 된다. C형은 혼자 일할 수 있는 공간을 좋아한다. 조용한 공간에서 자기만의 시간 갖기를 좋아하는 C형을 위해서 공간 디자인에 신경을 쓰자. 독립된 공간에 있을 때 자신의 일에 집중할 수 있고 그때 꼼꼼하고 정확한 분석을 할 수 있다. C형은 어떤 문제에 대해서 객관적인 분석을 하고 그것을 보고하는 유형이다. 그래서 C형들의 보고를 받아들여 주는 창구가 있어야 한다. 이들은 단순히 자신의 개인적인 불만을 표현하는 유형이 아니다. 전체적인 분위기와 세세한 사항을 살펴보고 불필요한 조건들을 왜 없애야 하는지 알려주는 사람들이다. 그런 점 때문에 C형의 의견을 잘 받아들이면 발전을 이룰 수 있는 경우가 많다. "**이번에 한번 저희 회의의 문제에 대해서 분석 좀 해 주세요. 저에 대한 지적이 있어도 괜찮습니다. 좀 더 발전된 회의가 될 수 있도록 상세한 분석보고서를 부탁드릴게요.**"와 같은 요구를 해 보자. C형은 매우 열심히 준비를 할 것이다. 그리고 그 요구를 할 때 충분한 시간을 주자. C형에게는 분석을 할 여유 있는 시간이 반드시 필요하다.

'각 유형이 좋아하는 보상'을 살펴보았다. 내용을 보니 각 유형이 '안정감을 얻을 수 있는 상황'과 일치하는 내용들이다. 각 유형이 안정감을 얻을 수 있는 상황은 너무나 뚜렷하게 다르다.

일일이 각 사람의 욕구를 파악해서 맞춤식 제공을 하는 것은 너무나 어려운 방법이다. 그보다는 회사 안에 이 네 가지 보상 중 원하는 것을 선택할 수 있도록 해 주는 것을 추천한다. 사람에 따라서는 어느 한 가지 보상만을 원하는 것이 아닐 수도 있다. 그럴 때마다 자신이 원하는 보상을 선택할 수 있는 기회를 준다면 직원들의 만족은 커지고 성과 또한 함께 좋아질 것이다. 절대로 리더가 좋아하는 방식으로 회사를 만들지 말자. 그것은 나만 좋아하는 것일 뿐 나머지 직원들은 원하지 않는 것일 수 있다. 소에게 보상으로 건초를 주지 않고 비싼 고기를 주는 것과 같다.

스트레스 해소하기

여러분은 스트레스를 풀고 싶을 때 어떤 시도를 하는가? 매운 음식을 먹는가? 아니면 잠시 어디론가 떠날지도 모르겠다. "난 뭘 해도 스트레스가 풀리지 않아. 뭘 해야 할지 모르겠어."라는 말을 한다면 아직 적절한 방식을 찾지 못한 것이다. 각 유형이 원하는 방식을 살펴보자.

D형 운동 같은 육체적인 활동을 하기

"우리 대표님은 왜 항상 등산을 가자고 저럴까요? 혼자 갔으면 좋겠는데 절대로 그렇게 하지 않네요. 심지어 출석 체크까지 해요. 공휴일은 좀 쉬도록 해 줬으면 좋겠어요. 이제는 이렇게 하는 회사는 거의 사라졌다고 하는데 우리는 아직도 그렇네요."라는 불만의 말이 올라온다. 이곳의 대표는 어떤 유형일까? D형이다. 자신이 등산을 하면 스트레스가 풀리는데 다른 유형들도 다 그럴 거라고 생각을 하는 것이다. 어느 직원이 등산을 하는 것을 거부하면 그 사람을 '게으른 사람', '비협조적인 사람'이라고 단정해 버린다. 이런 방식의 등산을 가장 싫어하는 유형은 S형과 C형이다. S형은 산에 가는 것 자체를 싫어하고, C형은 대표의 강압으로 인해 공휴일에 그곳에 왜 가야 하는지 납득이 되지 않는다. D형이 등산, 자전거, 빨리 걷기 등 운동을 함께 하는 것을 시도할 때 반대로 협

Photo by Mathias Jensen on Unsplash

조를 잘 하는 사람들이 있다. 그들은 대표의 도시락도 챙기고, 다른 사람들이 모두 잘 오도록 나서서 일을 진행하기도 한다. D형이 좋아할 수밖에 없다. 이들은 S형과 C형이 낮다고 볼 수 있다. D형은 산을 탈 때 빠른 걸음으로 꼭대기까지 가기를 원한다. 도전을 좋아하는 D형은 중간에 내려가는 일이 거의 없다. 그런 D형에게 "저 너무 힘들어서 더 이상 못 가겠어요. 저 먼저 내려갈게요."라고 말을 한다면 그 날은 D형 대표에게 안 좋게 찍히는 날이 된다. 그는 D형이 보기에 매우 무기력한 사람이며, 주도형인 나의 일을 방해하는 사람으로 느껴지기 때문이다. D형이 등산을 가고 싶다면 〈CHAPTER 8 DISC가 말하는 힐링 - 각 유형이 좋아하는 보상〉에서도 말한 것처럼 좋아하는 사람들만 모여서 가자.

I형 친구 만남 같은 사교 활동을 하기

I형은 많은 사람들과 함께 대화를 할 때 스트레스를 풀 수 있다. 그래서 I형이 모여 있는 곳은 매우 시끄럽다. 반면에 C형은 소수의 사람들만 만나서 이야기하기를 원한다. I형과 C형의 사교 활동은 정반대의 모습을 보인다. 친구를 만나 수다를 떨 수 있는 곳은 어디인가? 한국에서는 집 보다는 카페가 더 적합한 것 같다. 대한민국 어디를 가더라도 카페를 찾는 것은 어렵지 않다. 그곳에서 만나 커피 한 잔을 시켜 놓고 몇 시간 동안 대화를 나눌 수 있다. 또는 술집도 좋은 장소가 된다. 그 장소에서 I형은 먹는 것보다 대화를 하는 것에 더 큰 기쁨을 느낀다. 술집에서 술을 마시며 대화를 하고, 이어 카페에 가서 커피를 마시며 대화를 또 이어 간다. I형은 그런 점에서 미팅 약속도 많고 돈 지출도 많은 편이다. 집에만 가만히 있으면 돈을 쓸 일은 거의 없다. I형은 그런 삶을 살 수가 없다. 하루라도 빠지지 않고 나가서 누군가를 만나고 와야 한다. 그럴 때 스트레스가 풀린다. I형이 친구가 많은 이유는 '성격이 좋아서'라고만 판단할 것은 아니다. 스트레스를 풀기 위해서 친구를 많이 만날 수밖에 없고 그런 모습이 매우 사교적으로 보이는 것이다. 많이 만나는 만큼 깊이 있게 만나는 것은 아니다. I형의 활동 모습을 보고 '저 사람은 어떻게 저 모든 모임에 다 참여하지?'라고 의문을 갖게 될 수도 있다. I형의 성격을 강하게 사용하고 있는 것뿐이다. I형이 높은 사람이라도 다른 유형의 성격을 사용하게 되면 그 왕성한 활동에 변화가 있을 수 있다.

S형 개인적인 휴식 시간을 갖기

누구나 휴식이 필요하다. 말 그대로 아무것도 하지 않는 휴식 말이다. 그런데 특히 S형은 이 휴식 시간이 반드시 필요한 사람이다. S형에게 전화를 하면 이런 경우가 많다.

"여보세요? 어디야?"

"응. 집이야."

"집에서 뭐하는데?"

"응. 쉬고 있어."

전화를 끊고,

"아니 쟤는 항상 집에서 쉬고 있대. 뭐 힘든 게 있다고 맨날 쉬어?"

힘들어서 쉰다기보다는 그냥 쉬는 것이 스케줄에 항상 들어가

Photo by Vladislav Muslakov on Unsplash

있다. 안정적인 것을 좋아하다 보니 어떤 새로운 일에 도전을 하거나, 누군가를 만나는 약속을 잡지도 않는다. 그래서 쉬는 것이다. 이런 휴식 시간을 빼앗아 버리면 S형은 너무나 힘들어한다. D형이 등산을 함께 하자고 제안을 하면 S형은 소심하게 거절을 한다. 이들에게 혼자 있기 좋은 장소는 집이다. S형은 집에서 쉬는 것을 선택한다. 친구들이 집에 놀러 오는 것을 거절하지는 않지만 자신이 쉬는 것을 방해받고 싶지는 않기 때문에 조용히 잠수를 타기도 한다. 종종 연락이 잘 되지 않는 이유는 S형의 '휴식 시간 지키기'라고 보면 된다.

C형 간섭 받지 않는 개인 시간을 갖기

위에서 설명한 '휴식 시간'과 지금 여기에서의 '개인 시간'에는 어떤 차이가 있을까? 얼핏 보기에 비슷하게 느껴질 수 있다. '휴식 시간'은 아무것도 하지 않는 것이고 '개인 시간'은 무언가 자신만의 일을 하고 있는 것이다. C형은 이런 개인 시간을 원한다. 그런데 타인의 명령에 의해서 등산을 가거나 많은 사람들이 모여 있는 카페에 가서 대화를 하는 것은 이들에게 개인적으로 시간을 쓸 수 있도록 허용하는 것이 절대로 아니다. C형은 서점에 가거나 도서관에 가는 것을 좋아하기도 한다. 책을 보는 것도 좋아하지만 그 시간에 혼자 자신의 일에 집중할 수 있기 때문에 C형은 '책'을 보는 환경을 좋아하기도 한다.

먼 곳에 여행을 갈 때에도 C형은 혼자 갈 수 있는 사람들이다.

여행에 대해서 "여행은 혼자가 아닌 누군가와 함께 가는 거라고 생각해요. 어떻게 혼자 가요? 문제가 있는 사람 아니에요?"라고 말을 하는 사람은 C형의 성향에 대해 이해도가 낮다고 볼 수 있다. 국내 여행 뿐만 아니라 해외 여행을 갈 때에도 혼자 가는 사람들이 있다. 서점에 가서 여행 에세이를 살펴보자. 그 저자들은 대부분 혼자 전 세계를 여행한 사람들이다. 누군가와 함께 여행을 가지 않았다는 것은 혼자 생각할 시간을 많이 확보했다고 볼 수 있다. 그 외에도 이들이 혼자 여행을 갈 수밖에 없었던 또 다른 이유가 있다. 누군가와 함께 가게 되면 자기가 원하는 대로 여행 동선을 짤 수 없다. 느끼는 것이 적을 수밖에 없고 기록을 남기는 것도 어렵게 된다. 혼자 여행을 한 번도 가보지 않은 독자가 있다면 이번에 한번 꼭 시도해 보자. 여행에서 돌아올 때 여러분도 에세이를 쓰고 싶은 생각으로 가득찰 것이다.

# CHAPTER 9

DISC 각 유형의 혼합

한 개만 높은 유형
두 개가 비슷하게 높은 유형
한 개만 낮은 유형
네 개가 비슷한 유형

한 개만 높은 유형

DISC 강의를 하다 보면 이렇게 진행을 하는 경우가 있다. "**D형이신 분?**" 그러면 네 가지 점수 중에서 D가 가장 높게 나온 사람들이 손을 든다. 그런데 아래 그래프를 보자. D의 점수는 80이고 I의 점수는 79이다. 이런 결과가 나온 사람도 위의 질문에서는 D형에서 손을 들 것이다. 하지만 D형이라고만 할 수 없는 결과다.

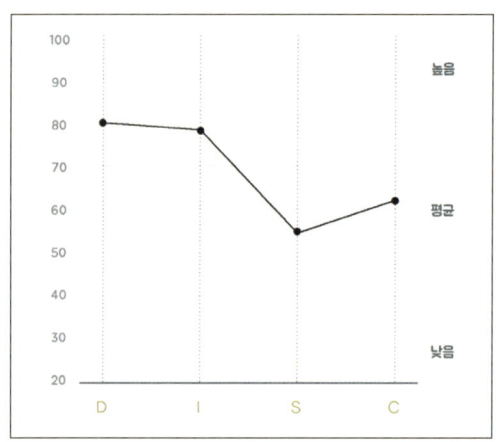

한 개만 높게 나오면 그 유형의 성격을 뚜렷하게 사용하는 사람이라고 할 수 있다. 오른쪽 페이지의 그래프가 그렇다고 볼 수 있다. 나머지 세 개의 점수보다 D형의 점수가 월등히 높다. 이런 경우 편의상 D형이라고 부른다. 하지만 I, S, C의 점수가 0점

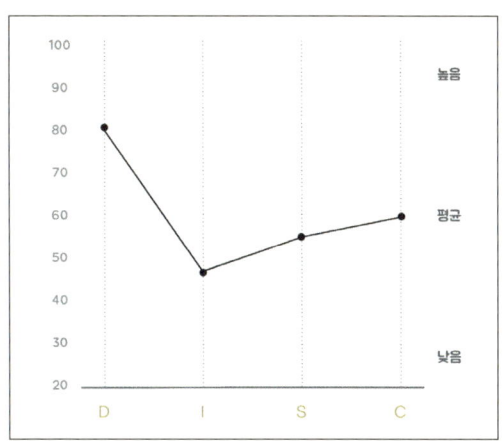

은 아니다. 그래서 I, S, C유형의 모습도 사용하는 사람이다. 상대적으로 덜 사용하기 때문에 D형이라고 부르는 것뿐이다. 이때 이런 질문이 나온다. **"정확히 몇 점 차이가 나면 어느 하나의 유형이라고 부를 수 있나요?"** 사실 그것을 정하는 뚜렷한 기준이 있는 것은 아니다. 커트라인이 있어서 그 이상과 그 이하를 다르게 부르지는 않는다.

하나의 유형이 나머지 유형에 비해서 뚜렷하게 높다면 그 사람은 그 성격을 두드러지게 보여준다. 아무래도 그 사람은 그 유형을 사용하는 것이 훨씬 편할 것이다. 그래서 우리가 보는 상대의 모습은 그가 주로 사용하는 유형의 모습이 되고, 위의 그래프라면 D형이라고 하는 것이다.

두 개가 비슷하게 높은 유형

256페이지의 그래프라고 할 수 있다. D와 I의 점수 차이는 1점이다. 한 달 후에 다시 검사지를 풀면 I의 점수가 D보다 1점 더 높을 수도 있다. 둘 다 비슷하게 높았기 때문에 1등은 왔다 갔다 할 수 있다. 그래서 이런 점수 결과가 나온 경우에 D형이라고만 단정지어서는 안 된다. "D형과 I형이 비슷하게 높아요."라고 표현하는 것이 맞다. 그렇지 않으면 D형이었다가 한 달 후에 I형으로 바뀌었다고 말할 수밖에 없다. 말도 안 되는 변화다. 전체 점수의 분포를 보고 유형을 판단해야 한다.

두 개의 유형이 비슷하게 높게 나왔을 때 그 두 유형을 사용하는 상황이 다를 수 있다. 예를 들어 D형은 집안에서 쓰고 I형은 집밖에서 쓸 수 있다는 것이다. 집안에서는 주도권을 휘두르는 가부장적인 D형 아버지의 모습이지만 밖에서는 매우 유머러스하고 융통성 있는 I형의 아버지일 수 있다. 모든 상황, 모든 대상에게 동일하게 D형과 I형의 모습을 함께 보여주는 것이 아니다. 여러분이 지인의 한 가지의 면만 보다가 어느 날 또 다른 모습을 보고 당황하게 될 수 있지만 그 사람은 원래부터 그 두 가지 성향을 다 많이 사용하는 사람이었던 것이다. 그래서 우리가 검사지를 통하지 않고 경험을 통해서 지인들의 DISC 유형을 파악할 때에는 여러 상황에서의 모습을 다 종합해서 판단해야 한다. 지인과 1박 2일 합숙을 하더라도 서로 어느 한 가지의 모습만 보여준다면 상대의 유형 파악이 정확하게 될 수는 없다.

한 개만 낮은 유형

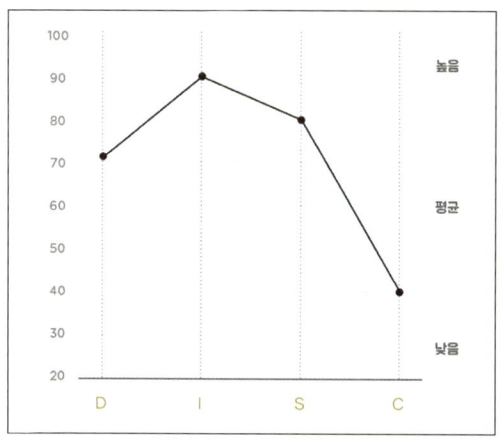

위 그래프를 보면 C형이 가장 낮은 것을 확인할 수 있다. 확실히 나머지 유형들의 점수에 비해 낮음을 보여준다. 이 사람은 C형을 사용하는 것이 가장 불편한 사람이다. 그래서 C형의 모습을 사용해야 하는 상황에서 그 사용을 피할 것이다. 충동적으로 결정하든가 너무 꼼꼼한 행동을 하는 것이 필요하지 않다고 말할 가능성이 크다. 이렇게 뚜렷하게 낮게 나오는 유형은 자신의 단점으로 작용할 수 있다. 위 그래프의 주인공은 C형의 성격을 사용하는 것이 불편할 뿐만 아니라 C형과 함께 일하는 것도 불편할 수 있다. 그러나 이것을 자신의 약점이라고 받아들인다면 갈등은 덜 생기게 된다. "**저는 C형의 점수가 가장 낮아요. 꼼꼼하게 따지는 것을 제가 잘 못해요.**"라고 말을 하면 다른 사람들이 그 역할을 대신 할 수 있다. 그런데 이런 결과를 자신의 단점이라고 받아들이지 않으면 C형의 모습을 보여주는 사람들을 싫어하게 된다. 자신의 약점을 받아들이고 싶지 않기 때문이다. "**저렇게 따져서 뭘 하겠다고 저래? 피곤한 스타일이야.**"라는 식으로 C형의 모습을 깎아 내리려고 한다. 나에게 가장 낮은 점수가 나온 유형을 비판하는 것에서 벗어나, 내가 잘 사용하지 못하는 장점을 갖고 있는 사람으로 받아들이게 되면 협업까지도 충분히 이어질 수 있다.

네 개가 비슷한 유형

DISC 강의 참여자들이 푼 검사지를 보면 네 가지 유형의 점수가 비슷비슷하게 나오는 경우를 많이 보게 된다. 푼 사람은 이런 자신의 결과를 보면서 "**전 좀 이상한가요? 전 특징이 없는 사람이에요?**"라고 질문을 한다. 다음 페이지의 그래프처럼 결과가 나온다면 어떻게 해석해야 할까?

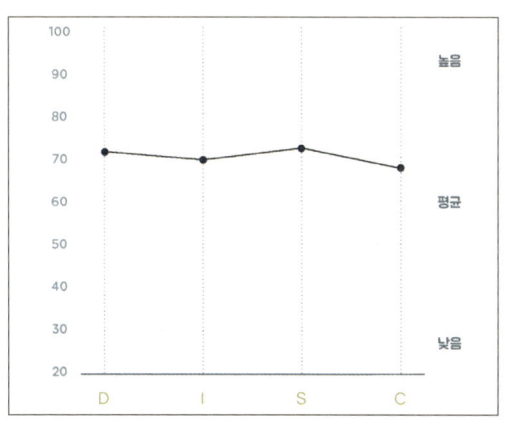

1점 차이로 S형이 가장 높다고 "**이런 결과는 S형이라고 봐야 합니다.**"라고 강사가 말을 한다면 무조건 오판이 된다. 이렇게 설명을 하는 강사는 네 가지 중에서 가장 높은 점수를 찾는 것으로 배웠기 때문인데, 잘못된 교육을 받은 것이다. 그런데 생각보다 많은 사람들이 이렇게 알고 있다. 위의 그래프는 각 유형의 점수 편차가 거의 없다. 순위는 언제든지 뒤바뀔 수 있다. "**네 가지 유형이 비슷한 사람입니다.**"라고 하는 것이 가장 정확하다. 네 가지 유형을 골고루 사용하는 사람이다. 어느 하나를 특별히 많이 사용하거나 덜 사용하지도 않는 사람이다. 그런 면에서 어느 유형과도 잘 지낼 수 있는 사람이라고 할 수 있다. 이런 결과를 보고 '개성이 없는 사람'이라고 하는 것은 적절지 못하다. '모든 유형과도 잘 어울리는 사람'이라고 하는 것이 적절하다.

여기에서 네 가지 유형을 모두 많이 사용하는 사람의 사례를 살펴보려 한다. 대표적인 인물은 뭐니 뭐니 해도 유재석이라고 할 수 있다. 그렇다면 그 근거를 찾아야 한다. 유재석은 모든 방송

에서 주진행자의 역할을 하고 있다. 프로그램의 주도권을 유재석에게 맡기는 것이다. 그리고 유재석은 그 역할을 매우 잘 해낸다. D형의 주도적인 모습, 결과를 만들어내는 모습을 모든 프로그램에서 확인할 수 있다. 만약에 D형이 강하지 않았다면 그에게 주진행자의 역할을 맡기지는 않았을 것이다. 뿐만 아니라 그의 입담을 통해서 큰 재미를 느낄 수 있다. 순발력이 좋아 어느 순간에서도 재치있는 모습을 잘 보여 준다. 이런 모습은 I형을 보여 주는 것이라고 할 수 있다. 또한 많은 후배들의 입을 통해서 그의 감동적인 미담 이야기가 나온다. 후배들이 힘들어 할 때 묵묵히 잘 도와주는 선배인데, 그럴 때에는 S형의 기다림과 보살핌을 잘 보여 준다. 그리고 자신이 진행하는 모든 방송을 모니터링하기도 하는데, 그런 꼼꼼한 자기 관리의 모습은 C형임을 보여 준다. 즉 네 가지 유형의 모습을 다 뚜렷하게 보여

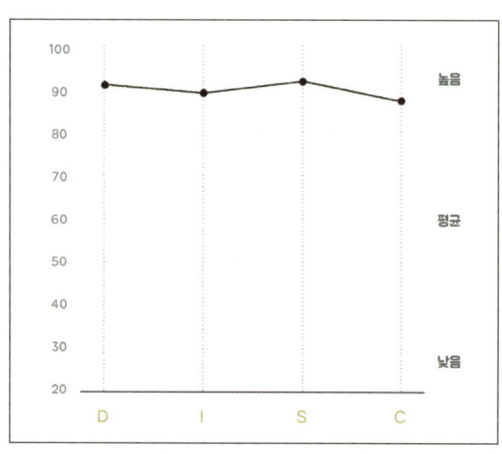

주는 것이다. 그의 DISC 유형 점수를 예상해 본다면 네 가지 유형 모두 비슷한 점수를 보여 주지 않을까 생각한다. 그 점수들이 평균 지점에 머무는 것이 아닌 그보다 윗쪽에 있을 가능성이 크다. 위의 그래프 모양을 예상한다. 모든 유형을 다 많이 사용하는 사람이라고 할 수 있다. 그래서 그는 어떤 스타일의 방송을 하더라도 그에 맞게 변신을 잘 하는 카멜레온과 같은 모습을 보여 준다. 이런 점 때문에 유재석의 인기는 앞으로도 계속 이어진다고 예상할 수 있다. 현재 인기가 있는 진행자 중에는 특정 한 유형만 잘 사용하는 사람들이 많다. 그는 특정 진행의 모습에서 크게 벗어나지 않는다. 스튜디오 내에서는 잘 하는 진행자가 외부에 나가서 진행을 하게 될 경우 어려움을 겪기도 하는데, 유재석은 스튜디오 안팎에서 다 잘하는 모습을 보여 준다. 다른 사람들보다 사용할 수 있는 행동의 범위가 넓은 사람이라고 할 수 있다. 어떤 역할을 새롭게 주더라도 손쉽게 적응

하고 이끌어 나갈 수 있는 사람이다.

우리가 사람을 DISC로 평가할 때 "저 사람은 D형이야."처럼 한정하여 정의를 내릴 때가 많다. 하지만 그것보다는 **"저 사람은 지금 D형의 모습을 사용하고 있어."**가 더 적절한 표현이다. 네 가지 유형 중에서 주로 사용하는 것, 특정 상황에서 더 사용하는 것이 다를 뿐이다. 이것을 잘 조절하는 사람이라면 어느 상황에서 어느 사람을 만나더라도 적절한 행동의 모습을 보여줄 수 있다. 이제는 "무슨 형이에요?"라고 묻지 말고, **"주로 어떤 유형을 쓰세요?"**라고 질문을 하자. 이것이 더 정확한 질문이다.

D - 감독자형
D/I - 결과지향형
D/I/S - 관계중심적 지도자형
D/I/C - 대법관형
D/S - 성취자형
……

위와 같은 방식의 분류표를 본 사람도 있을 것이다. 이것은 총 40개의 유형으로 분류가 된다. 이 분류는 다음과 같은 방식으로 만들어진다. 먼저 D형이 가장 높은 경우에 총 10개의 유형으로 분류를 할 수 있다.

D
D/I, D/I/S D/I/C
D/S, D/S/I D/S/C
D/C, D/C/I D/C/S

같은 방식으로 I, S, C도 10개씩 분류하게 되어 총 40개가 되는 것이다. 이 분류 방식으로 유형을 보는 것은 정확할까? 그렇기도 하고 아니기도 하다. D/I/S는 '관계중심적 지도자형'이라고 명명했는데 지도자적인 D형과 관계중심인 I형, S형이 합쳐져서 그렇게 이름을 지은 것으로 예상한다. D/S형을 '성취자형'이라고 한 것에 대해서는 동의하는가? S형은 성취와 거리가 멀다. 40개의 이름을 다 명명하다 보면 적합하지 않은 이름도 있을 것이다. 그리고 D/S형이라고 했는데 어떤 그래프를 D/S형이라고 부를 것인가? 아래의 두 그래프를 비교해 보자.

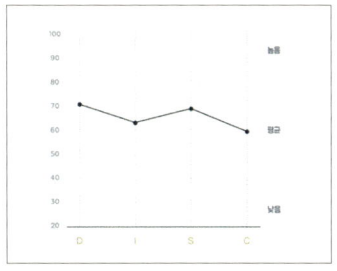 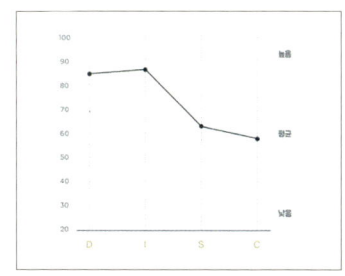

첫 번째 그래프를 D/S형, 두 번째 그래프는 I/D형이라고 할 수 있는데 앞에서 설명한 명명법에 의하면 첫 번째 그래프를 성취자형, 두 번째 그래프를 설득자형이라고 한다. 그런데 점수를 갖고 분석을 해 보면 성취는 첫 번째 그래프보다 두 번째 그래프가 더 뛰어나다고 할 수 있다. 또한 설득은 첫 번째 그래프가 더 뛰어나 보인다. 그래서 자신의 결과를 단순하게 '~~형'으로 이름을 한정하는 것, 저 '40개의 명명법'에서 자신의 결과를 찾는 것은 정확한 이름 발견이 될 수 없다.

CHAPTER 10

DISC 배울 때 자주 나오는 질문

반대 유형이 주는 불편함
단어 실수
아이들 진단
반대로 행동해 보기
DISC와 에니어그램 비교
공통점, 차이점

반대 유형이 주는 불편함

독자 자신이 DISC를 제대로 활용할 수 있을 정도로 공부를 했다고 가정해 보자. 모든 유형에 대해서 충분히 이해를 잘 하고 있는 것이다. 그렇다면 어떤 유형을 만나더라도 불편함이 없을까? 누구를 만나더라도 불편함이 없도록 하기 위해서 DISC를 배웠는데 불편함이 100% 사라지지 않는 이유는 무엇일까? 하나의 사례를 소개한 후에 이에 대한 설명을 하겠다. 사례의 주인공은 D형이다.

우리 가족은 나, 아내 그리고 아이 둘로 구성되어 있다. 그런데 어느 날 어떤 이유로 처제가 함께 살게 되었다. 처제가 어떤 유형인지 진단을 정확히 해 보지는 않았지만 D형의 성격은 전혀 보이지 않았고 그 반대 유형인 S형이 높을거라고 예상이 되었다. 주변에서는 처제가 우리와 함께 사는 것에 대해서 "처제가 아이도 함께 봐줄 수 있으니 잘 됐네!"라고 하는 반응과 "처제를 받아들이다니 형부가 착하네!"라고 하는 반응이 있었다. 나는 DISC를 잘 알고 있다. 과거에 DISC 전문가 과정을 수료했기 때문에 처제의 성격을 잘 이해할 수 있을 것이라고 생각했다. 하지만 전혀 그렇지 않았다. 불편한 점이 한두 가지가 아니었다. 무엇보다 대화를 할 때 아무런 주장이 없는 처제의 모습이 매우 답답했다. 그리고 선뜻 나서서 뭔가를 하지 않는 모습도 동일하게 내 속을 터지게 만들었다. 처제는 밥 먹는 시간 외에는 주로 핸드폰만 보고 있었다. 심지어 함께 밥을 먹을 때에도 식탁 위에 핸드폰을 올려놓고 뭔가를 보면서 밥을 먹었다. 종종 언니인 아내가 뭐라고 이야기를 해 보지만 변하는 것은 없다. 난 처제에게 뭐라고 하지는 않았지만 속으로는 불편한 마음이 점점 쌓여가고 있었다.

이 사례의 주인공은 처제 때문에 매우 힘들어 하고 있다. DISC를 배웠고 성격에 대해서 잘 알고 있는데 왜 힘든 것이 사라지지 않을까? 그 이유는 힘들게 하는 원인이 제거되지 않았기 때문이다. 주인공은 여전히 D형을 주로 쓰고 있고, 처제는 여전히 S형의 모습으로 형부의 집에 얹혀 살고 있다. D형이 S형의 성격에 대해서 배웠지만 그 S형의 모습을 바라보는 것은 쉽지 않은 것이다. 하루 이틀만 보는 것이 아니라 매일 한 집에서 봐야 하는 상황이니 힘들 수밖에 없다. 그렇다면 어떻게 해야 주인공의 불편함이 사라질까? 형부가 처제와 함께 살지 않는 것이다. DISC를 통해 처제의 스타일에 대해서 충분히 받아들일 수 있는 상태가 된다면 함께 살 수 있다. 그런데 여기에서의 상황은 불편함이 여전하다는 것이다. 그렇다면 함께 지내지 않는 것이 그 다음 해결책이 된다. 이런 '회피'도 해결책이 될 수 있음을 말해 주고 싶다. 그래서 이런 것을 미리 아는 지도자는 팀을 짤 때 갈등이 생길 수 있는 사람들을 분산시켜 놓는다. 매우 지혜로운 지도자다. 잘 맞지 않는 사람들을 모아 놓고 서로 이해하라고만 하는 것은 좋은 조언이 아니다. DISC가 모든 사람들을 다 이해하게 만드는 만능의 프로그램이 아니다. 그것보다는 무엇이 문제인지 모를 때 그 문제가 정확히 무엇이고 어떻게 하는 것이 가장 효과적인 해결책인지 알려 주는 것이다. 형부와 처제가 불편함 없이 함께 살려면 둘 다 자신이 주로 사용하는 성격 외의 다른 성격을 사용해야 한다. 하지만 그것이 아니라면 불편함은 전혀 사라지지 않는다. D형이 매일 '**이해해야 해. 참자. 나와 다른 것 뿐이다.**'를 되뇌인다고 불편함이 해결될 수 있을까? 그것은 억지로 참는 것밖에 되지 않는다. 불편함이 무엇인지 알았다면 그 다음은 그 원인을 제거해야 한다. DISC 교육을 통해 '**저 사람과 내가 잘 맞지 않는 이유가 있었구나.**'라는 지식을 얻는 것도 필요하고, '**저 사람과 함께 일을 하면 불편할 것이 분명 발생하겠구나. 팀으로는 함께 하지 않는 것이 좋겠어.**'라는 결정을 내리는 것도 필요하다. 불편함의 '원인 파악'과 '원인 제거' 둘 다 필요하다는 것을 명심하자. 원인을 파악한 것으로만 불편함이 제거되지는 않는다는 것을 말하고 싶다. 실제 사례의 주인공은 처제가 따로 살게 됨으로 모든 문제가 해결되었다. 이 사례의 주인공은 형부와 처제이지만 만약 부부 사이라면 다르게 조언을 해야 한다. 왜냐하면 위 처제처럼 따로 살아야 한다는 것은 결국 이혼하라는 것밖에 되지 않기 때문이다. 분리하는 것이 필요한 관계가 있고 그렇지 않은 경우도 있으니 주의해야 한다.

단어 실수

DISC를 강의하는 사람들이 많다. 그 이유는 DISC는 딱 네 가지의 분류이고 각 유형을 조금만 공부해 보면 강의 경력이 있는 사람은 쉽게 할 수 있을거라는 판단이 서기 때문이다. 그래서 가볍게 공부를 하고 강의를 하는 사람들이 많은 것도 사실이다. 그러면서 발생한 문제가 있다. DISC에서 말하는 유형의 단어 의미를 각자 자신의 생각으로 정의를 내린다는 점이다. 교육을 받은 후에 이런 말을 한다. "**전 지금까지 제 배우자를 S형이라고 생각했어요. 그런데 전혀 아니었네요. 그 단어의 의미를 전 다르게 생각했었어요. 오늘 강의에 오기를 정말 잘 했어요. 사실 저 DISC 강의를 5년 넘게 해 오고 있거든요."**

이 경우는 S형의 '안정'을 다르게 인식했기 때문이다. '안정'이라는 단어는 여러 가지로 해석될 수 있다. D형에게 안정은 주도권을 갖는 것이고, I형은 주변 사람들과 재미있는 대화를 나누는 것이다. C형은 정확한 이유를 상대로부터 들을 때 안정감을 느낀다. 하지만 S형의 안정은 어떤 변화나 갈등이 없는 안정이다. 그래서 S형을 우유부단한 사람, 주변 사람들에게 **"아니오"**라는 답변을 하지 못하는 사람이라고 하는 것이다. 이 안정의 개념을 제각각 생각하다 보면 엉뚱한 해석으로 빠져버릴 수 있고 결국 오판을 하게 된다.

I형의 '인정'이라는 단어도 추가 설명이 필요하다. D형도 자신이

주도적인 역할을 맡아서 일을 할 때 결국 인정을 받고자 하는 것이 아닌가 생각이 들 것이다. 맞는 말이다. 하지만 I형의 인정은 그런 인정이 아니다. 방금 D형이 인정을 받고자 한 것은 일을 할 때 그 성과에 대한 인정이다. 하지만 I형의 인정에는 일의 성과가 아니다. I형은 일중심이 아니다. 사람중심이기 때문에 자신의 존재에 대한 인정을 원한다. "너 정말 재미있어. 우리 팀의 분위기를 너무 좋게 만들었어. 앞으로도 잘 부탁해."라는 말을 원한다. 그래서 일의 성과가 좋지 않을 수도 있다. "결과가 좀 아쉽지만 우리 모두가 재미있으면 됐지!"라고 말을 하는 사람들이다. I형을 설명할 때 이런 '인정'이라는 것의 의미를 구체적으로 설명해 줘야 한다. 그렇지 않으면 강의를 듣는 사람마다 제각각 I형의 '인정'을 정리하게 된다.

C형의 '좁은 대인관계'에 대해서도 할 말이 많다. C형은 근거를 요구하는 사람들이다. 그래서 어떤 문제에 대해서 이야기를 하다 보면 "그런데 그 근거는 뭐에요? 진짜 그게 효과가 있는거에요?"라고 물어본다. 이런 말을 하면 너무 예민해 보이기도 하고 꼬투리를 잡으려고 물어보는 것 같다. 그래서 C형을 설명할 때 '대인관계가 그리 좋지 못하다'라는 표현이 있는 것이다. 하지만 이 표현에 변화가 나타났다. 지금 시대는 근거를 물어봐야 하고 더 꼼꼼하게 따져야 할 일들이 많아졌다. 그래서 C형의 질문은 예민함이 아니라 당연함으로 점점 인식되고 있다. C형에 대한 평가가 바뀌고 있는 것이다. C형이 바뀐 것이 아니라 C형을 바라보는 그 사회가 바뀐 것이다. 실제로 과거에는 D형인 리더가

많았다면 이제는 C형이 더 많아진 것도 사실이다. 꼼꼼하지 않고 어떤 일에 대해서 이유를 설명하지 못하면 리더로서의 자질이 부족하다고 할 수 있기 때문이다. C형의 필요성이 과거보다 높아지고 있다는 것을 체감할 것이다. 이제는 C형을 설명할 때 '좁은 대인관계'라고만 단정해서 설명하기 보다는, 왜 그런 표현이 있는지 그리고 어떻게 바뀌고 있는지를 함께 설명해 줘야 한다.

마지막으로 가장 많이 하는 실수를 소개한다. 그것은 DISC를 DISK라고 하는 것이다. 전혀 K가 될 수 없다. conscientious, careful, concerned, calculating, competent, contemplative의 단어라서 C인 것인데, 예상 외로 K로 써서 슬라이드를 만들고 그것으로 강의를 하는 강사들이 많다. 강사의 블로그에 들어가 프로필을 보면 C 대신 K로 써서 소개를 하는 글을 어렵지 않게 찾을 수 있다. 몰라서 그렇게 썼다고 생각하지 않는다. 실수인데 치명적인 오점을 남기는 실수라고 할 수 있다. 꼭 점검하자.

아이들 진단

"초등학생 아이들은 어떻게 진단을 할 수 있어요?" 학부모라면 자녀들의 유형에 대해서 매우 궁금해할 것이다. 초등학생도 성인이 푸는 검사지를 풀 수는 있다. 모르는 단어가 있다면 설명해 주면 스스로 알아서 잘 푼다. 그런데 아이들이 자신의 유형에 대해서 스스로 판단을 잘할 수 있을까? 그렇지 않을 수 있다. 그런데 이것은 사실 성인도 마찬가지다. 어른이라고 모두 객관적이지 않기 때문이다. 심지어 아이보다 더 주관적인 어른도 많다. 하지만 남이 대신 나에 대해서 풀어줄 수는 없지 않은가. 그래서 아이들도 한번 직접 풀 수 있도록 옆에서 도와주자. 그리고 하나 더 따져 보기를 추천한다. 그것은 '관찰'이다. 아이의 여러 곳에서의 모습을 관찰해 보자. 집, 학교, 학원, 그 외 장소에서의 모습을 종합해 봐야 한다. 왜냐하면 집에서 모든 유형의 모습을 다 보여주지 않기 때문이다. 〈CHAPTER 9 DISC 각 유형의 혼합〉에서 설명한 것처럼 다양한 곳에서의 모습을 종합해서 판단해야 한다. 검사지로 푼 결과와 관찰을 한 결과를 종합해서 본다면 더 확실한 아이의 모습을 확인할 수 있을 것이다.

아이의 결과가 어떻게 나오든 간에 그대로 받아들이자. 부모가 원하는 모습과 다르게 나왔다고 지적을 하거나 비판적인 평가를 한다면 큰 문제가 생긴다. 아이는 자신의 성격을 보여주는 것 뿐인데 부모의 잘못된 말로 인해서 '잘못된 아이'가 될 수 있기 때문이다. 아이는 성장하면서 자신의 유형을 바꾸기도 한다. 여러가지 행동을 해 보고 감정을 느껴가면서 다양한 성격을 만들 수 있다. 아이들은 아직 뭐가 어떤지 잘 모른다. 그래서 매우 유연성 있게 행동을 해 가며 경험하는 존재인데 그 성격을 부모가 통제하면서 "넌 ~~~한 아이가 되어야 해."라고 하는 것은 위험한 행동이다. 간단한 조언만 해 주자. "이번에는 그 상황에서 아무런 말을 하지 못했네. 아쉽지? 그럼 다음에는 그 순간에 무조건 참지 말고 표현을 해 봐. 분명 이런 상황은 또 생길 수 있거든." 라고 말을 해 주면 아이도 그렇게

해 보려고 노력을 할 것이다. 어떤 것이 더 효과적인지 아이도 스스로 판단을 하게 된다. 아이는 부모의 영향을 크게 받는다. 부모의 욕심으로 인해서 '완벽한 아이'를 강요하고 있지는 않은지 생각해 보자. 부모의 집착이 크면 클수록 아이는 행복하지 않게 된다. 오죽하면 위와 같은 책이 나왔을까. 매우 씁쓸한 상황을 지적하는 책이다. DISC를 통해서 그런 집착을 내려놓자. 있는 그대로 바라보자.

반대로 행동해 보기

우리가 특정 유형을 주로 쓰는 이유는 간단하다. 그것이 가장 편하기 때문이다. 다른 더 좋은 것이 있더라도 지금까지 써온

것이 편하다고 판단한다면 계속 그것을 사용하는 것이다. 계좌 이체를 할 좋은 프로그램이 나오더라도 여전히 은행에 가 창구에서 계좌 이체를 하는 사람들이 있다. 집에서 앱으로 손쉽게 할 수 있다고 알려줘도 그렇게 하지 않는다. 그의 방법이 실제 가장 편한 방법이 아니지만 자신은 그렇게 믿고 싶은 것이다. 성격도 이와 비슷하다. 지금 주로 사용하고 있는 성격이 항상 좋은 방법이 아니지만 그냥 그것만 쓰고 싶은 것 뿐이다. 이렇게 계속 살다 보면 다른 성격에 대해서 점점 이해하지 못하게 된다. 그리고 자신도 그 성격을 전혀 쓰지 않게 된다. 이럴 때에는 그 성격을 의도적으로 사용을 해 보는 것이 필요하다. 그런데 문제가 있다. 그 성격을 거의 사용해 보지 않은 상태에서 그것을 시도해 보라고 하는 것은 결국 하지 말라고 하는 것과 같다. 그래서 세부 계획표를 만들어 실천을 해야 한다. 먼저 각 유형이 무엇을 실천해야 하는지 살펴보자.

D형이 높은 사람

- 과도한 목표를 세우지 말고 신중히 생각하고 결정하기
- 독자적으로 결정하지 말고 전체의 의견을 묻고 존중해 주기
- 남의 이야기를 끊지 말고 충분히 듣고 답변을 하기

I형이 높은 사람

- 과도한 예능 시청을 줄이고 계획을 세워 실천하기

- 너무 많은 모임을 잡지 말고 우선순위를 정하고 중요한 것 먼저 진행하기
- 쓸데없고 의미가 없는 대화는 줄이고 주제를 벗어나지 않기

S형이 높은 사람

- 수동적으로 기다리지 말고 주도하는 일을 만들기
- 익숙한 일의 패턴을 벗어나 새로운 일을 해 보기
- 우유부단하지 않게 스스로 직접 결정하고 실행하기

C형이 높은 사람

- 너무 분석하지 말고 마음 편하게 즐기기
- 사람들을 만나는 약속을 잡고 수다를 해 보기
- 사람들의 실수가 있을 때에도 그 원인을 찾지 말고 용서하기

위의 내용에 따라 자신의 한 주 스케줄을 계획해 보자. 어느 요일에 어떤 일을 해야 한다고 분명히 작성해야 한다. 예를 들어 C형이 높다면 누구를 만날지 지금 당장 만남 약속을 잡자. "**저희 못 본지 오래된 것 같아요. 저희 신도림역 근처에서 수요일 저녁에 볼까요? 제가 밥을 살게요.**" 이것을 실행해 보는 것은 '경험하기'를 넘어 '활용하기'로 가는 것이다. 실제로 이것을 실행해 보면 색다른 경험을 겪게 된다. 일단 어색한 성격을 사용하는 것이다 보니 묘한 기분을 느낄 수 있다. 그리고 생각보다 효과적으로

문제가 해결되는 것을 확인할 수 있다. 그리고 인맥도 다양하게 확장된다. 그동안 자신의 특정 성격과 맞는 사람들하고만 어울렸다면 이제는 그 외의 사람들과도 어울릴 수 있게 된다. 잘 안 맞는 사람, 싫어하는 사람이 줄어든 것이다. 이 노력은 생각보다 쉽지 않다. 실천을 했다고 자신이 다른 유형을 잘 사용하는 사람이 되었다고 성급하게 생각하지는 말자. 여전히 자신의 원래 모습은 불쑥불쑥 튀어나올 것이다. 괜찮다. 조금씩 다양한 성격을 쓸 수 있는 모습이 되어가는 것이다. 이런 이야기를 하는 사람들이 있다. "제 성격이 많이 바뀌었어요. 예전에는 D가 높고 I가 낮았는데 이제는 I가 많이 높아졌어요. 나이를 먹어서 그런가요? 예전에는 의견이 조금만 달라도 바로 화를 냈었거든요."

이 말은 스스로 I를 많이 쓰고자 노력을 한 결과라고 할 수 있다. 살다 보니 그렇지 않을 수 없었고 그런 노력이 쌓여서 이제는 그런 모습이 된 것이다. 나는 이 사람에게 **"성격이 바뀌었죠? 살다 보니 바뀔 수밖에 없는 상황이 있었기에 그런거죠?"**라고 물어보면 "네. 맞아요."라고 답변을 한다. 오히려 잘한 결정이라고 본다. 자신이 D를 너무나 강하게 쓰는 사람이라는 것을 알게 되었고 모든 상황에서 그 D가 완벽하지 않음을 알았던 것이다. 상대적으로 I는 낮았는데 그것을 사용하고자 노력을 했고 실제로 그렇게 된 것이다. 이 사람이 계속 자신의 D형만 고집해서 살았다면 어떻게 될까? I형과는 계속 부딪힐 수밖에 없다.

자신이 주로 사용하는 성격의 좁은 범위에서 벗어날 필요가 있다. 사실 성격이 쉽게 바뀌지는 않는다. 하지만 노력하는 사람들은 행동 유형을 바꿔 잘 사용하고 있다. 나 자신도 그 주인공이 되어 보자.

DISC와 에니어그램 비교

DISC와 에니어그램은 비슷한 점도 있고 그렇지 않은 점도 있다. 단순히 비교하는 내용을 소개하고자 이 내용을 넣은 것은 아니다. 두 개의 특징을 알면 좀 더 좋은 학습이 되고 활용하는 데 더 도움이 될 것 같기에 설명하고자 한다.

공통점

둘 다 사람의 성격을 분류한다. DISC는 네 가지, 에니어그램은 아홉 가지 성격을 설명한다. 각자 정해 놓은 분류에서 어떤 성

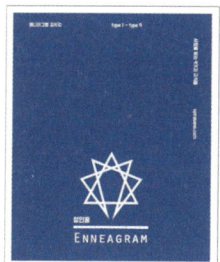 

격의 모습을 어느 정도 사용하는지 통계적인 방법을 통해서 진단한다. 특정 성격이 두드러지게 높은 사람이 있고, 전체를 다 비슷하게 사용하는 사람도 있다. 자신의 성격을 이런 프로그램에 넣어 따져보는 것이지, 프로그램에 자신의 성격을 억지로 넣어 그 중 하나의 유형을 찾는 것이 목적은 아니다. 이 두 가지를 통해서 자신의 성격을 파악해 보면 또 다른 테스트가 필요 없을 정도의 좋은 정보를 얻을 수 있다. 두 프로그램에서 말하는 성격에는 비슷한 유형들이 있다. (여기에서는 에니어그램의 각 번호의 유형이 무엇인지에 대해서는 설명하지 않는다.)

D형 = 1번, 3번, 8번

I형 = 7번

S형 = 2번, 6번, 9번

C형 = 5번

위의 연결이 100% 일치한다고 할 수 없다. 각 유형마다 약간씩은 다른 점을 함께 가지고 있다. 그래서 이런 연결을 일부러 하지는 않지만 지금은 비교를 하기 위해서 언급을 한다. 두 가지 프로그램을 모두 다 진단해 보면 자신의 확실한 성격을 알 수 있다.

위의 분류에서 에니어그램쪽 번호를 보면 아홉 개의 번호 중에 4번은 없다. DISC에서는 에니어그램의 4번을 설명하는 유형이 없는 것이다. 에니어그램 4번은 '감정 기복'이 심하고 '부정적 생각에 쉽게 빠진다'라고 하는 내용이 있지만, DISC에서는 그런 성격의 유형은 없다. 그래서 DISC 검사만 하게 되면 에니어그램에서 말하는 감정 기복과 부정적 감정의 4번 성격에 대한 설명은 얻을 수 없다.

차이점

각 프로그램이 다루는 성격의 차이점이 있을 수밖에 없다. 위에서 언급한 에니어그램 4번에 대한 내용이 그렇다. 그런데 그보다 더 큰 DISC와 에니어그램의 차이점이 있다. DISC는 각 사람이 보여주는 외적인 행동에 초점을 둔다. 하지만 에니어그램은 외적인 모습을 보여주게 되는 내적인 원인을 집중적으로 다룬다. 예를 들어 DISC의 S형을 설명할 때에는 '착하다'라고 말하기도 한다. 그리고 그 착한 이유를 이들은 거의 주장을 하지 않기 때문이라고 말한다. 주장을 하는 것을 좋아하지 않다 보니 누군가에게 어떤 강요를 할 일이 없다. 어느 누구에게도 불편한 주장과 질문을 하지 않는 사람들이다. 하지만 에니어그램은 다르게 바라본다. 에니어그램에서 착하다고 말하는 대표적인 유형은 2번과 9번이다. 2번은 남에게 도움을 주는 '봉사자'라고 할 수 있다. 9번은 자신의 마음의 평화를 위해서 아무것도 하지 않으려고 하는 '평화주의자'이다. 이 정도의 해석은 DISC에서도 비슷하게 한다. 하시만 에니어그램은 그 이유를 더 자세하게 파고 들어간다.

2번은 다른 사람에게 봉사를 많이 하는데 그 이유는 그런 행위를 통해서 고맙다는 보상을 받기 위한 목적이 있다. 필요한 사람이라는 확인을 통해서 자신의 정체성을 확인하는 사람이다.

9번은 화내는 것을 회피하고자 하는 사람이다. 그 이유는 자신의 마음의 평화를 유지하고 싶기 때문이다. 그 목적 때문에 어느 누구에게도 싫은 소리를 하지 않는다. 에니어그램은 각 유형이 왜 그 성격을 집착하고 있는지 그 원인을 건드린다. 하지만 DISC는 그런 접근이 아닌 보여지는 모습을 분석하는데 초점이 맞춰져 있다. 그래서 특정인의 성격을 바라볼 때 DISC로 접근할 때와 에니어그램으로 접근할 때 그 설명 내용이 다를 수 있다. 이 둘이 합쳐진다면 매우 근접한 성격 분석이 가능해진다.

무엇을 먼저 배우는 것이 좋을지 묻는다면 DISC라고 말하고 싶다. DISC는 성격을 설명하는 매우 기본이 되는 프로그램이라고 말할 수 있다. 그리고 사람들의 성격을 빨리 분석하고 그에 맞게 어떤 역할을 줘야 할 때에는 DISC만큼 효과적인 것이 없다고 자부한다. 조직에서 일하는 사람이라면 DISC는 필수적으로 공부해야 한다고 주장하고 싶다. DISC를 아는 것과 모르는 것은 성격에 관한 지식 활용의 큰 차이를 보여준다.

우리는 살면서 이 네 가지 성격조차도 이해를 하지 못하고 살아가고 있다. DISC 조금, 에니어그램 조금 배우고 넘어가지 말고 어느 하나라도 충분히 활용할 수 있을 만큼 공부를 해 보자.

DISC만 하더라도 활용할 수 있는 범위는 매우 넓다. 많은 수의 직원들을 대상으로 하는 교육에서는 DISC가 에니어그램보다 더 수월하다고 생각한다. 회사에서는 굳이 직원들의 '성격 속의 집착하는 면'까지 깊게 파악을 할 필요는 없을 것이다. 어떤 특징이 있고 어느 일에 잘 맞는지를 아는 것이 더 적합하다. 이 책을 읽으면서 DISC 공부를 제대로 하고자 마음을 먹어 보자.

CHAPTER 11

DISC 통계로 깊게 들어가기

혼자와 구성원 내에서의 해석
10명의 비교 해석
전체 성격의 에너지 사용, 가장 강한 성격의 사용, 성격의 뚜렷함
일중심, 사람중심
사람중심을 반영한 일중심, 일중심을 반영한 사람중심
외향형, 내향형
내향형을 반영한 외향형, 외향형을 반영한 내향형
변화 가능성, 우유부단함
충동성, 신중함, 도전적
독립적 활동 선호, 가장 약한 성격, 느긋함
유사한 인물과 반대인 인물
1,000명의 비교 해석
전체 성격의 에너지 사용, 가장 강한 성격의 사용, 성격의 뚜렷함
일중심, 사람중심, 외향형, 내향형
변화 가능성, 우유부단함, 충동성
신중함, 도전적, 독립적 활동 선호
가장 약한 성격, 느긋함

혼자와 구성원 내에서의 해석

DISC 검사를 하면 모두 자신의 그래프만 보고 해석을 한다. 다른 사람들의 그래프와 상대적 평가를 생각하지 못한다. 오직 '나는 무슨 유형인가?'를 알고 싶은 것이다. 아래의 두 그래프를 보자.

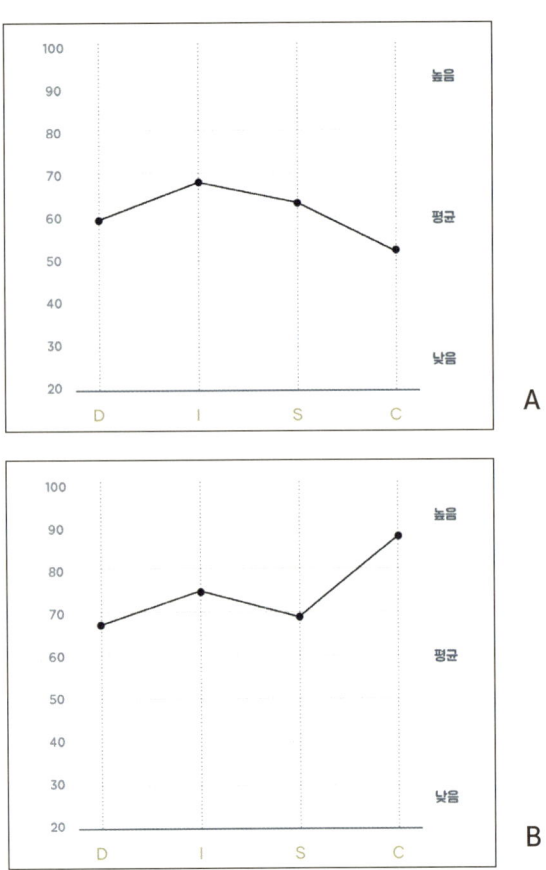

A 그래프의 주인공은 I형이 가장 높게 나왔기 때문에 자신이 I형이라고 생각하고, I형의 내용만 읽어 보게 된다. B 그래프의 주인공은 C형이 가장 높기 때문에 C형의 내용만 읽게 된다. 두 사람 다 그 내용을 보고 어느 정도 맞는 내용 같다고 생각을 한다. 하지만 그렇게만 해석하기엔 뭔가 부족하고 아쉽다. A 그래프의 I형의 점수보다 B 그래프의 I형 점수가 더 높다. A 주인공은 자신이 I형이라고 생각하고 B 주인공은 자신의 I형을 제쳐 둔다. 하지만 B 주인공이 I형의 모습을 더 많이 보여줄 가능성이 크다. 그래서 자신의 가장 높은 점수의 유형만 보고 단순하게 '난 ~형'이라고 결론을 지어서는 안 된다. A 주인공은 네 가지 유형 중에서 I형이 가장 높지만 I형이 가장 높은 다른 사람들과 비교를 했을 때 자신을 I형이라고 명함을 내밀지 못할 수 있다. 그래서 강의 때마다 꼭 이 말을 강조한다. '**DISC는 네 개의 유형 중에서 무엇이 가장 높은지를 따지는 프로그램이 아닙니다.**' 즉, 네 개의 유형 점수를 다 고려해야 하고, 그래프의 모양을 기억해야 한다. A 그래프를 그에 맞게 설명한다면 "**전 I형이 가장 높게 나왔지만 나머지 유형의 점수와 큰 차이가 있지는 않아요. S형과는 5점 밖에 차이가 나지 않아요. 그리고 가장 높은 I형의 점수는 60점대라 높지는 않은 점수에요. 그리고 가장 낮게 나온 유형은 C형인데 50점대에요.**"라고 해야 한다. "**전 I형이에요.**"라고 하는 것은 너무 부족한 설명이 아닐 수 없다.

자신의 팀 구성원 모두 DISC 검사를 하게 된다면 주제별 순위를 꼭 분석해 보자. 누가 특징 유형이 가장 높고 누가 가장 낮은지, 누가 가장 무난한 성격이고 누가 가장 뚜렷한 성격인지 등을 따져볼 수 있다. 예를 들어 팀원이 10명이라면 D형의 점수만 1등부터 10등까지 순위를 매겨 보자. 누가 주도적인 일을 가장 잘 하고 누가 가장 못하는지를 알 수 있다. 이렇게 했을 때 D형을 가장 많이 쓰는 1등이 정해지는데, 그 1등의 인물은 자신의 네 가지 유형 중에서 D형을 가장 많이 쓰는 사람이 아닐 수도 있다. 아래 그래프처럼 말이다. D형보다 I형을 더 많이 사용하고 있다.

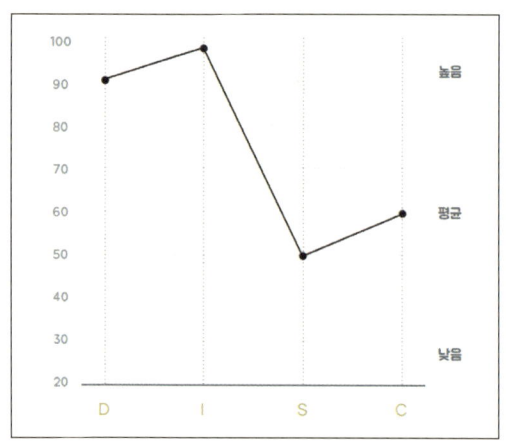

위 그래프를 보면 이 사람은 S형을 가장 적게 사용하는 사람이라는 것을 알 수 있다. 하지만 10명 중에는 S형을 위 사람보다 더 적게 사용하는 사람이 있을 수도 있다. 그래서 구성원들과의 상대적인 통계를 따져보는 것이 더 실용적인 정보를 제공한다고 할 수 있다.

10명의 비교 해석

어느 한 사람의 결과를 종합적으로 살펴보고자 한다. 자신의 결과만 살펴볼 때와 구성원 전체 안에서 결과를 살펴볼 때 어떻게 다른지 알아보려고 한다. 아래의 그래프는 '김레오'의 DISC 검사 결과다.

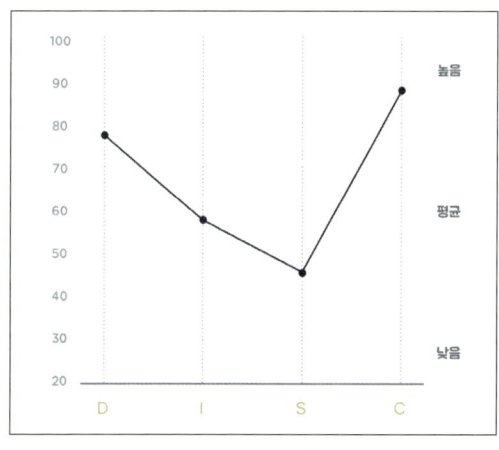

[김레오 그래프]

위의 그래프를 보면 C가 가장 높고 D가 그 다음으로 높다. 상대적으로 I와 S가 낮다. 뚜렷한 CD형이라고 할 수 있다. 하지만 그 C와 D가 90점 이상으로 높지는 않다. 김레오 주변의 지인 9명과 함께 여러가지 주제별로 비교를 해 보았다. 전체 참여자는 다음과 같다.

전체 성격의 에너지 사용

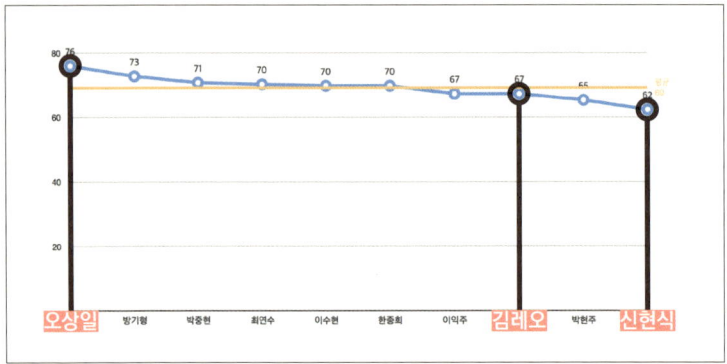

네 가지 유형의 점수 총합으로 따진 평균이다. 전체 네 가지 유형을 어느 정도 사용하는지 총 에너지를 확인할 수 있다. 김레오는 뒤에서 세 번째인데, C와 D는 많이 사용하지만 I와 S를 적게 사용하기 때문이라고 볼 수 있다.

오상일이 가장 높고 신현식이 가장 낮다. 오상일의 점수도 S와 C가 낮지만, I의 점수가 90점 이상이고 D도 거의 90점 가까이 나왔다. 이렇게 90점 이상이 나오는 사람이 전체 평균을 높게 올리게 되어 있으며, 이런 사람은 그만큼 성격의 에너지를 강하게 사용한다. 이후에 나올 다른 조건에서도 높은 순위를 차지할 가능성이 크다.

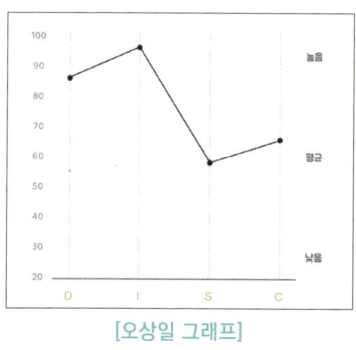

[오상일 그래프]

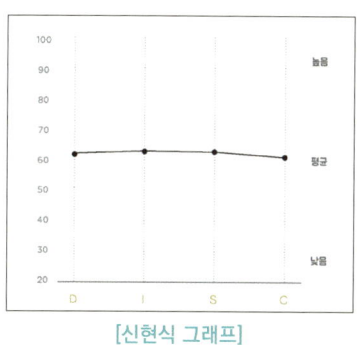

[신현식 그래프]

신현식의 경우 모든 유형의 점수가 60점대 초반이다. 어느 하나도 90점 이상은 없다. 특정 성격을 더 많이 쓰는 것도 아니다. 그래서 평소의 모습만 보고 어느 유형인지 쉽게 맞출 수 없을 것이다. "네 개의 유형이 비슷하고 모두 60점 초반의 점수입니다."가 가장 적합한 표현이다. 신현식의 그래프처럼 나오는 사람들도 많다는 것을 기억하자. 이런 경우 어느 유형이라고 단정짓는 실수를 범하지 말자.

가장 강한 성격의 사용

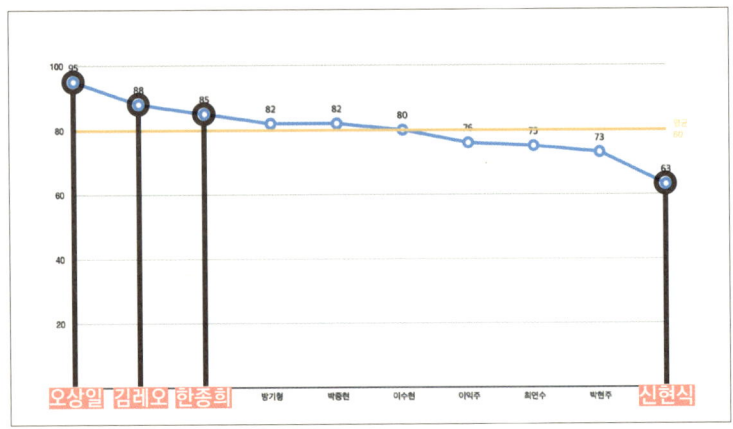

각자 가장 높게 나온 유형의 점수로 순위를 매겨 보았다. 김레오는 두 번째 순위를 차지했다. 88점의 C형 점수 때문이다. 그 말은 뒤의 8명은 특정 성격을 88점 이상으로 쓰는 사람이 없다는 것이다. 오상일의 95점(I), 김레오의 88점(C) 다음으로는 한종희의 85점(C)이 가장 높았다. 신현식의 63점이 가장 낮은 순위를 차지했다. 신현식에게는 오상일, 김레오, 한종희의 가장 높은 점수 사용이 부담스럽게 느껴질 수 있다. 반대로 상위 3명에게는 신현식의 모습은 답답하게 느껴질 수 있다. 이 내용에 연결되는 것이 '성격의 뚜렷함'이다. 이 순위도 살펴보자.

성격의 뚜렷함

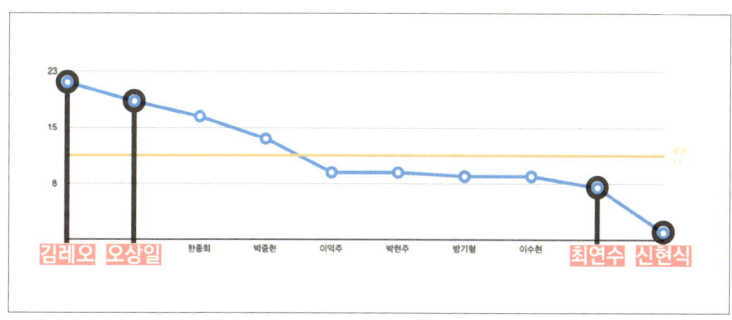

성격의 뚜렷함은 특정 성격을 많이 쓰고 나머지 다른 성격은 덜 쓰는, 즉 성격 사용의 편차가 큰지를 따져봄으로 알 수 있다. 김레오와 오상일이 1, 2위를 차지했다. 우리는 이미 두 사람의 높은 성격 사용을 앞에서 보았다. 상대적으로 낮은 유형의 점수는 월등히 낮았다. 반대로 신현식의 경우는 성격이 뚜렷하지 않다. 즉 네 가지의 유형의 점수 차이가 적다고 할 수 있다. 꼴찌에서 두 번째에 해당하는 최연수의 점수와 비교해 봐도 신현식의 점수는 확실히 낮다는 것을 볼 수 있다.

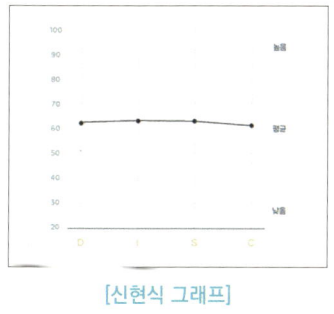

[신현식 그래프]

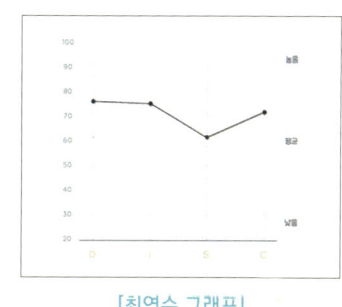

[최연수 그래프]

여러분은 신현식의 그래프만 본다면 어떻게 해석을 할 것인가?

- 모든 유형을 비슷하게 사용한다.
- 특별히 높게 사용하는 성격과 낮게 사용하는 성격이 없다.
- 모든 유형과 어느 정도 공감이 잘 될 것이다.

이 정도로 설명하고 마무리를 할 것이다. 이것은 독립적으로 진단을 할 때의 해석이다. 상대적으로 비교하면 신현식의 해석은 훨씬 다양해진다. 이번 CHAPTER에서는 다양한 신현식의 해석도 볼 수 있다.

일중심

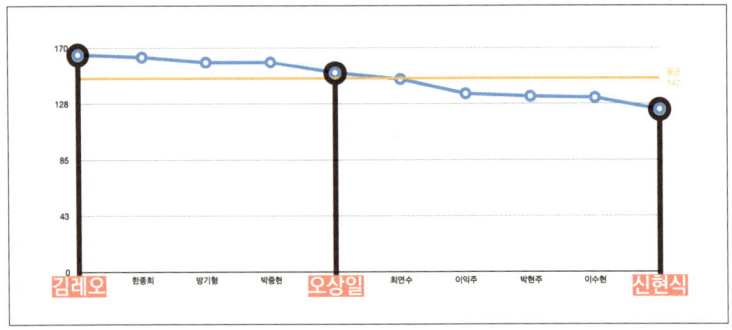

일중심은 김레오가 가장 높다. 일중심을 앞에서도 설명했지만 일중독자와는 다르다. 일을 할 때 책임감을 갖고 마무리까지 마치는 것을 의미한다. '일중심'이라는 단어만 보고 오해할 수 있기 때문에 다시 강조를 한다.

여기에서는 특이하게 전체 점수에서 높게 나왔던 오상일이 중간으로 내려갔다. 그 이유는 충동적으로 일을 벌이는 I형의 점수가 높기 때문이다. 그리고 신현식은 여기에서도 가장 낮은 순위를 차지했다. 일을 진행하고 마감을 할 때 부담감을 크게 느끼는 유형이라고 할 수 있다.

사람중심

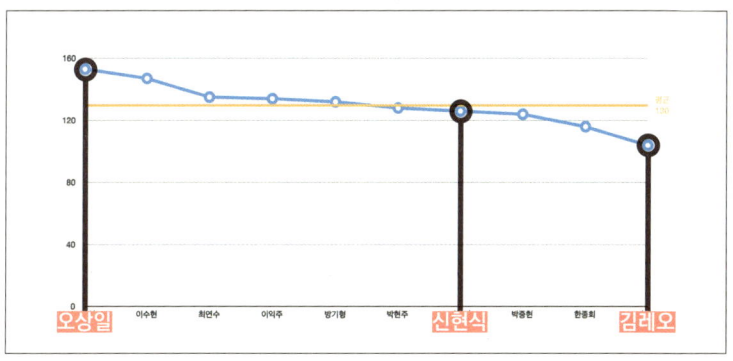

사람중심은 오상일이 가장 높은 순위를 차지했다. 앞의 일중심에서 가장 낮은 순위를 차지한 신현식이 사람중심의 가장 높은 순위가 되는 것은 아니다. 오상일은 사람중심 I^{95}의 점수가 월등히 높기 때문에 가장 높은 순위를 차지했고, 김레오가 가장 낮은 순위를 차지했다. 그 이유는 I^{58}와 S^{46}가 상대적으로 낮았기 때문이다. 이런 점으로 볼 때 김레오와 오상일은 성격에 대한 에너지 사용은 크지만 일중심과 사람중심의 명확한 차이를 보여 주고 있다. 그래서 두 사람 모두 뚜렷한 성격을 보여주지만 대화를 해 보면 서로 다른 기준을 갖고 이야기함을 알 수 있다. 일중심이 높다고 상대적으로 사람중심은 낮을거라고 무조건 판단을 해서는 안 된다. 왜냐하면 일중심과 사람중심에 영향을 주는 데이터가 각각 작용하기 때문이다. 그래서 일중심과 사람중심은 별개로 강하거나 약할 수 있다. 즉, 일중심이 강한 사람이 사람중심도 강할 수 있다는 것이다. 그래서 일중심인 사람은 세 가지로 분류할 수 있다.

01 일중심(확실) + 사람중심(확실)
02 일중심(확실) + 사람중심(보통)
03 일중심(확실) + 사람중심(아님)

동일하게 사람중심인 사람도 아래의 세 가지로 구분할 수 있다.

01 사람중심(확실) + 일중심(확실)
02 사람중심(확실) + 일중심(보통)
03 사람중심(확실) + 일중심(아님)

일중심과 사람중심의 경우의 수를 다 따져 보면 다음과 같다.

01 일중심(확실) + 사람중심(아님)
02 일중심(확실) + 사람중심(보통)
03 일중심(확실) + 사람중심(확실)
04 일중심(보통) + 사람중심(아님)
05 일중심(보통) + 사람중심(보통)
06 일중심(보통) + 사람중심(확실)
07 일중심(아님) + 사람중심(아님)
08 일중심(아님) + 사람중심(보통)
09 일중심(아님) + 사람중심(확실)

두 중심의 경우의 수가 3이기 때문에 3X3=9가지가 된다. 이런 9가지의 판단은 상대적으로 판단을 할 수 있는 데이터가 있을 때에 가능하다. 그렇다면 김레오는 어디에 해당이 될까? 01 일중심(확실) + 사람중심(아님)에 해당한다.

앞에서 일중심과 사람중심 각각을 분리해 순위로 매겨 보았다면 이번에는 두 가지의 결과를 모두 반영한 순위를 살펴보자. 한쪽 중심을 더 많이 쓴다면 상대적으로 반대 중심은 덜 쓰는 것처럼 보인다. 그런 의미에서 두 중심을 모두 반영한 결과도 유용할 수 있다. 먼저는 '사람중심의 데이터를 넣은 일중심 순위'를 '일중심만 따진 순위'와 비교해서 살펴볼 것이다. 순위가 바뀌는 사람이 있을 수 있다. 순위는 바뀌지 않지만 차이가 더 크게 벌어지는 사람도 있을 것이다. 이어서 '일중심의 데이터를 넣은 사람중심 순위'도 살펴볼 것이다.

사람중심을 반영한 일중심

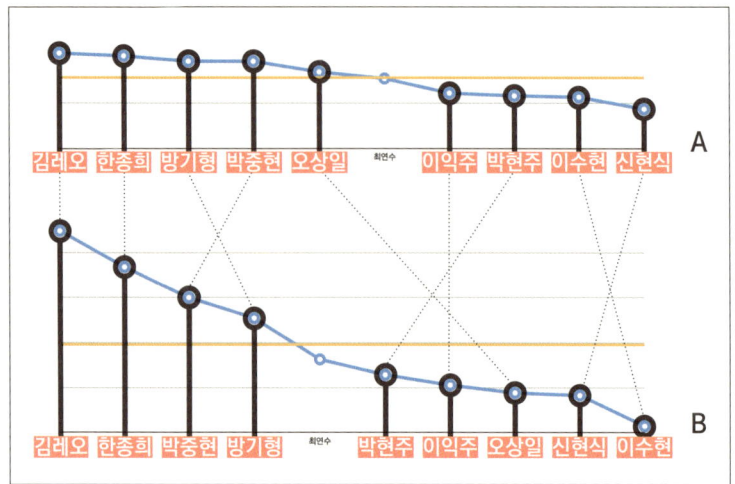

A 그래프는 '일중심'이고, B 그래프는 '사람중심을 반영한 일중심'이다. 위 두 그래프를 비교해 보면,

- 김레오와 한종희의 점수 차이는 더 커진다.
- 방기형과 박중현, 이익주와 박현주의 순서가 바뀐다.
- 오상일은 세 단계 뒤로 간다.
- 이수현과 신현식의 순서도 바뀌었고, 꼴찌는 이수현이 된다.

B 그래프는 A 그래프에 비해서 편차가 좀 더 뚜렷하게 나타난다. 그것은 사람중심의 데이터가 반영되었기 때문이다. 사람중심이 높으면 그만큼 일중심의 모습에 상대적인 영향을 미칠 수 있다.

일중심을 반영한 사람중심

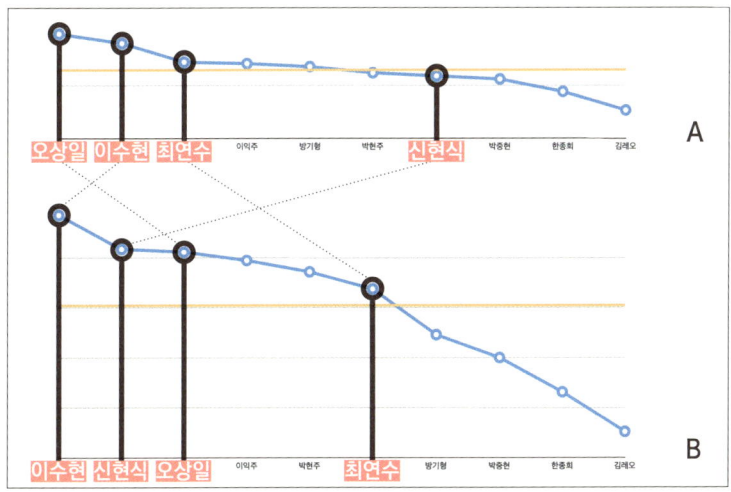

A 그래프는 '사람중심'이고, B 그래프는 '일중심을 반영한 사람중심'이다. 두 그래프를 비교해 보면,

- 1등 오상일은 3등으로 바뀌었다.
- 2등 이수현이 1등이 되었고 2등과의 차이가 뚜렷하다.
- 7등이었던 신현식이 2등으로 올라왔다.
- 3등이었던 최연수는 6등으로 내려갔다.
- 8~10등은 변함이 없다.

다음 페이지의 이수현과 오상일의 그래프를 보자. I형의 점수는 오상일이 훨씬 높지만 S형이 낮고, D형은 오상일이 더 높다.

그런 점에서 종합적으로 보면 이수현이 더 사람중심일 수 있다. 높은 점수, 낮은 점수를 모두 다 고려하려면 눈대중으로 해서는 안 된다.

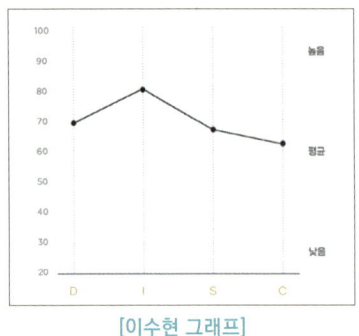
[이수현 그래프]

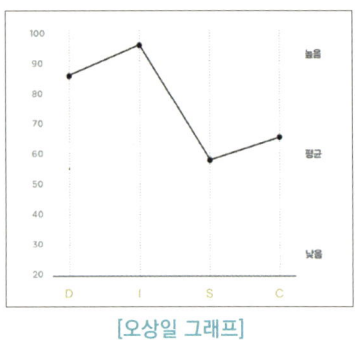
[오상일 그래프]

아래 7등에서 2등으로 올라간 신현식의 그래프를 살펴보자. 그래프만 보면 전체적으로 비슷한 점수를 보여준다. 어떤 특징이 없다고 판단할 가능성이 크다. 하지만 '일중심을 반영한 사람중심' 분석에서는 10명 중 사람중심이 두 번째로 높다는 결과가 나왔다. '일중심을 반영한 것' 그리고 '10명을 상대적으로 비교한 것'이 신현식에 대해서 더 자세한 분석을 도출하게 만들었다고 할 수 있다.

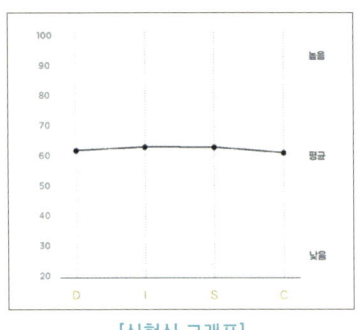
[신현식 그래프]

외향형

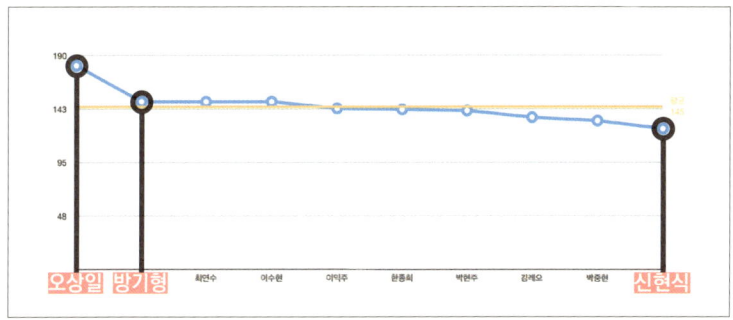

외향형은 오상일이 가장 높다. 외향형에 해당하는 D^{86}, I^{95}가 높기 때문이다. 두 번째로 높게 나온 방기형과의 점수 차이가 크다. 이 10명이 모일 경우 오상일의 존재감이 가장 클 수밖에 없다. 실제로 오상일은 자신의 세컨하우스에서 다양한 파티 모임을 진행하고 있다. 외향형이 높은 사람만이 쉽게 추진할 수 있는 모임이다. 가장 낮게 나온 신현식은 그런 모임에 가는 것을 꺼릴 수밖에 없다. 하지만 오상일을 제외한 나머지 사람들의 점수는 비슷비슷하다. 그런 점에서 신현식이 특별히 더 꺼린다고 보여지지는 않는다. 외향형 결과에서는 그리 큰 특징이 보이지는 않는다. 내향형을 통해서 어떤 차이가 있을지 살펴보자.

내향형

내향형은 박중현이 가장 높다. 앞에서 설명한 '외향형' 그래프를 뒤집은 모양인가? 그렇지 않다. 입력하는 점수가 다르기 때문이

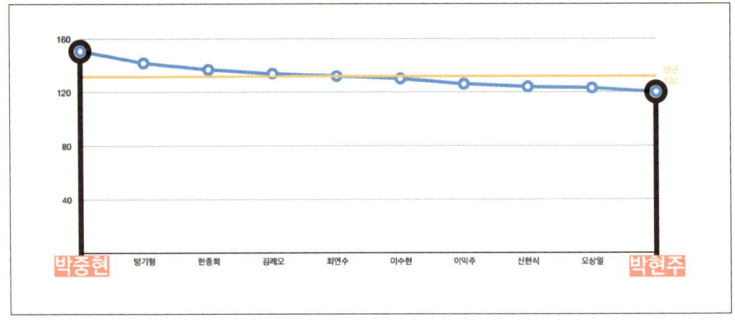

다. 박중현이 가장 높고 박현주가 가장 낮게 나왔다. 하지만 전체적으로 편차가 외향형과 마찬가지로 그리 크지 않다.
외향형과 내향형도 일중심, 사람중심의 분류처럼 총 9개가 될 수 있다.

01 외향형(확실) + 내향형(아님)
02 외향형(확실) + 내향형(보통)
03 외향형(확실) + 내향형(확실)
04 외향형(보통) + 내향형(아님)
05 외향형(보통) + 내향형(보통)
06 외향형(보통) + 내향형(확실)
07 외향형(아님) + 내향형(아님)
08 외향형(아님) + 내향형(보통)
09 외향형(아님) + 내향형(확실)

10명의 결과를 봤을 때 '확실'과 '아님'의 차이가 크지 않다고 볼 수 있다. 이번에도 '내향형을 반영한 외향형'과 '외향형을 반영한 내향형'을 살펴보자.

내향형을 반영한 외향형

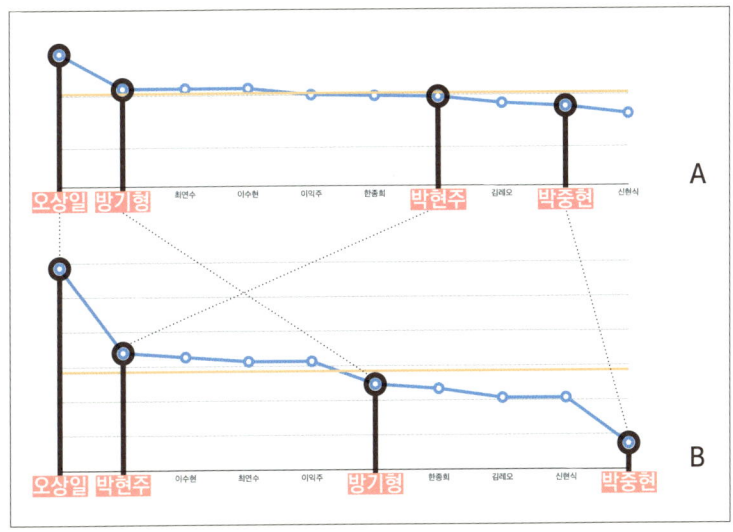

A 그래프는 '외향형'이고, B 그래프는 '내향형을 반영한 외향형'이다. 두 그래프를 비교해 보면,

- 1등은 그대로이고 2등은 바뀌었다.
- 7등이었던 박현주가 2등으로 올라왔다.
- 2등이었던 방기형이 6등으로 내려갔다.
- 9등의 박중현은 꼴찌가 되었는데 편차가 크게 내려갔다.

오상일의 외향적인 특징은 더 뚜렷하게 나타났다. 10명 중에서 오상일의 외향적인 특징은 독보적이다. 그래서 나머지 사람들이 느끼기에 매우 표현이 뚜렷한 사람으로 느낄 수 있다. 중간에 방기형과 박현주의 순위 변동이 있지만 점수 차이가 크지 않기 때문에 큰 의미를 부여할 필요는 없어 보인다. 박중현은 꼴찌가 되었는데, 편차가 약간 벌어졌다. 외향형을 가장 사용하지 않는 사람이라고 할 수 있다.

외향형을 반영한 내향형

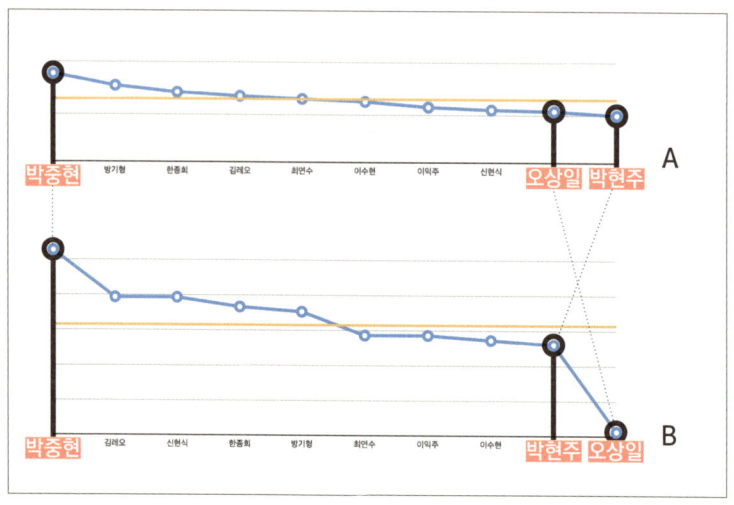

A 그래프는 '내향형'이고, B 그래프는 '외향형을 반영한 내향형'이다. 두 그래프를 비교해 보면 1등인 박중현은 2등과의 차이가 더 뚜렷하게 되었다. 확실히 내향형의 성격이 강함을 알 수

있다. 2등부터 9등까지의 차이는 그리 크지 않기 때문에 비슷비슷하다고 말할 수 있다. 꼴찌는 박현주에서 오상일로 바뀌었고, 9등과의 차이가 훨씬 커졌다. 내향형의 성격을 가장 적게 사용하는 사람이라고 할 수 있다.

변화 가능성

살다 보면 변화를 해야 할 일이 너무나 많이 발생한다. 그런데 그 변화를 힘들어 하는 사람들이 있다. S형이 가장 그렇고 그 다음 C형이 그럴 수 있다고 설명을 한 바 있다. 하지만 C형은 개선을 하는 변화는 잘 하기도 한다. 상대적으로 D형과 I형은 변화하는 것에 대해서 어렵지 않게 결정을 한다. 이 내용을 함수에 넣어서 순위를 매겨 보았다.

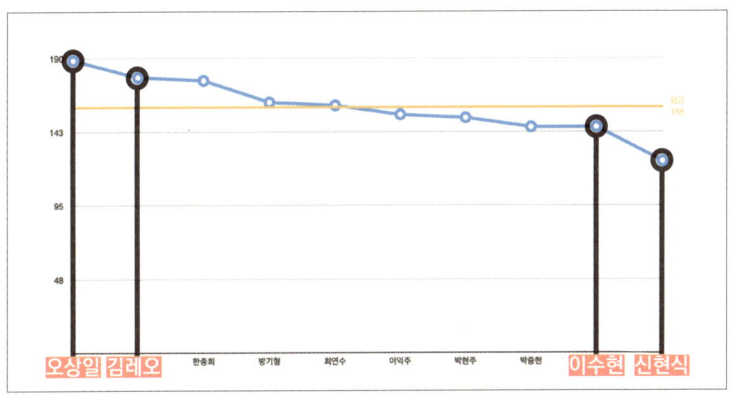

오상일이 1등, 김레오가 2등이다. 오상일과 김레오가 만나서 과거에 했었던 경험을 나눠 보면 서로 공감대를 느끼게 될 것이다.

서로 '나와 비슷한 사람'의 느낌을 받게 된다. 그 이유는 변화를 하는 것에 대해서 어려움이 없었고 그런 자신의 성격을 사용했을 때 거부하는 주변의 경험을 공통적으로 겪었기 때문이다.

이들이 중년이라면 예상과는 다르게 변화를 무조건 저지르지는 않을 수도 있다. 왜냐하면 그렇게 생각대로 다 되는 것이 아니라는 것을 경험을 통해서 배웠기 때문이다. 하지만 이들은 그런 제약들 속에서도 새로운 것을 시도하고 싶어 한다. 그래서 이들과 대화를 해 보면 새로운 시도의 기운을 느낄 수 있다. 반대로 이수현과 신현식은 변화하는 것을 그다지 선호하지 않는 사람들이다. 그래서 일하는 곳에서 누군가 새로운 것을 계획하면 호응하지 않을 가능성이 크다. 기존에 하던 그대로 변함없이 가기를 원한다.

이상일과 김레오, 그리고 이수현과 신현식이 모여서 회의를 하면 그 분위기는 어떻고 결과는 어떻게 마무리될까? 저 10명의 조직 안에서 한 쪽은 저지르고 다른 쪽은 반대하는 모습을 자주 보일 것이다.

'변화 가능성'이라는 제목에서 '변화' 말고 '가능성'에 초점을 맞춰 보자. 변화는 누구에게나 필요하다. 그리고 변화를 할 때가 있고 자제를 해야 할 때도 있다. 그런데 가능성이 높은 사람은 그 두 가지를 다 할 수 있다. 반대로 가능성이 낮은 사람은 자제만을 주로 하는 사람이다. 그래서 훨씬 불편함을 갖고 살 수밖에 없다. 변화가 필요한 상황을 항상 피하게 되기 때문이다. 그래서 인생에서 특별한 변화의 경험을 갖기 힘들다. 자신이 '변화 가능성'이 낮은 사람이라면 과감하게 변화를 선택하는 것을 인생 목표로 세워 보자. '변화'가 다가오면 그동안 피했었지만 이제는 피하지 말고 부딪혀 변화하는 쪽으로 선택하자. 생각보다 어렵지 않다는 것을 경험할 것이다.

우유부단함

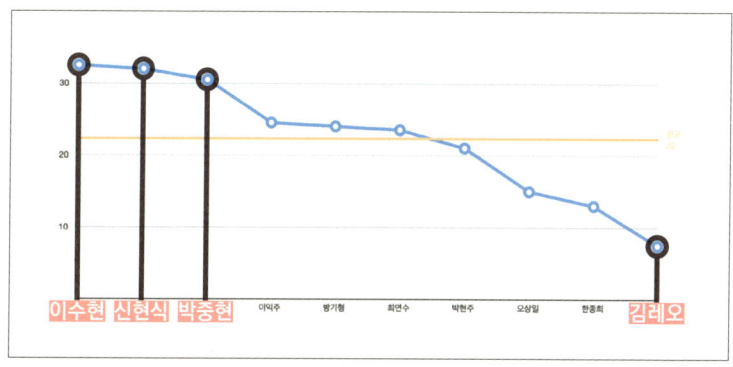

우유부단優柔不斷의 뜻은 '어물어물 망설이기만 하고 결단성이 없음'이다. 우유부단한 모습을 우리는 주변에서 많이 보게 된다. 점심시간에 식당에 가서 메뉴를 정할 때에도 우유부단한 사람들은 자기가 원하는 것을 선택하지 못한다. 모든 사람들이 다 정할 때까지 계속 메뉴판을 보며 초조해 한다든가, 마지막에 "**나도 같은 걸로 먹을게요.**"라고 말한다. 먹고 싶은 음식도 주장을 못하는 게 이상하다고 느껴지겠지만 이런 사람들은 생각보다 주변에 많다. 수동적으로 이 세상을 살아가는 사람들이다.

김레오는 우유부단함에서 꼴찌를 했다. 선택을 할 때 어려움이 별로 없는 사람이다. 대부분 모든 경우에 주도적으로 결정을 하고 진행을 할 수 있다. 반대로 1등을 한 이수현은 저 조직에서 가장 우유부단한 사람이다. 이수현과 김레오가 팀으로 함께 움직일 때 상당한 불편함을 겪을 것이다. 일을 진행할 때 결정할 일들이 많이 발생하는데 그때마다 이수현은 "모르겠어요."라는 말을 많이 할 것이고, 김레오는 도대체 무엇을 모르겠다고 하는지 이해가 되지 않아 또 설명을 하겠지만 그렇게 한다고 해도 이수현은 결정을 쉽게 하지 못할 것이다.

성격이 급한 사람 입장에서는 우유부단한 사람이 있다는 것을 받아들이는 것이 필요하다. 그렇게 되면 가혹하게 윽박지르거나 강요하는 일은 줄일 수 있다. 하지만 가장 중요한 문제는 '우유부단함'이다. 그 우유부단함을 해결하지 못하면 이런 상황은 항상 벌어지게 된다. 우유부단함은 '감정적'인 작용이 클 때 주로 작용하며, 사람중심 중에서도 S형에게 크게 나타난다. 반대로 D형은 결정력이 매우 뛰어나다. 이 두 가지 유형의 점수를 반영하여 순위를 매길 수 있다. S형도 자신의 우유부단함을 불편하게 생각하기도 한다. 어느 날 "난 왜 남들보다 더 결정을 못하지? 이제는 좀 그렇지 않았으면 좋겠는데!"라는 생각을 하는 S형이 있다. 스스로 자신의 우유부단함을 자각한 표현이다. 우유부단함을 고치기 위해서는 '감정적 판단'을 줄이는 것이 가장 효과적이다. 감정을 쓰지 않아야 하는 상황에서 감정을 사용하다 보니 결정을 못하는 것이다. 식당에서 자신이 먹을 음식을 선택할 때 어떤 감정 사용도 필요하지 않다. 그런데 다른 사람들은 무엇을 먹고, 주인은 무엇을 시키는 것을 좋아할지 등 여러가지 복잡한 생각을 한다. 생각할 요소가 많으니 걱정이 커지고 결국 결정을 하지 못하는 것이다. 하지만 단순하게 자신이 먹어 보고 싶은 그 음식만 말하면 된다. 이수현, 신현식, 박중현은 선택을 해야 할 상황에서 감정 사용을 줄여야 한다. 선택의 상황에서는 개인주의적인 모습을 연습하자. 그것이 다른 사람들에게도 불편함을 주지 않는 방법이다.

S형이 높으면서 D형도 함께 높은 사람이 있다. 우유부단함이 가장 큰 유형과 가장 작은 유형이 함께 있는 사람은 두 가지 모습을 다 보여줄 수 있다. 그래서 어느 하나의 유형 결과만 가지고서 판단하는 것은 정확하지 않을 수 있다. 어느 날 S형과 D형 둘 다 높은 사람을 만났는데 나는 그 사람의 S형 사용만 보았다면 그를 우유부단한 사람이라고 판단할 가능성이 크다. 반대로 그의 D형 사용만을 보았다면 평가는 완전히 뒤집혀질 수 있다. 사람을 오해하게 되는 순간이다.

충동성

충동적인 것은 I형의 가장 큰 특징 중 하나다. 이 순위는 I형의 점수와 신중함에 해당하는 다른 유형의 점수를 함께 넣어서 도출한 결과다. 단순히 I형의 점수만으로 충동성을 확증할 수는 없다. 왜냐하면 신중한 C형의 섬수도 영항을 미치기 때뮤이다.

충동성의 평균적인 점수를 알기 위해서는 두 유형의 점수를 모두 고려할 수밖에 없다. 또한 S형은 변화를 싫어하기 때문에 절대로 충동적으로 무언가를 저지르지 않는다. S형의 점수도 충동성 계산에 들어가게 되는 이유다.

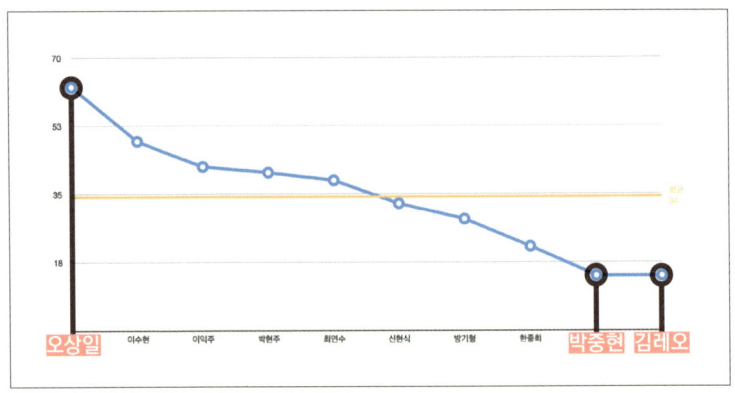

박중현과 김레오는 충동성에서 낮은 순위를 차지했다. 김레오는 충동성이 낮기 때문에 어떤 일을 저지르지 않을거라고 생각하겠지만 '변화 가능성'에서는 2위, '우유부단함'은 가장 낮게 나왔기 때문에 시도하는 것도 높은 편이다. 충동적으로 저지르지 않을 뿐이다. 그렇다면 어떤 생각으로 새로운 일을 저지를까? 그것은 신중하게 따진 후에 저지르는 행동이다. 그런 점에서 무언가를 실행하기 전에 그 일에 대해서 꼼꼼히 따져보는 과정을 겪을 것이다. 누군가 김레오의 추진을 보고 '충동적'으로 하는 것이 아닌가 할 수도 있다. 그것은 저지르는 모습만 보고 판단한 것이다. 조금 더 김레오의 모습을 살펴보면 그의 추진에는 꼭 신중한 단계가 있음을 알게 될 것이다.

그리고 '일을 벌이면 그만큼 되도록 도와준다'라는 행운을 믿는 사람이 아니다. 그래서 어떤 일을 시도할 때 중간 중간 점검을 하는 모습을 보여 주며, 무조건 과감하게 저지르지는 않을 것이다.

이와는 반대로 오상일은 충동성이 매우 높다. 2등과의 차이도 크다. 오상일이 충동적으로 무언가를 저지를 때 본인은 그것을 충동으로 생각하지 않는다. 김레오가 신중하게 결정하는 것처럼 오상일도 자신의 결정을 신중하게 한 것이라고 말을 한다. 오상일의 충동성은 김레오와 함께 대화를 할 때 정확히 알게 된다.

"아니, 그 정도 판단으로 지금 이 일을 시작한 거야? 지금은 아니라고. 방송에서 한 번 본 것을 가지고 가맹을 했어? 맛도 안 보고? 난 맛이 없던데. 그냥 보기에만 좋아 보일 뿐이지 한 번 맛본 사람들은 다시 재구매를 하지 않는다고." 하지만 오상일은 김레오의 말이 귀에 들어오지 않는다. 오상일에게 김레오의 말은 신중한 것이 아니라 부정적인 것으로밖에 들리지 않기 때문이다.

물건을 파는 사람은 고객의 충동성을 이용해야 이익을 얻을 수 있다. 사람에게는 충동이라는 것이 있기 때문에 전략적으로 잘 이용하면 효과를 볼 수 있다. 그래서 충동성이 큰 사람은 지출을 많이 할 수밖에 없다. 충동성을 줄이기 위해서는 충동의 원리를 이해해야 한다. 매일마다 올라오는 광고를 잘 살펴보자. '평생 무제한'이라는 광고를 보았을 것이다. 평생으로 따지면 하루 당 지출은 거의 '0'로 수렴하게 된다. 이 조건에 설득되어 결제를 하게 되는데, 평생 동안 그것을 사용할 이유는 전혀 없다. 또 다른 광고로는 '아이패드 포함 패키지'와 같은 방식이 있다. 패키지로 팔아서 저렴하게 하는 것인데 이것을 잘 이용하면 실제로 저렴하게 아이패드를 구입할 수 있다. 하지만 문제가 되는 것은 현재 아이패드가 필요하지 않다는 점이다. 갑자기 저 광고를 보고 충동적으로 "이건 이익이네. 결제하자."라고 한다면 충동이 확실하다. 이런 충동을 이용한 마케팅의 원리를 알고 있다면 유사한 광고를 보더라도 넘겨 버릴 수 있다. 충동성이 높은 사람은 당장 필요한 제품이 아니라면 절대로 구매하지 말자. 지금부터 1년 안에 사용하지 않을 것도 구매하지 말자. 이런 식으로 생각을 하면 충동성을 많이 줄일 수 있다. 그리고 사업을 벌일 때에도 '최상의 결과'만 생각하지 말고 '최악의 결과'도 함께 고려하자. 실제로 '최악의 결과'로 사업이 흘러가는 경우가 많다.

신중함

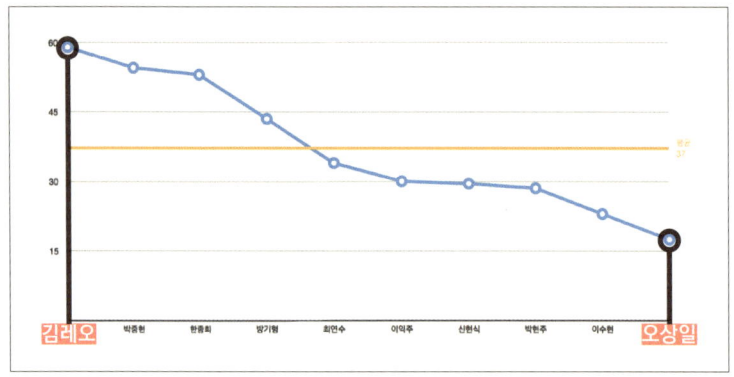

신중함은 앞에서 설명한 '충동성'과 100% 반대라고 할 수는 없지만 어느 정도 관계있는 모습을 보여준다. 역시나 충동성이 꼴찌였던 김레오는 신중함에서 1등을 차지했다. 반대로 오상일은 꼴찌를 차지했다. 김레오와 오상일이 함께 회의를 할 때 김레오가 매우 신중하게 따져야 할 것들을 오상일에게 물어보면 그는 어떤 반응을 보일까? "**그것을 다 따질 필요는 없을 것 같아요. 하다 보면 일이 어떤 식으로든 될 거에요. 진행 상황을 보면서 만들어 가면 될 것 같아요.**"라고 말을 할 가능성이 크다. 그런데 한 가지 반응이 더 있다. 아예 답변을 하지 않는 것이다. 오상일은 신중하지 않기 때문에 그런 것에 관해 생각을 해 보지 않았을 가능성이 크다. 그래서 아무 말도 하지 않는 것이다. 김레오는 답답할 수밖에 없다. 김레오는 일을 더 잘하기 위해서 물어보는데 오상일로부터 아무런 답변이 없으니 점점 불안함을 느끼게 된다. 결국 서로 대화가 되지 않는 상황이 벌어지게 된다. 신중한 결정을 해야 하는 일은 김레오, 박중현, 한종희에게 맡기는 것이 낫고, 반대로 신중할 필요가 없는 빠른 결정을 해야 할 일은 이수현, 오상일에게 맡기는 것이 낫다.

도전적

도전을 가장 잘하는 D형과 반대로 도전하는 것을 꺼리는 S형의 점수를 반영한 결과를 살펴보자. 도전을 하는 사람이 리더가 될 가능성이 크다. 왜냐하면 주변에서도 그가 리더하기를 원하기도

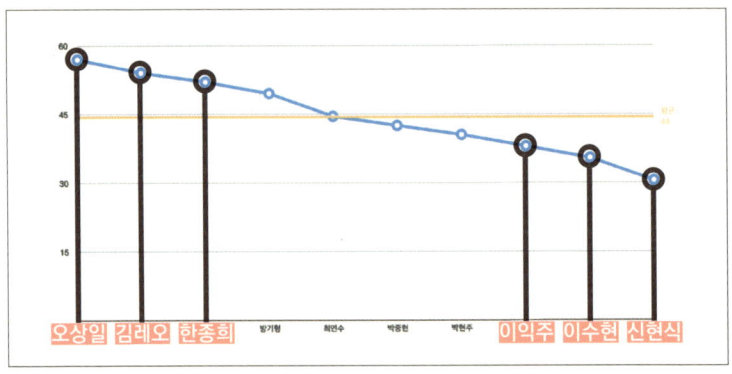

하고 자신도 원하기 때문이다. '도전적'의 점수가 높은 사람들은 분명 어렸을 때부터 리더를 한 경험이 많았을 것이다. 오상일, 김레오, 한종희 순으로 다양한 환경에서 리더 역할을 했을 가능성이 클 것이다. 반대로 이익주, 이수현, 신현식은 그런 역할을 요구하면 부담을 크게 느낀다. 이들은 도전하는 것을 두려워하는데 타인이 보기에도 그런 분위기가 느껴지기 때문에 책임자의 역할을 맡기지 않게 되는 것이다.

도전을 했다는 것은 많은 시도를 했다는 것이고 이들에게는 성공의 경험과 실패의 경험이 많다고 할 수 있다. 그래서 이들의 경험을 듣다보면 시간 가는 줄 모르고 듣게 된다. 진로를 정할 때에도 이들은 창업하는 쪽을 선택하려고 한다. 하지만 반대에 해당하는 사람들은 창업보다는 안정적으로 느껴지는 공무원을 준비할 가능성이 크다.

독립적 활동 선호

사람들의 취향을 파악해서 도입하는 사업이 늘어나고 있다. 사람들의 지갑을 열기 위해서 취향에 대한 이해는 필수가 되고 있다. 그 취향 중에 '공간'도 중요하게 작용을 한다. 같은 공간 안에 함께 있는 사람의 수가 어떻게 되는지가 중요하다. 혼자 또는 소수의 인원이 함께 일하는 것을 선호하는 사람들이 있다. 이들은 공간만 주어지면 일을 하는 사람들이 아니다. 어떤 공간인지가 중요하다. 이 점을 이해하지 못하면 공부를 할 때 집이 아닌 다른 독립된 공간에 가서 공부하는 자녀를 오해하기도 한다. 또한 전체를 통으로 쓰는 사무실에서 나와 다른 조용한 곳으로 이동해서 일을 하려고 하는 동료도 이해할 수 없다.

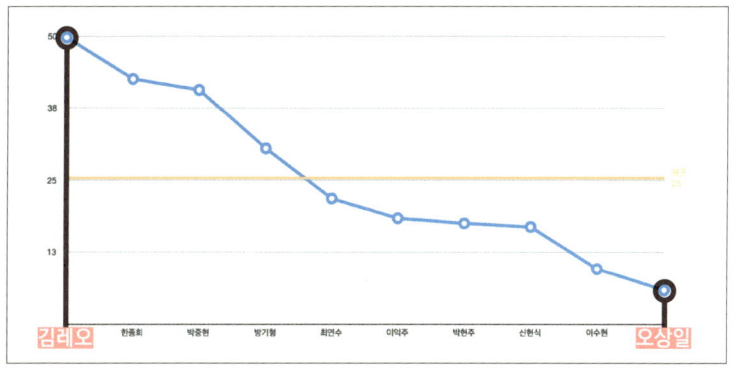

위의 그래프는 독립적인 것을 선호하는 C형의 점수와 사람들과 어울리는 것을 좋아하는 I형, S형의 점수가 반영된 결과다. 결과를 보면 김레오가 가장 독립된 공간을 원한다는 것을 알 수

있다. 상대적으로 오상일은 전혀 그렇지 않다. 그래서 김레오가 공간 디자인의 수정을 원할 때 오상일은 이해를 하지 못해 호응을 하지 않을 수 있다. 김레오는 분명 집에서도 자신만의 서재 공간을 만들어 놓았을 것이다.

가장 약한 성격

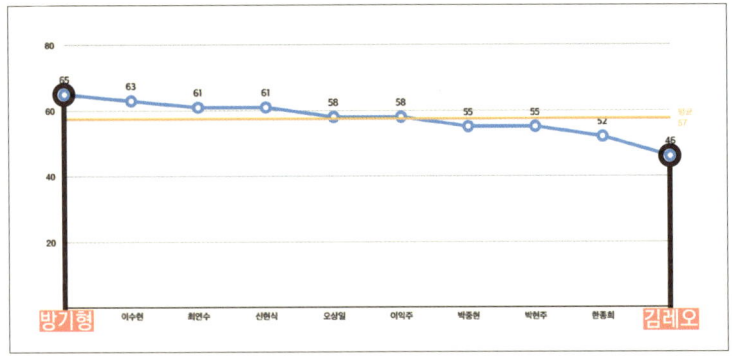

네 가지 성격 중에서 가장 약하게 나온 성격의 순위를 따져 본 것이다. D, I, S, C 중에서 가장 낮게 나온 각자의 점수가 있을 것이다. 방기형은 S^{65}, 김레오는 S^{46}가 가장 낮은 유형으로 나와 각각 1등과 꼴찌가 되었다. 특정 성격을 누가 가장 덜 쓰는지에 대한 것인데 1등과 꼴찌의 점수차가 그리 크지는 않다. 이것은 항상 이런 식으로 나온다는 것은 아니다. 위의 10명의 경우가 이렇게 나온 것뿐이다. 위의 결과를 보면 아무리 조금 사용하는 성격일지라도 46점 이상은 사용한다고 볼 수 있다. 0~10점 정도로 낮게 나오지 않는다. 즉 누구라도 어느 한 유형을 사용하지 못하는 것은 아니라는 점이다. 주로 사용하지 않을 뿐이지 그 유형에 대해서 설명을 하면 어느 정도 이해할 수 있다. 김레오가 S형을 가장 덜 사용하지만 S형의 의도를 이해하지 못하는 것은 아니다. 머리로는 충분히 이해가 되고 노력을 하면 더 이해를 할 수 있다. 좀 답답할 뿐이다.

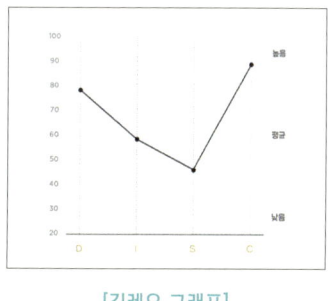

[김레오 그래프]

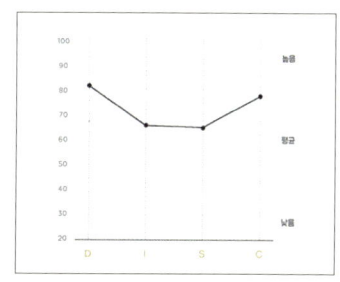

[방기형 그래프]

김레오의 그래프와 방기형의 그래프를 보면 둘 다 DC형인 것을 알 수 있다. I, S의 점수보다 D, C의 점수가 높기 때문이다. 하지만 그 편차는 확실히 다르다. 특히 S형의 점수가 다르다. 김레오가 S를 가장 덜 쓰기 때문에 S형의 장점도 덜 쓰지만 단점도 덜 쓴다고 할 수 있다. 방기형도 S형을 가장 적게 사용한다고 하더라도 나머지 점수에 비해서 크게 낮지는 않다. 이것은 앞에서 언급한 '성격의 뚜렷함'에서도 확인이 되었다. 1등인 김레오와 7등인 방기형의 순위를 보면 알 수 있다.

느긋함

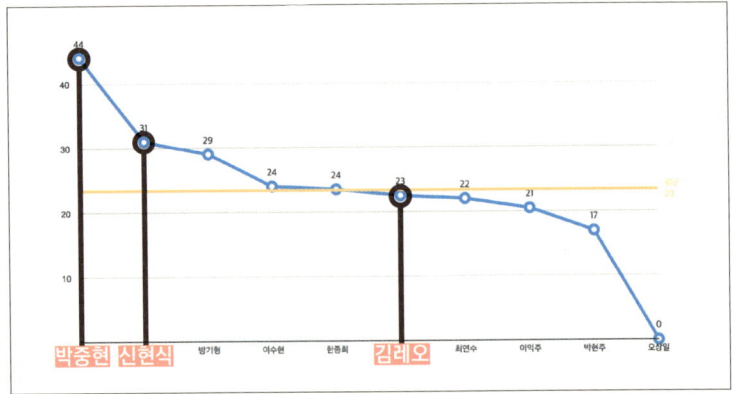

누가 가장 느긋한 사람일까? 박중현이 월등하게 느긋하다. 2등인 신현식과의 차이가 크게 벌어졌다. 박중현은 앞의 다양한 평가에서 언제 1등 또는 꼴찌로 언급되었을까? '내향형'에서 1등을 차지했었다.

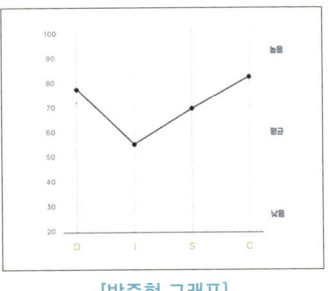

[박중현 그래프]

내향형일수록 느긋해 보일 가능성이 크다. 외향형은 느긋한 모습을 보여줄 가능성이 적다. 위 '느긋함' 순위는 외향형의 D와 I, 내향형의 S와 C의 점수가 모두 반영된 결과다. 각 점수의 반영 비율에서 약간 차이가 있을 뿐이다.

또 비슷해 보이는 것은 '신중함'이다. 김레오는 '신중함'에서는 1등을 차지했지만 느긋함에서는 6등을 했다. 신중한 것은 김레오가 더 높지만 느긋한 것은 박중현이 훨씬 더 높다. 즉 김레오는 박중현보다는 신중하지만 결정을 하게 되면 그 실행력은 훨씬 크다고 볼 수 있다. 반대로 박중현은 김레오에 비해서 그 실행력은 훨씬 약한 편이다.

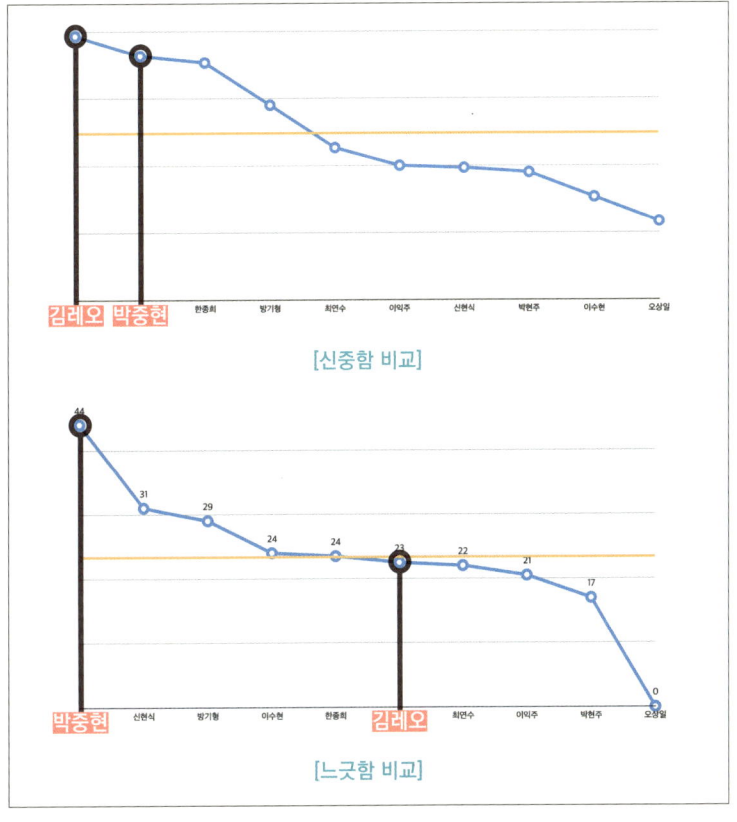

이런 내용은 '변화 가능성', '우유부단함', '도전적'을 보면 그대로 입증이 된다. '변화 가능성'을 보면 김레오는 2등이지만 박

[변화 가능성]

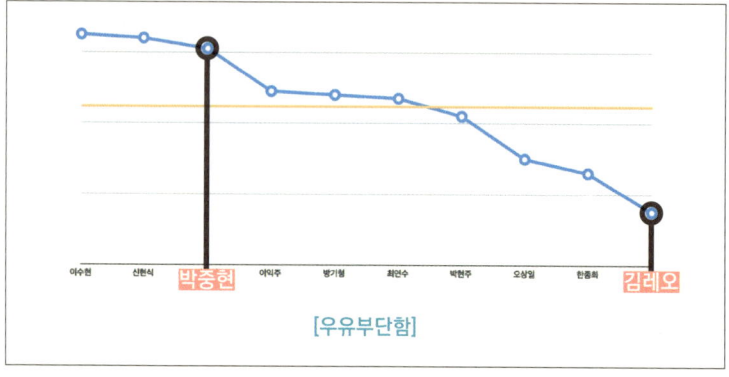

[우유부단함]

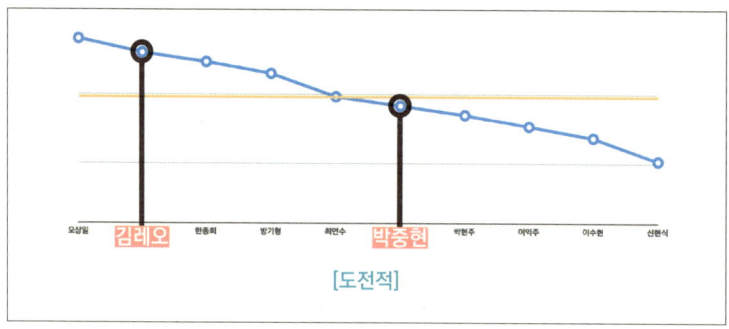

[도전적]

중현은 8등이다. 박중현은 변화를 하는 것에 대해서 김레오보다 훨씬 큰 두려움을 갖고 있다고 볼 수 있다. '우유부단함'에서는 박중현은 3위이고 김레오는 꼴찌의 결과를 보여 준다. '우유부단함'은 '느긋함'과도 매우 유사한 결과를 보여준다. '도전적'을 보면 김레오는 2위이지만 박중현은 6위이다. 박중현이 도전하는 것에 더 큰 어려움을 갖고 있다. 왜 더 느긋하게 보이는지 알 수 있다.

유사한 인물과 반대인 인물

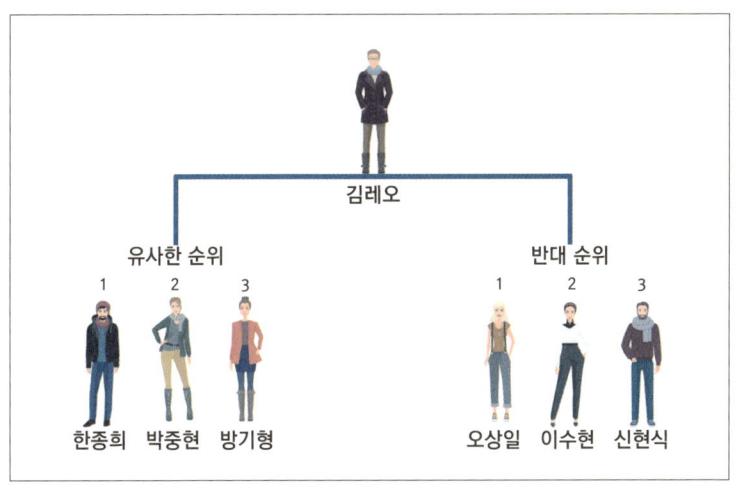

나와 비슷한 성격을 갖고 있는 사람은 누구이고 반대의 성격을 갖고 있는 사람은 누구인지 그 순위를 매겨 보았다. 김레오를 기준으로 잡아 나머지 9명의 점수를 이용해서 따져 본 결과

다. 한종희가 가장 가깝고 박중현, 방기형 순으로 유사했다. 앞에서 박중현과의 비교를 다양한 관점에서 살펴보았다. 많이 다르다고 느껴졌을 수 있지만 전체 10명 중에서는 두 번째로 비슷한 사람이다. 이 세 명과 대화를 해 보면 비슷함을 많이 느낄 것이다. 그리고 실제로 이들의 활동 모습을 보면 비슷함을 쉽게 발견할 수 있다. 그런 점에서 볼 때 성격에 따라 비슷한 활동을 만들고, 그렇게 살아가고 있음을 확인할 수 있다.

반대의 유형은 오상일, 이수현, 신현식 순이었다. 서로 좋은 관계를 맺고 지내고 있지만 어느 부분에서는 서로 다름을 많이 느낄 것이다. 그래서 자신과 다른 서로의 특징을 더 인정해 줘야 하는 관계라고 할 수 있다. 양쪽 인물들이 실제 활동하는 모습을 보면 그 차이점이 뚜렷하다는 것을 알 수 있다.

이렇게 비교를 해서 보니 '반대 순위'에 있는 사람들을 보고 "**저 세 명은 내가 특별히 이해가 필요한 사람들이구나.**"라고 생각할 수 있지만, 삶 속에서 그런 넓은 마음을 갖기는 쉽지 않다. "**나랑 안 맞는 것 같다.**"라는 반응이 오히려 더 빠르게 나온다. 이런 반응이 나쁜 것은 아니다. 서로 갈등을 만들지 않기 위해서 '다름'을 인정했기 때문이다. 하지만 더 발전적인 방법은 그 다름을 인정하고, 만남을 갖고, 활동도 함께 하는 것이다. 그러기 위해서는 절대로 자신의 생각을 주장하거나 강요해서는 안 된다. 서로 각자의 '다양성'으로 받아들이면 된다. 그것을 알려주기 위해서 DISC라는 것도 배우는 것이다.

위 10명에 대해서 다양한 기준을 잡고 순위를 매겨 보았다. 혼자 검사 진단을 해서는 이런 순위를 절대로 알 수 없고, 자신이 어느 정도의 성격인지도 비교해서 파악할 수 없다. 그래서 자신 주변의 인물들을 선정해서 이런 상대적 분석을 시도하는 것을 인생에서 꼭 해봐야 하는 버킷리스트로 정해 보자. 혼자 멀리 여행을 떠나 자신의 모습을 성찰하는 것보다 더 많은 것을 더 효과적으로 알아낼 수 있을 것이다. 이 정도는 해 봐야 자신을 객관적으로 파악했다고 할 수 있다. "나 DISC 해 봤어."와 같은 말이 얼마나 단순한 말인지 이제는 공감을 할 수 있을 것이다. 당신이 속한 회사나 조직에서 'DISC 교육 경험' 정도만을 실시했다면 이제는 새로운 목표를 세워야 한다고 말하고 싶다. 처음에는 나 한 명의 결과를 따져 보고, 그 다음에는 약 10명 정도 되는 지인들 안에서 나를 상대적으로 분석해 보자. 그 다음은 더 많은 수의 사람들 중에서 나의 위치를 따져 봐야 한다. 이제는 1,000명의 사람들의 데이터를 넣어서 계산을 해 볼 것이다. 1,000명 중에서 나의 일중심과 사람중심은 어떻고, 느긋함과 신중함 등은 어떤지 동일하게 따져 볼 것이다. 10명의 지인 안에서 1등일지라도 1,000명 안에서는 중간일 수 있다. 지금부터 보여드리는 결과는 그동안 DISC 검사를 실시한 1,000명의 D, I, S, C의 점수를 넣어서 계산한 값의 결과다. 그 결과 안에서 김레오는 어느 정도에 해당하는지를 살펴보자. 마찬가지로 여러분의 결과도 이런식으로 도출할 수 있다.

1,000명의 비교 해석

전체 성격의 에너지 사용

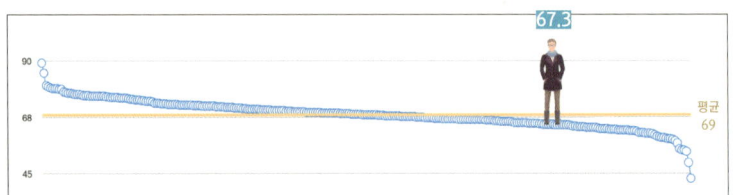

김레오는 67.3점이다. 평균 보다는 약간 낮은 위치라고 할 수 있다. 이전의 10명에서의 결과처럼 모든 유형을 다 많이 사용하지 않기 때문이라고 볼 수 있다.

가장 강한 성격의 사용

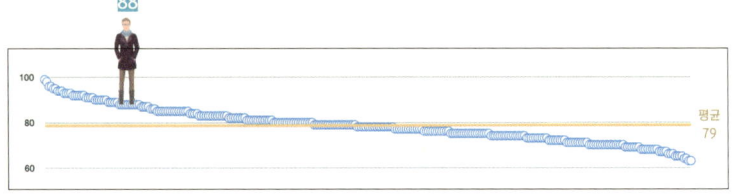

김레오의 C^{88}의 점수는 전체 1,000명의 평균 점수^{79}보다는 높다. 김레오의 C형의 성격은 다른 사람들보다도 많이 사용하는 사람이라고 할 수 있다. '전체 성격의 에너지 사용'은 낮은데, '가장 강한 성격의 사용'이 높다면 '성격의 뚜렷함'도 높다는 것을 예상할 수 있다.

성격의 뚜렷함

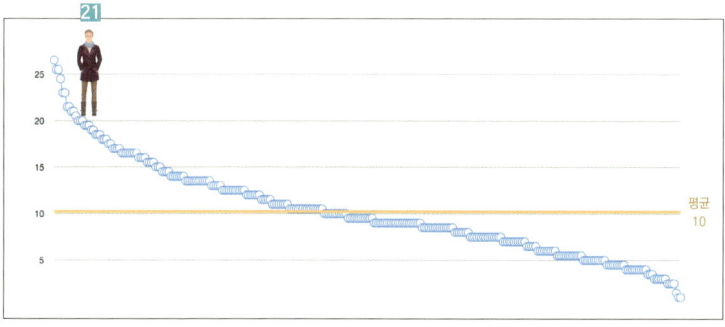

김레오의 '성격의 뚜렷함'은 평균10보다 훨씬 높은 점수21를 보여 준다. 점수의 숫자는 함수를 계산한 값이기에 특별한 의미를 부여할 필요는 없다. 그 점수의 위치가 어느 지점에 있는지를 보는 것이 중요하다. '가장 강한 성격의 사용'에서의 결과보다도 더 왼쪽에 위치한 것을 확인할 수 있다. 1,000명 중에서도 매우 뚜렷한 성격을 보여 주는 사람이라고 할 수 있다. 그렇다면 그 뚜렷한 성격이 어떤 것인지를 상세하게 따져 보자. 사기꾼들도 성격은 뚜렷하다. 사기를 치는 것으로 그 뚜렷함을 보여 준다. 돈을 빌리고 갚지 않는 모습을 일관되게 보여주는 것도 그 사기꾼의 뚜렷한 성격이라고 할 수 있다. 그래서 뚜렷한 성격이 더 좋다고 생각하는 것은 올바른 해석이 아니다. 그 뚜렷한 성격이 무엇인지를 자세히 살펴봐야 한다. '일중심'부터 살펴 보자.

일중심

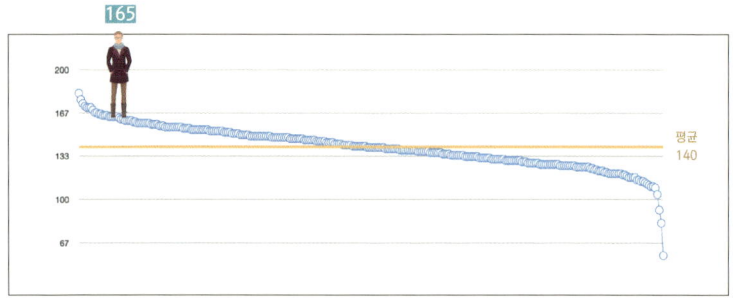

김레오의 '일중심'은 매우 상위에 위치하고 있다. 뚜렷한 성격 중에 '일중심'이 있는 것이다. 일이 주어지면 책임감을 갖고 끝까지 달성하는 성격인 것이다. 그래서 주변에 신뢰감을 줄 가능성이 크다. 그리고 이미 성취를 한 것이 많을 것이다. 어떤 상황이 벌어지더라도 마무리를 하는 것이 일중심의 특징이기 때문이다. 그런데 조금만 그 선을 넘으면 일중독자의 모습도 보여줄 수 있다.

이번에는 일중심과 반대가 되는 사람중심을 살펴보자.

사람중심

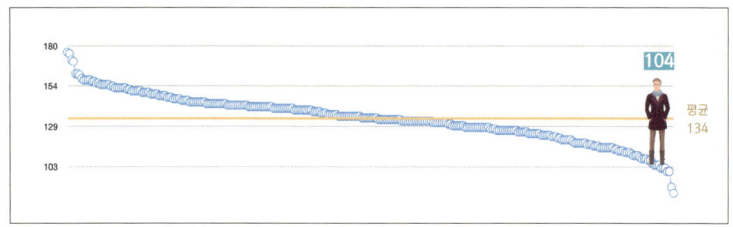

'일중심'이 높았기 때문에 상대적으로 '사람중심'이 무조건 낮은 것은 아니지만, 결과를 보니 104점으로 매우 낮은 편이다. 김레오는 일중심(확실) + 사람중심(아님)에 해당하는 사람이다. 사람중심의 성격을 별로 사용하지 않는 사람이다. 사람중심의 성격이 아예 없는 것은 아니다. 적게 사용할 뿐이다. 누가 봐도 일중심인 성격이 뚜렷한 사람이라고 쉽게 알 수 있다.
이번에는 '사람중심을 반영한 일중심'도 살펴보자.

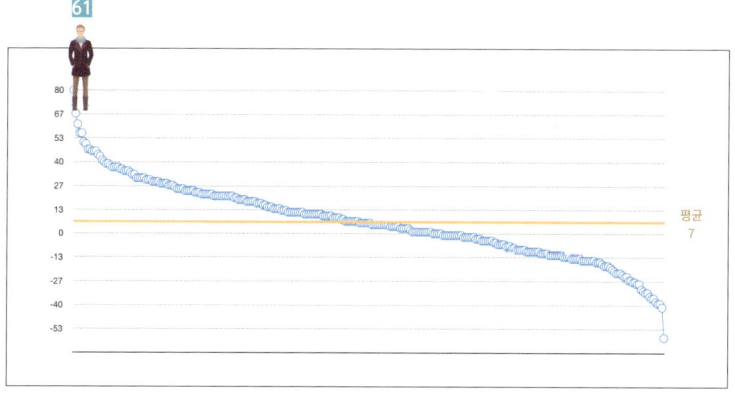

앞에서 사람중심은 낮았고 일중심이 강했는데, 두 개의 점수를 반영한 결과를 살펴보니 일중심의 점수가 더 높게 나타났다. 위치를 보니 더 왼쪽으로 올라갔음을 확인할 수 있다. 역시나 '일중심'의 성격이 뚜렷한 성격임을 확인할 수 있었다.
다음은 외향형과 내향형을 살펴보자. 10명에서의 결과에서는 별다른 특징이 나타나지 않았었는데 1,000명에서는 어떨지 궁금하다.

외향형

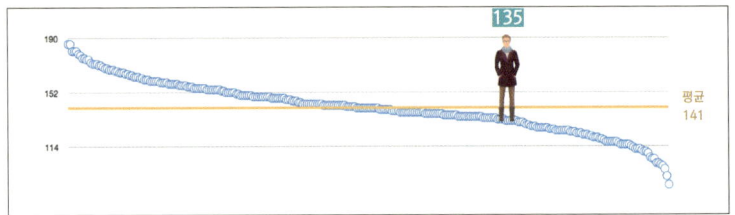

'외향형'은 10명에서의 결과와 비슷하게 같이 평균 아래쪽에 위치했다. 평균 점수와 큰 차이가 있지는 않다. 내향형의 그래프도 확인하자.

내향형

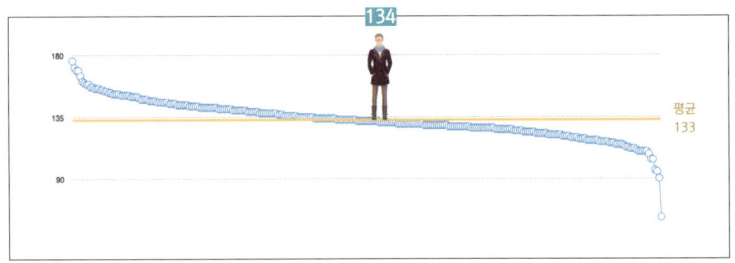

'내향형'[134]은 평균 점수[133]와 거의 유사하다. 김레오의 '성격의 뚜렷함'에서 '외향형'과 '내향형'은 크게 작용을 하지 않았다고 볼 수 있다. 김레오는 외향형과 내향형을 중간 정도로 사용하는 사람이다. 반면에 일중심은 확실한 차이를 보여줬다.
나머지 특징들도 살펴보자.

변화 가능성

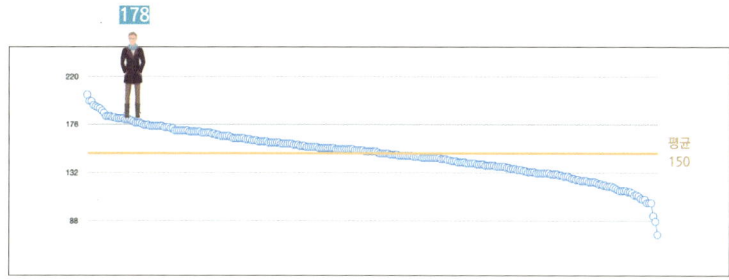

'변화 가능성'은 178점으로 매우 높은 편이다. 1,000명 중에서도 변화를 하는 것에 큰 두려움이 없는 사람이라고 확실하게 말할 수 있다.

우유부단함

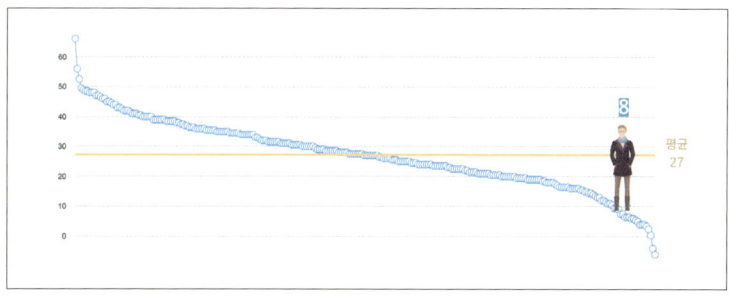

'우유부단함'은 8점으로 매우 낮게 나왔다. 우유부단한 사람을 답답해할 가능성이 그만큼 크다고 볼 수 있다. 김레오는 과감하게 결정을 하는 사람이다.

충동성

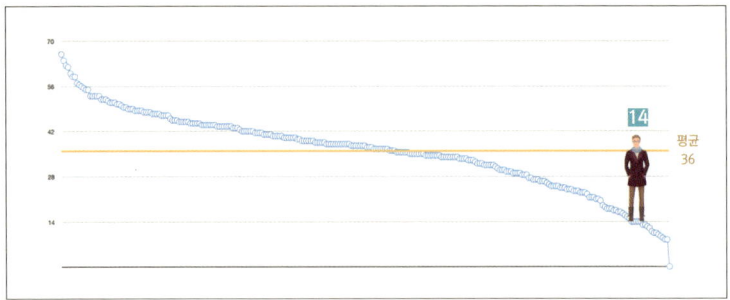

'충동성'도 14점으로 1,000명 중에서 매우 낮은 편에 속한다. 변화를 잘 하는 사람이지만 충동적으로 일을 실행하지는 않는 것이다. 그래서 누군가 김레오에게 새롭게 어떤 일을 함께 하자고 할 때 무조건 **"좋아요."** 라는 답을 하지는 않을 것이다. 여러가지 질문을 하면서 '왜 함께 해야 하는지'를 확인하고, 괜찮다는 결론이 나오면 우유부단함 없이 속전속결로 진행을 할 것이다.

신중함

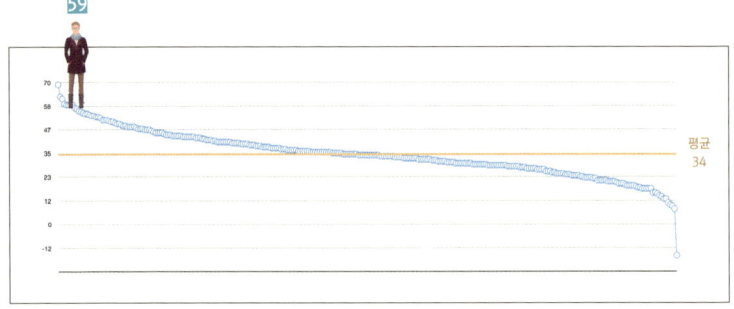

매우 신중할 것이 앞의 다른 수치에서 예상이 되었었는데 정말 그렇게 나왔다. 우유부단하지 않고 충동적이지 않다는 것은 김레오가 매우 신중한 사람이라는 것을 알 수 있게 해준다. 이 정도라면 주변 사람들이 김레오의 신중함을 쉽게 인정할 정도라고 할 수 있다. 뭔가를 신중하게 따진 다음 Ok 결정이 나면 과감하게 실행을 하는 사람이다. 우유부단하지 않기 때문에, 그리고 일중심이 매우 강했기 때문에 실행력도 뛰어날 것으로 예상이 된다. 그렇다면 그 점과 가장 직접적으로 연결되는 '도전적'을 살펴보자.

도전적

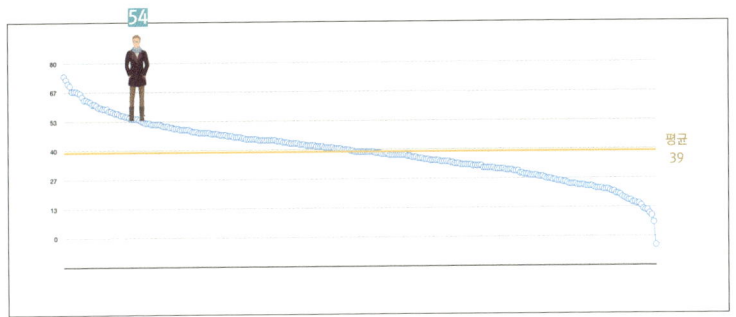

'도전적'의 점수가 '변화 가능성'의 점수보다는 왼쪽으로 덜 치우친 모습을 보여준다. 그 이유로 높은 '신중함'의 점수를 들 수 있다. 충동적으로 실행하는 사람이 아니기 때문에 도전을 결정할 때에 약간의 시간이 걸릴 것이다. 설정이 끝난 후에는 도전적으로 하고자 하는 일을 행동으로 옮기는 사람이라고 볼 수 있다. 중간에 어떤 문제가 발생하면 그것에 대해서 질문을 하고 꼼꼼히 따져 나가려고 할 것이다. 신중하지 않고 충동적으로 진행을 하는 사람은 "아니 왜 이렇게 물어 보지? 하기로 했으면 그냥 쭉 하면 되지 귀찮게 계속 질문을 하네. 하기 싫어서 그런가?"라고 오해를 할 수도 있다. 김레오는 어떤 일을 해 나갈 때 신중하게 따져 보지만 결과가 완성될 때까지 과감하게 진행을 할 것이다. 그래서 주변에서 김레오를 보고 이런 평가를 하기도 한다. "시간이 지나서 보면 저 사람은 뭔가 계속 결과물을 만들어 낸다고. 우리도 바쁘게 살았는데 우리는 왜 저런 결과물이 없지? 한번 만나서 물어 보자. 어떻게 했는지 이야기를 들어 보면 그 차이를 알 수 있을 것 같아." 중간 중간 확인을 하니 신중한 것처럼 보이기도 하지만, 그의 '일중심'이 결국 결과물을 완성하게 만든 것이다.

김레오에게 아내는 어떤 유형인지 물어봤다.

"아내의 성격은 어떤가요? 비슷해요? 아니면 많이 다른가요?"

"많이 달라요. 그래서 아내는 어떤 결과물도 만들어 내지 않아요. 하지만 항상 하는 말이 있어요. 항상 바쁘고 피곤하다고 해요. 그리고 결과물을 만들어 내는 것에 대해서 부담감을 갖고 있어요. 그 점에 대해서 더 이야기를 하면 재촉하는 것으로 생각해요."

이 내용에 공감이 되는 사람들이 있을 것이다. "우리집도 똑같아요."라고 말하고 싶은 독자가 있을 것이다. 김레오의 아내는 분명 일중심이 낮고 사람중심이 강한 사람일 확률이 높다. 그리고 위에서 추가적으로 살펴본 '변화 가능성', '우유부단함', '충동성', '신중함', '도전적'에 대한 것도 살펴본다면 더 확실한 이유를 알 수 있을 것이다.

독립적 활동 선호

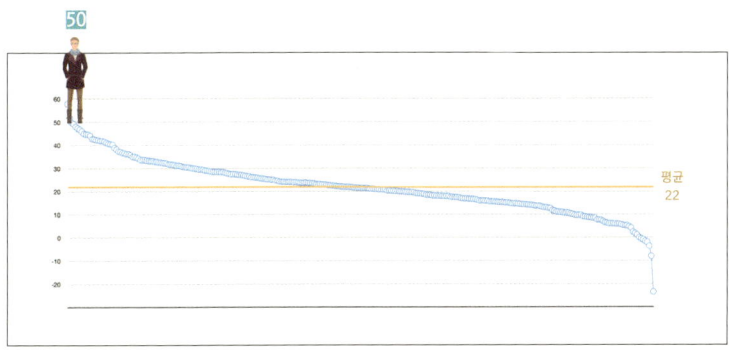

김레오에게 물어봤다.
"혼자 있는 것을 좋아하세요?"
"그럴 때도 있고 아닐 때도 있어요."
"그러면 공간을 사용할 때 자신만의 공간이 따로 있는 것을 좋아하세요?"
"네. 개인 공간을 좋아해요. 여러 사람들이 함께 공유하면서 사용하는 공간은 왠지 불편해요. 그리고 제 공간에 있는 물건을 누군가 쓰고 아무 곳에나 두는 것을 싫어해요. 그런데 가정에서는 그렇게 나만의 공간을 따로 사용할 수는 없잖아요? 그래서 어느 정도는 과감하게 함께 사용하는 것을 허용하고 있어요."

김레오는 혼자 있는 것을 좋아할 때도 있고 아닐 때도 있다. 하지만 혼자 있는 공간에 대해서는 좀 더 민감함이 있다. 이 두 가지는 다르다. 이것을 혼동하지 말자. 혼자 있을 수 있는 공간을 좋아한다고 혼자 지내는 사람이라고 단정지어서는 안 된다. 앞에서도 설명했듯이 일중심인 사람들은 그 일을 처리하기 위해서 사람들을 많이 만날 수밖에 없다. 그것이 싫었다면 사람들로부터 고립되는 일만 할 것이다. 하지만 그렇지 않다. 그렇다면 '독립적 활동 선호'는 무엇을 말하는 것일까? 여러 사람들과 함께 모여 일하는 것을 좋아하지 않는 것이다. 강연을 들을 때에도 100명이 넘는 대중 강의를 듣는 것보다 10명 이내의 소수 사람들이 참여할 수 있는 강의를 좋아한다. 콘서트에 가서 굉장히 많은 사람들과 함께 응원을 하고 즐기는 것보다 집에서 노트북으로 영상을 보는 것을 선호한다. 일을 할 때에도 여러 사람들과 함께 다양한 소음 가운데 일을 하는 것보다 소수의 사람들만 만나는 작은 사무실에서 일하는 것을 더 좋아한다. 작고 독립된 공간이라면 여러 사람들이 함께 복잡하게 있을 이유가 없다. 이들은 소수의 사람들과 만나 일을 하고 대화를 하는 사람들이다.

회사라는 공간으로 정해진 시간에 맞춰 출근을 하는 일이 줄어들고, 자신이 원하는 공간과 시간에 자유롭게 일을 할 수 있는 경우가 늘어나고 있다. 김레오처럼 독립적 활동을 선호하는 사람들이 원하는 환경이라고 할 수 있다. 그리고 점점 그런 활동을 보장하고 더 나아가 권장하기까지 한다.

'독립적 활동 선호'의 결과에서 김레오와 반대 결과가 나온 사람은 어떨까? 여러 사람과 함께 일하는 것을 좋아한다. 조용한 공간에서 소수의 사람들과 함께 지내는 것에 대해서 불만이 있을 수 있다. 일하는 환경 조건에 따라 이 둘의 업무 성과는 달라질 수밖에 없다. 누군가가 "**그냥 일이나 해. 뭘 그런 것을 따져. 꼭 일 못하는 사람이 공간이 어떻고 사람이 어떻고 따진다니까. 다 핑계야.**"라고 말한다면 이 사람은 사람에 대해서 몰라도 너무 모르는 것이다. 점점 공간의 중요성에 대해서 정보들이 쏟아져 나오고 있다. 심지어 과학자들까지 나와서 그 규칙과 이유에 대해서 설명을 한다.

김레오는 DISC를 진단하기 전에 자신이 혼자 또는 소수의 사람들과 일하는 것을 좋아한다고 이미 알고 있었다. 그리고 진단 후 C형이 가장 높게 나와 이런 결과를 예상했다고 한다. 다만 저 정도로 높은 순위일지는 예상치 못했다고 말한다.

가장 약한 성격

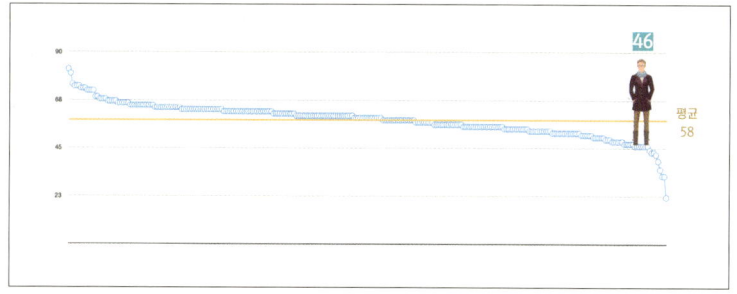

'가장 약한 성격'은 매우 오른쪽에 위치해 있다. 가장 약한 성격의 점수가 매우 낮은 편이다. S의 46점은 다른 사람들과 비교했을 때에도 매우 낮다는 것을 확인할 수 있다. S형의 성격을 상당히 적게 사용하고 있다고 볼 수 있다.

느긋함

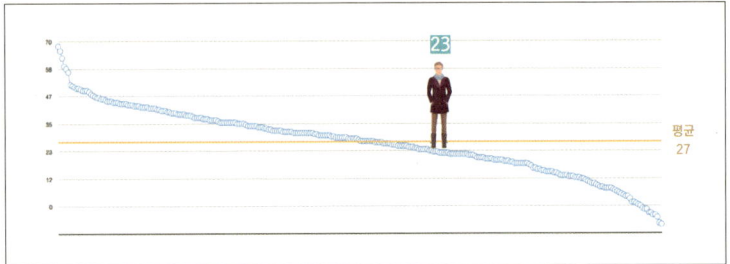

'느긋함'은 중간 정도에 위치하고 있다. 굉장히 성급한 것도 아니고 반대로 답답하게 느린 성격도 아니다. 하지만 위 순위는 평균적인 값을 따진 것이기 때문에 위 그래프처럼 중간에 위치한것이다. 무조건 중간의 속도를 보여준다고 단정할 수는 없다. 때로는 빠른 면도 보여주고 반대로 매우 신중하게 따지는 면도 보여줄 수 있다. 아래 두 가지 해석이 가능하다.

- 거의 항상 보통의 느긋함을 보여 준다.
- 성급하게 속도를 낼 때도 있지만 느긋하게 여유를 부릴 때도 있다.

이 두 가지 내용 중에서 어느 쪽이 더 맞는지 김레오에게 물어봤다. 아래의 내용이 더 맞는 것 같다고 했다. 앞에서 설명한 여러가지 결과를 보더라도 아래의 내용이 더 맞는 것 같다.

1,000명 중 김레오는 어느 정도의 성격을 보여 주는지 살펴봤다. 그 중에서는 뚜렷한 특징을 보여주는 것도 있었고 그렇지 않은 것도 있었다. 우리 모두 자신의 성격에 대해서 한번 객관적으로 분석을 해 볼 필요가 있다. 왜냐하면 사람은 매우 주관적이며 착각 속에서 살아가기 때문에 스스로 자신에 대해서 객관적으로 파악할 수 없기 때문이다. 그렇다고 남이 나에 대해서 이야기를 해 주면 거부할 가능성이 크다. 나의 단점을 이야기하는 것만큼 기분이 나쁜 것은 없다. 또한 그 사람의 평가도 객관적이지 않을 수 있다.

정기적으로 네 가지 유형 중 무엇을 많이 쓰고 적게 쓰는지 진단을 해 보는 것이 필요하다. 왜냐하면 항상 동일하게 자신의 유형을 유지하는 것이 아니기 때문이다. 특히 특별한 결정을 해야 하는 시점에서는 반드시 해 봐야 한다. 취업을 준비할 때와 결혼을 할 때, 그리고 이직을 할 때에는 꼭 DISC 검사를 해 보자. 자신에게 맞는 적합한 선택을 하는데 DISC가 큰 도움이 될 것이다.

자신에 대한, 팀에 대한 종합적인 평가를 해 보고자 한다면 여기 opraseno/disc1000로 들어가서 신청을 해 보자.

에필로그

DISC를 처음 배울 때 이 단어가 생각났다. '간단함'. 왜냐하면 난 이미 DISC보다 더 복잡한 프로그램을 알고 있었기 때문이다. 그런데 이 간단함은 얼핏 볼 때 그런 것이었다. 그리고 DISC를 자세히 알게 되면 간단한 것이 아니라는 것도 알게 된다. 네 가지의 유형으로 판단한다는 표현만 간단하게 느껴지는 것이다. 하지만 이 간단함은 오히려 DISC의 매력을 높여주었다. 일단 배운 사람들은 D, I, S, C라는 표현을 쉽게 사용할 수 있다. DISC만큼 유형의 명칭을 배운 사람들의 입을 통해서 자주 언급되는 프로그램은 없을 것이다.

네 가지 유형을 알고 있으면 "아, 저 사람은 지금 이 유형을 쓰고 있구나. 저 유형이 원하는 내용을 준비해 보자."라는 말을 할 수 있다. 갈등이 줄어드는 표현이다. DISC를 모른다면 "도대체 뭘 원하는 거지? 왜 항상 저렇게 말할까?"라고 말하면서 갈등을 점점 키우게 된다.

이 책에 DISC의 결과에 대해서 더 깊게 연구한 내용을 넣었다. 그것은 마지막에 있는 《CHAPTER 11 DISC 통계로 깊게 들어가기》에서 집중적으로 다루었다. 그동안 많은 DISC 강사들은 '무슨 형?'에 집중을 했다. '당신은 D형입니다'와 같은 표현으로 유형을 따지는 것으로 설명을 마무리했다. 하지만 그것은 너무나 단편적인 평가라고 할 수 있다. 더 많은 것을 그 안에서 찾을 수 있는데 그렇지 못해 아쉬웠다.

혹자는 물어본다. "DISC 말고 요즘은 뭐가 인기가 있나요?" 요즘 뭐가 더 인기 있고 어떤 것은 퇴물이 되어 간다고 생각할 수도 있다. 하지만 이것은 개인에 따라 평가가 너무나 다르다. 본인이 무엇을 더 많이 경험했는지에 따라 느낌이 다르게 다가오는 것이다. 물론 퇴물이 되어가는 것이 있을 수 있다. 그것은 근거가 없는 이론으로 만들어진 것들이 해당된다. 유사과학 같은 것이 그 대표적인 예라고 할 수 있다. 그것이 아니라면 DISC, 또는 다른 프로그램이라고 할지라도 인기의 사이클이 특별히 있다고 할 수는 없다. 오히려 뭘 하나 배우더라도 제대로 배우라고 당부하고 싶다. 똑같은 식재료를 갖고 A는 다양한 요리를 만들지만 B는 굽는 것 외에는 하지 않는다. 우리는 A가 되어야 한다. A는 식재료의 원리를 알기 때문에 상황에 따라, 대상에 따라 다양하게 사용을 할 수 있다. 분명 DISC를 이미 알고 있는 사람들도 이 책을 보고 있을 것이다. DISC 강의를 어떻게 독특하게, 깊이 있게 할 수 있을까 도움을 얻고자 이 책을 선택했을 수도 있다. B처럼 강의를 하고 있는 사람에게 A처럼 할 수 있도록 도움을 드리고 싶다. 그래서 이 책을 쓰게 되었다. DISC만큼 빨리, 효과적으로 사람의 성향을 파악하는 프로그램은 없는 것 같다. DISC를 경험하게 하는 것이 목표가 아니다. DISC를 제대로 활용했으면 좋겠다. 그렇게 되면 매일 여러분 주변 사람들의 DISC 사용을 눈으로 확인할 수 있다. 그리고 난 언제, 누구를 만나, 어떤 성격으로 인해서 힘든 감정을 느끼는지도 알 수 있다. 그동안 그냥 살았다면 이제는 DISC라는 좋은 도구를 사용해 보자. 한번 제대로 배워 놓으면 자동 학습이 가능해진다. 남자들은 군대를 다녀오면 군 생활 동안 경험한 것들이 여전히 몸에 남아 있다. 몸이 기억하고 있기에 총을 주면 사격을 바로 할 수 있고, 방독면을 주면 바로 착용을 할 수 있다. DISC를 배우는 것도 이와 비슷하다. 군대에 대한 이야기를 아무리 많이 듣더라도 군생활의 경험이 없다면 총과 방독면을 자연스럽게 활용할 수 없는 것처럼 DISC도 경험만 많이 한다고 자유롭게 사용할 수 있는 것이 아니다. DISC를 제대로 배우고, 주변 사람들의 DISC를 진단해 보고, 그 결과를 설명하면서 자신의 실력으로 만들어야 한다.

작년과 비교해서 올 해 나의 점수의 변화가 있는지 확인해 보자. 나는 내가 속한 곳의 사람들 중에서 어느 정도에 해당하는 유형인지, 더 나아가 1,000명 중에 어느 정도를 보여주는지도 확인을 해 보자. 이 정도가 되면 "이제는 DISC를 어떻게 활용하는 것인지 알 것 같아. 전에는 결과만 보고 나의 유형이 무엇인지를 알았는데, 이제는 머릿속에 각 내용이 연결되어서 종합적인 평가와 활용까지도 어떻게 하는지 알 것 같아. DISC 정말 신기한데? 그리고 과거에 내가 접했던 DISC는 기초 수준이었던 거네."라는 말을 할 것이다.

많은 곳에서 DISC를 교육하고 있지만 그 결과를 가지고 각자에 맞는 활용까지 적용시키지는 못하는 것 같다. 각 사람의 유형에 맞는 적합한 업무를 제공한다면 그 성과는 훨씬 크게 될 것이다. 또한 자신이 주로 어떤 부분에서 힘들어하는 성격인지 안다면 미리 예측도 할 수 있고 갈등이 벌어지는 것도 사전에 막을 수 있다. 조직의 갈등을 해결하는데 DISC가 큰 역할을 할 수 있는데 그런 활용을 하지 못하는 것이 안타깝다. 필자는 '조직에서의 DISC 보고서'를 준비하고 있다. 이 보고서는 실제적으로 활용할 수 있도록 돕는 내용을 담고 있다. 앞으로 여러 조직에서 적극적으로 활용할 것으로 예상하고 있다.

성격이 변하냐고 질문하는 사람들이 많다. 사람의 성격은 잘 변하지 않는다. 그런데 다음과 같이 말을 하는 사람들을 만나게 된다. "전 예전에 매우 날카로웠어요. 그런데 지금은 그렇지 않아요. 살다 보니 지금의 모습이 필요한 것을 알았어요. 그래서 바뀐 것 같아요." 이것은 분명 이전에 비해 자신의 다른 모습을 확인한 답변이다. "예전에는 D형을 많이 썼는데, 지금은 그 D의 점수가 많이 내려갔고 I와 S의 점수가 많이 올라갔습니다."라고 DISC의 유형을 활용해서 설명을 할 수 있다. 이런 변화는 상황에 따라, 대상에 따라 조정이 가능하다는 가능성을 보여 준다. 매우 좁은 범위의 성격의 틀에 매여 고지식하게 행동을 할 필요가 없다. 네 가지 유형을 상황에 맞게 조절함으로 유연한 사람이 될 수 있다. DISC는 그것이 가능함을 말해 주고 있다. 그래서 정기적으로 자신의 DISC 점수가 어떻게 나오는지 확인하고 필요한 변화를 시도해 보는 것을 추천한다. DISC가 당신의 변화를 도울 것이다. 마지막으로 이 책이 나올 수 있도록 함께 한 저자들에게 감사함을 전하고 싶다.

4가지 성격 DISC와 만나다

초판발행	2020년 9월 15일
지은이	김진태, 박효정, 경수경, 조명환, 최수황, 최민호
발행자	Leo Kim
펴낸곳	brainLEO
출판신고	2016년 1월 8일 제2016-000009호
주소	서울특별시 양천구 중앙로 324, 203호 오프라세노
전화	02) 2070-8400
전자우편	jint98@naver.com
홈페이지	opraseno.com
ISBN	979-11-97158-50-6 03110
가격	18,000원

파본이나 잘못 만들어진 책은 구입하신 곳에서 교환해 드립니다.

Published by brainLEO
Copyright ©2020 김진태 & brainLEO

이 책의 저작권은 brainLEO에 있습니다.
저작권법에 의해 보호를 받는 저작물이므로 무단전재와 복제를 금하며, 이 책 내용의 전부나 일부를 이용하려면 반드시 저작권자와 출판사의 허락을 받아야 합니다.

이 도서의 국립중앙도서관 출판예정도서목록(CIP)은 서지정보유통지원시스템 홈페이지 (http://seoji.nl.go.kr)와 국가자료종합목록 구축시스템(http://kolis-net.nl.go.kr) 에서 이용하실 수 있습니다. (CIP제어번호 :CIP2020036632)